内蒙古自治区"十四五"职业教育规划教材（修订版）
职业院校汽车专业新形态教材

汽车发动机电控系统原理与检修（微课视频版）

第 2 版

主　编　刘　佳　马志民
副主编　杨秀芳　司景萍
参　编　张明星　沈盛军　王靖元

机械工业出版社

"汽车发动机电控系统原理与检修"是汽车类专业的一门重要专业课程，是汽车维修类专业的专业核心课程，同时是一门主要的实践课程。本书以汽车电工电子基础、汽车发动机构造与检修、汽车电气设备构造与检修等多门专业课程为基础，将理论知识和实践操作技能相结合，根据课程需要和生产、维修一线典型工作，以"必需、够用"为原则编写。本书共有五个项目，主要内容包括发动机电控系统概述、电控汽油喷射系统的检修、电控点火系统的检修、发动机辅助控制系统的检修、发动机电控系统故障诊断与检修基础。

本书可作为职业院校、技工院校汽车类专业教学用书，也可作为汽车修理培训机构培训用书。

本教材的数字化教学资源可在"智慧职教"专业教学资源库和"超星学习通泛雅平台"进行学习，链接为：

https：//zyk.icve.com.cn/courseDetailed?id=tsqfanev4qjljlziky85mq

http：//mooc1.chaoxing.com/course-ans/courseportal/233029180.html

图书在版编目（CIP）数据

汽车发动机电控系统原理与检修：微课视频版/刘佳，马志民主编．—2版．—北京：机械工业出版社，2024.4
ISBN 978-7-111-75641-5

Ⅰ．①汽… Ⅱ．①刘… ②马… Ⅲ．①汽车-发动机-电子系统-控制系统-理论-职业教育-教材 ②汽车-发动机-电子系统-控制系统-车辆修理-职业教育-教材 Ⅳ．①U472.43

中国国家版本馆 CIP 数据核字（2024）第 076075 号

机械工业出版社（北京市百万庄大街22号 邮政编码100037）
策划编辑：陈玉芝　　　责任编辑：陈玉芝
责任校对：曹若菲　丁梦卓　封面设计：张　静
责任印制：单爱军
北京虎彩文化传播有限公司印刷
2024年5月第2版第1次印刷
184mm×260mm・12.75 印张・309 千字
标准书号：ISBN 978-7-111-75641-5
定价：49.80 元

电话服务　　　　　　　　　网络服务
客服电话：010-88361066　　机 工 官 网：www.cmpbook.com
　　　　　010-88379833　　机 工 官 博：weibo.com/cmp1952
　　　　　010-68326294　　金　书　网：www.golden-book.com
封底无防伪标均为盗版　　　机工教育服务网：www.cmpedu.com

前 言

本书是由专业带头人、骨干教师、科研人员以及企业技术专家等组成的团队编写的。编写团队通过对汽车行业人才需求进行调研，依据汽车维修专业教学标准和人才培养方案，对接汽车维修工职业技能标准，完成了本书的编写。

本书内容编排从汽车维修岗位出发，引入企业典型案例，培养学生安全、规范地诊断与检修发动机电控系统的能力，传授汽车维修专业职业资格证书、"1+X"证书所必需的技能。让学生成为"汽车全科医生"，既具有高尚思想政治素养、良好职业道德，也具有扎实汽车专业理论、较强实践能力的高素质技术技能型人才。

党的二十大报告指出：必须坚持科技是第一生产力、人才是第一资源、创新是第一动力。近年来，高技能人才已成为中国式现代化建设的刚性需求。编者在教材修订更新时贯彻二十大报告对于教育、人才的要求，结合专业的特点，把立德树人作为教育的根本任务，助力人才的高技能培养、高技能就业、高技能成才、高技能报国。

本书采用理实一体项目化模式编写，包括发动机电控系统概述、电控汽油喷射系统的检修、电控点火系统的检修、发动机辅助控制系统的检修和发动机电控系统故障诊断与检修基础五个项目。内容层层相扣、逻辑清晰、图文并茂，符合学生认知规律。各项目包括知识、能力和素养的项目目标，情境导入，知识准备，实训，案例解析，情智提升，课后作业，任务评价表以及知识链接。

汽车技术日新月异，必须与时俱进、产教研融合协同创新，不断更新教材专业内容。修订版教材中融入了汽车发动机电控技术的新技术、汽车技术赛项以及"1+X"证书考核内容等。

学习时首先让学生明确学习目标，以典型案例激发兴趣，进而学习课程内容，再根据实训进行实操解决问题，案例解析加深印象，情智提升融入思政元素，课后作业复习巩固，任务评价表对接"1+X"证书考核内容，新技术知识链接扩大知识面的广度和深度。基于学生善用移动终端学习的学情，书中插入讲述抽象原理和规范实操的微课视频，可通过扫描二维码自主学习，提升学习效率。通过学习使学生全面系统地掌握电控发动机知识和维修技能，达到育人目标，在赋能学生专业技术的同时，做到思想政治教育与岗位技能积累的有机

教材由刘佳、马志民担任主编，杨秀芳、司景萍担任副主编，张明星、沈盛军、王靖写。项目一和项目四由马志民编写，项目二由刘佳编写，项目三由杨秀芳和司景萍项目五由张明星和沈盛军编写。奇瑞汽车股份有限公司鄂尔多斯分公司高级项目

管理师王靖元参与了全书的架构设计，并提供了大量案例、技术文件，在内容编排上也提供了宝贵的经验和建议，并参与了全书的校对工作。微课视频由刘佳、马志民、杨秀芳、张明星、郭丽娜、吕凯、李海岗、郝魁等制作。

由于编者水平有限，书中难免有不妥之处，恳请广大读者和专家批评、指正。

编 者

"汽车发动机电控技术"课程思政实施

二维码清单

序号	名称	二维码	序号	名称	二维码
1	《汽车发动机电控技术》课程思政实施		12	全国职业院校技能大赛教学能力比赛高职组一等奖，视频：曲轴位置传感器的检测	
2	汽车发动机电控系统的组成		13	凸轮轴位置传感器	
3	空气流量计		14	凸轮轴位置传感器的检测	
4	空气流量传感器的检测		15	氧传感器	
5	节气门位置传感器		16	空气供给系统的组成与拆装	
6	节气门位置传感器的检测		17	电动汽油泵	
7	进气温度传感器		18	电动汽油泵的控制电路	
8	冷却液温度传感器		19	继电器的认知与检测	
9	发动机冷却液温度传感器的检测		20	电动汽油泵的检修	
10	曲轴位置传感器		21	电动汽油泵检测找茬游戏	
11	磁感应式曲轴位置传感器的检测		22	电动汽油泵检修规范操作	

（续）

序号	名称	二维码	序号	名称	二维码
23	院级课程思政比赛获奖视频：电动汽油泵及其控制电路		34	点火开关的检测	
24	发动机喷油嘴		35	火花塞	
25	喷油器		36	微机控制点火系统	
26	喷油器的工作原理		37	点火系统同时点火动画	
27	喷油器控制电路动画		38	10min 学会检测汽车火花塞	
28	喷油器控制电路		39	三元催化器的清洗	
29	喷油器的检修方案		40	发动机排放控制系统	
30	喷油器检测找茬游戏		41	发动机污染物净化控制措施	
31	喷油器检测规范操作		42	发动机污染物净化控制措施动画（一）	
32	全国职业院校技能大赛教学能力比赛高职组一等奖，视频：喷油器的检修1		43	发动机污染物净化控制措施动画（二）	
33	全国职业院校技能大赛教学能力比赛高职组一等奖，视频：喷油器的检修2		44	汽车解码仪的使用	

目 录

前 言
二维码清单
项目一 发动机电控系统概述 ………………………………………………………… 1
　任务一 认知发动机电控技术的发展、分类及优越性 …………………………… 1
　　一、汽车发动机电控技术的发展 ………………………………………………… 1
　　二、电控发动机的分类 …………………………………………………………… 3
　　三、电控发动机的优越性 ………………………………………………………… 5
　任务二 认知电控发动机的组成、工作原理与控制方式 ………………………… 6
　　一、电控发动机的组成 …………………………………………………………… 6
　　二、电控发动机的工作原理 ……………………………………………………… 7
　　三、电控系统的控制方式 ………………………………………………………… 7
　任务三 认知电控发动机的传感器 ………………………………………………… 9
　　一、传感器的功用 ………………………………………………………………… 9
　　二、传感器的类型 ………………………………………………………………… 9
　　三、传感器引脚的类型 …………………………………………………………… 12
　　四、传感器信号的类型 …………………………………………………………… 12
　实训一 认识电控发动机 …………………………………………………………… 14
　　一、实训指导 ……………………………………………………………………… 14
　　二、工作单 ………………………………………………………………………… 14
项目二 电控汽油喷射系统的检修 …………………………………………………… 18
　任务一 认识电控汽油喷射系统 …………………………………………………… 18
　　一、电控汽油喷射系统简介 ……………………………………………………… 18
　　二、电控汽油喷射系统的组成与基本原理 ……………………………………… 21
　任务二 空气供给系统的检修 ……………………………………………………… 26
　　一、空气供给系统的功用与分类 ………………………………………………… 26
　　二、空气供给系统的组成 ………………………………………………………… 26
　实训二 空气流量传感器的检测 …………………………………………………… 38
　　一、实训指导 ……………………………………………………………………… 38
　　二、工作单 ………………………………………………………………………… 40
　实训三 曲轴位置传感器的检测 …………………………………………………… 43

一、实训指导 ·· 43
　　二、工作单 ·· 44
任务三　汽油供给系统的检修 ·· 49
　　一、电控汽油供给系统的功用与分类 ·· 49
　　二、电控汽油供给系统的组成 ·· 50
　　三、电控汽油供给系统的主要元件 ··· 51
　　四、汽油压力检测 ·· 62
　　五、汽油喷射控制 ·· 62
　　六、发动机特殊工况汽油控制过程 ··· 69
　　七、缸内直喷系统 ·· 71
实训四　燃油供给系统压力的检测 ··· 77
　　一、实训指导 ·· 77
　　二、工作单 ·· 78
实训五　缸内直喷系统的检修 ·· 80
　　一、实训指导 ·· 80
　　二、工作单 ·· 82

项目三　电控点火系统的检修 ··· 90

任务一　认识点火系统的功用和发展历程 ··· 90
　　一、点火系统的功用 ·· 90
　　二、对点火系统的基本要求 ··· 91
　　三、点火系统的发展历程 ·· 91
任务二　认识电控点火系统的基本组成与控制原理 ·· 92
　　一、电控点火系统的基本组成与工作原理 ··· 92
　　二、电控点火系统主要元件的构造与检修 ··· 94
　　三、电控点火系统高压电的分配方式 ·· 96
任务三　认识电控点火系统的控制过程 ·· 100
　　一、点火提前角的控制 ··· 100
　　二、点火导通角的控制 ··· 102
　　三、爆燃的控制 ·· 102
实训六　电控点火系统的检修 ·· 104
　　一、实训指导 ··· 104
　　二、工作单 ··· 107
　　三、分析思考 ··· 109
实训七　爆燃传感器的检测 ··· 111
　　一、实训指导 ··· 111
　　二、工作单 ··· 113

项目四　发动机辅助控制系统的检修 ··· 118

任务一　怠速控制系统的检修 ·· 118
　　一、怠速控制系统的功用、组成和类型 ··· 118
　　二、节气门直动式怠速控制装置 ·· 119
　　三、旁通空气式怠速控制装置 ·· 120
　　四、智能电子节气门 ·· 127

目录

实训八　怠速控制系统的检修 128
　一、实训指导 128
　二、工作单 130

任务二　排放控制系统的检修 132
　一、发动机排放污染物的形成与影响因素 132
　二、废气再循环 133
　三、汽油蒸发排放控制 135
　四、转化器 136
　五、二次空气喷射系统 138

实训九　废气排放控制系统的检修 139
　一、实训指导 139
　二、工作单 141
　三、分析思考 141

任务三　进气与增压控制系统的检修 144
　一、谐波进气增压控制 144
　二、共振增压可变进气 145
　三、废气涡轮增压 146
　四、可变配气相位控制 148

实训十　废气涡轮增压系统的检修 152
　一、实训指导 152
　二、工作单 154

项目五　发动机电控系统故障诊断与检修基础 159

任务一　了解汽车车间安全规则与操作 159

任务二　了解发动机电控系统故障诊断与检修的注意事项 167

任务三　认识常用诊断工具 169

任务四　认识专用测试仪器 173

实训十一　汽油发动机电控系统故障诊断 181
　一、实训指导 181
　二、工作单 184
　三、分析思考 186

参考文献 191

项目一 发动机电控系统概述

项目目标

知识目标
（1）了解汽车发动机电控技术的发展。
（2）能正确描述电控发动机的分类和优点。
（3）能正确描述电控发动机的组成与工作原理。
（4）能正确描述各传感器的功用与类型。

能力目标
（1）能在整车上认识电控发动机各组成部分。
（2）熟悉各传感器、执行器的安装位置。

素养目标
（1）养成团队合作意识，增强沟通能力。
（2）养成8S工作习惯。
（3）养成精益求精的维修工匠精神。

情境导入

一辆大众途观车主反映油耗过高，达到16L/100km。技术总监询问该车主后未能确定故障点，遂用解码器读取故障码，发现有沉积故障码，显示4缸失火，但是试车没有明显异常现象。技术总监让小刘排查电控发动机故障，小刘很迷茫，该怎么办呢？

知识准备

任务一　认知发动机电控技术的发展、分类及优越性

一、汽车发动机电控技术的发展

1. 电控发动机的发展概况

电子技术与汽车技术的结合形成了一门新技术——汽车电子技术。随着汽车技术和电子技术的发展，汽车电子技术也得到了迅速发展。如今汽车电子技术已经覆盖汽车行业，汽车先进的技术都与汽车电子技术关联。汽车电子技术已成为一个国家汽车工业发展水平的标志。

早期的电控发动机主要是对汽油喷射系统进行控制，采用机械式控制方式在飞机发动机

上得到应用。二战结束后，汽油喷射技术在汽车发动机上得到应用，但由于成本高，技术难度大，只应用于一些高级轿车及赛车。20世纪60年代，由于电子技术的迅猛发展和受汽车排放法规的影响，汽油喷射技术向一般汽车推广使用。进入20世纪70年代，能源危机和电子技术的发展使电控汽油喷射技术成为汽车工业技术的重要发展方向。随着电子技术的发展，电控汽油喷射系统经历了从晶体管、集成电路到微型计算机控制，从模拟式到数字式的发展过程。1967年，德国BOSCH公司率先开发出一套D-jetronic汽油喷射系统，并于20世纪70年代首次批量生产，率先达到当时美国加州汽车排放法规的要求，开创了电控汽油喷射系统的应用历史。为了改善D-jetronic系统工况变化时的不良控制效果，BOSCH公司又开发出质量流量控制的L-jetronic电控汽油喷射系统。之后，L-jetronic系统进一步发展成LH-jetronic系统。LH-jetronic系统既可精确测量空气流量，又能补偿大气压力和温度变化的影响，还进一步减小了进气阻力，响应速度更快，性能更加优越。大规模集成电路和微型计算机的发展为汽车发动机达到综合性能指标最佳的综合控制系统的诞生创造了有利条件。1979年，BOSCH公司开始生产集电子点火和电子喷油于一体的motronic数字发动机综合控制系统。这种控制系统能对空燃比、点火时刻、怠速转速和废气再循环等方面进行综合控制。随后，世界各大汽车生产厂家相继推出自己的产品，包括GM公司的EFI系统和TBI系统、Ford公司的EEC系统、CHRYSLER公司的CFI系统、日产公司的ECCS系统、丰田公司的TCCS系统、三菱公司的ECT-jet系统和Lucas公司的EMS系统。与此同时，传感器和汽车专用控制芯片得到了迅速发展。

20世纪80年代以前，汽油机多采用多点汽油喷射系统。1980年，GM公司首先研制成功一种结构简单、价格低廉的TBI系统。该系统采用低压喷射，使用更低的喷油压力和较少的喷油器就能够满足当时的法规要求，得到迅速普及和发展。1983年，BOSCH公司也推出了mono-jetronic单点汽油喷射系统。

20世纪80年代末90年代初，由于对发动机性能结构要求的进一步提高，以及法规要求的进一步严格，多点汽油喷射系统重新显现出优势并再次占据主导地位。随着微处理器在汽车上的应用，汽车发动机电控系统的首要任务是根据各种性能指标确定发动机系统的最佳特征，对应于各种工况、环境和状态自动作相应调整和补偿，使发动机始终保持在最优状况运行。

目前，电控发动机主要包括燃油喷射控制、点火及爆燃控制，此外还有怠速控制、超速保护、减速断油、废气再循环控制、增压控制、可变气阀定时控制、发动机故障自诊断和故障安全等。

2. 电控发动机的发展趋势

随着排放法规的不断完善和电子技术的迅速发展，汽油机电控技术取得了显著的进步，作为一种新技术已在汽车工业中建立了坚实的基础。目前，汽油机电控技术的发展趋势还十分强劲。汽油机电控系统的研究和发展主要表现在以下几个方面：

（1）**控制器** 随着电子技术的飞速发展，发动机的控制器在小型化的同时功能越来越强。目前，电控单元的硬件不断丰富，集成化程度越来越高，数据采集、计算和通信速度不断提高，对燃烧压力的瞬态变化也能进行实时处理。发动机控制向综合控制方向发展，不仅实现对发动机本身的控制，还兼有车辆自动变速、主动悬架及车速控制等汽车综合管理系统的控制。当前，16位机取代8位机成为车用微型计算机的主流机型，而且正向32位机迈进,这将有力地支持控制系统实现更多、更高级的功能。

(2)传感器　传感器的发展趋势是小型化、集成化及智能化,能够对温度、电压进行自动补偿,并自动恢复由于长期使用造成的性能衰退;具备自诊断及自修复功能,并直接输出数字信号,简化控制单元;传感器本身有较强的抗干扰能力,增强了系统的可靠性。目前,新型传感器的开发主要集中在燃烧数据传感器研制和发动机输出参数检测两个领域。

(3)控制软件的发展　新型控制理论突出表现在发动机控制中的实际应用,汽油机的控制理论从开环控制走向闭环控制,从最优控制走向自适应、自学习控制,最终走向神经网络智能控制。未来一段时间内,控制软件的发展主要表现在以下几个方面:

1)为新的变量开发控制算法。
2)为开发控制算法进行仿真研究。
3)为车外诊断的专家系统和在车内使用的控制系统进行仿真应用研究。

目前,新一代电控发动机的研究主要包括汽油机稀薄燃烧技术的研究和汽油机缸内直喷技术的研究等方面。

总之,电子控制在当前发动机控制发展中起到了核心作用。今后的发动机电控系统将随着各种新需求和各种新技术、新材料的发展向高精度、紧凑化的方向发展。

二、电控发动机的分类

1. 按燃油喷射部位分类

电控发动机按照燃油喷射部位可分为缸内喷射和缸外喷射两类。缸内喷射是指将燃油直接喷射到气缸内部,又称为缸内直喷,如图 1-1 所示。缸内喷射系统将喷油器直接安装在气缸盖上,并以较高压力(约 10MPa)将燃油直接喷入气缸。它的优点是可以实现稀薄可燃气的燃烧,有利于降低燃油消耗和控制排放。目前,市面上越来越多的汽车开始采用缸内喷射技术。缸外喷射是指燃油被喷射在气缸以外,如图 1-2 所示。它的优点在于可以避免喷油器暴露在燃烧室,从而不受高温、高压的影响,喷油器的工作条件比缸内喷射好,所以其受到的制约也较少。

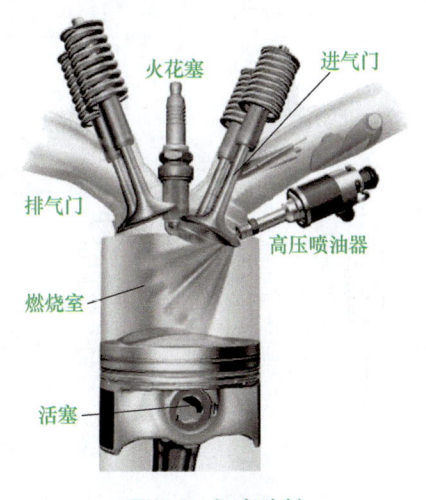

图 1-1　缸内喷射

图 1-2　缸外喷射

2. 按喷油时序分类

电控发动机按照喷油时序可以分为同时喷射、分组喷射和顺序喷射（独立喷射）三种，如图 1-3 所示。

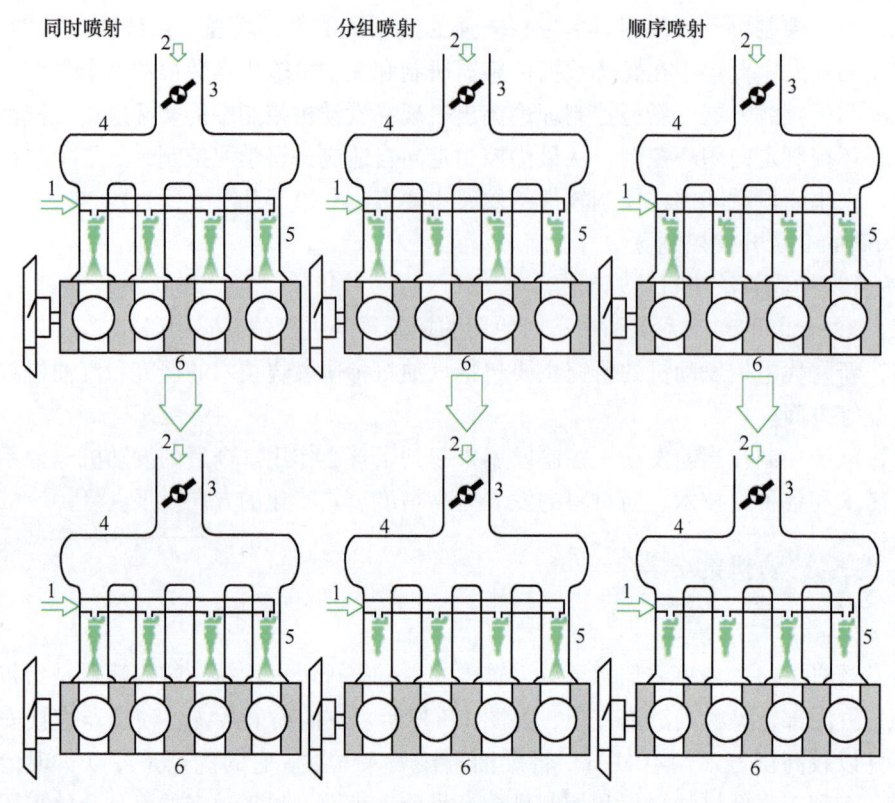

图 1-3　喷油时序
1—燃油　2—空气　3—节气门　4—进气管　5—喷油器　6—气缸

同时喷射指不论有多少气缸，各缸都是在同一时间喷油，通常每个工作循环喷两次油，如图 1-4 所示。一般气缸较少且性能较低的电控发动机采用同时喷射。但是很多采用顺序喷射和分组喷射的发动机在出现燃油喷射故障时，系统处于应急状态下也会采用这种喷射方式，目的是供给发动机足够的燃油维持其运转，以使汽车行驶到修理厂。

分组喷射指将喷油器分成若干组，一般四缸机分两组，六缸机分两组或者三组，各组交替喷油，如图 1-5 所示。

顺序喷射指发动机各缸喷油器按照进气时序轮流喷油，每个工作循环每个缸只喷油一次，由 ECU 根据各传感器信号分析计算出喷油量，辨别气缸后适时地将定量燃油喷入气缸。这种

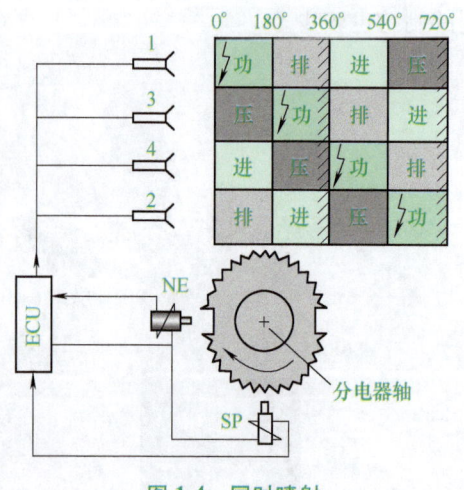

图 1-4　同时喷射

喷射系统最为复杂，但喷油量最为精确。

3. 按进气量的检测方式分类

电控发动机在工作时必须对进气量进行计量，从而根据空燃比完成喷油量的计算。根据检测进气量的方式不同，可以将电控发动机分为直接测量（L）型和间接测量（D）型两种。

直接测量型有体积流量型和质量流量型两种：使用空气流量传感器（如卡门涡流式空气流量传感器等）的为体积流量型；使用热式空气流量传感器（如热线式和热膜式空气流量传感器等）的为质量流量型。

间接测量指通过压力等测量进气量，一般通过进气歧管压力传感器来测量进气量。压力传感器将进气歧管内的进气压力信号送给 ECU，ECU 再根据压力信号和发动机的转速信号进行计算得出进气量。

近些年，为了提高发动机进气量的测量精度，很多高档汽车发动机同时使用直接测量和间接测量共同检测进气量。

4. 按喷油器安装位置分类

电控发动机按照喷油器的安装位置可以分为单点喷射发动机和多点喷射发动机。目前，由于对喷油质量的要求不断提高，电控发动机大多采用多点喷射。单点喷射一般指喷油器置于进气总管处，一般有 1~2 个喷油器集中喷油，而多点喷射指有多个喷油器，每个喷油器单独给某一气缸喷油，如图 1-6 所示。

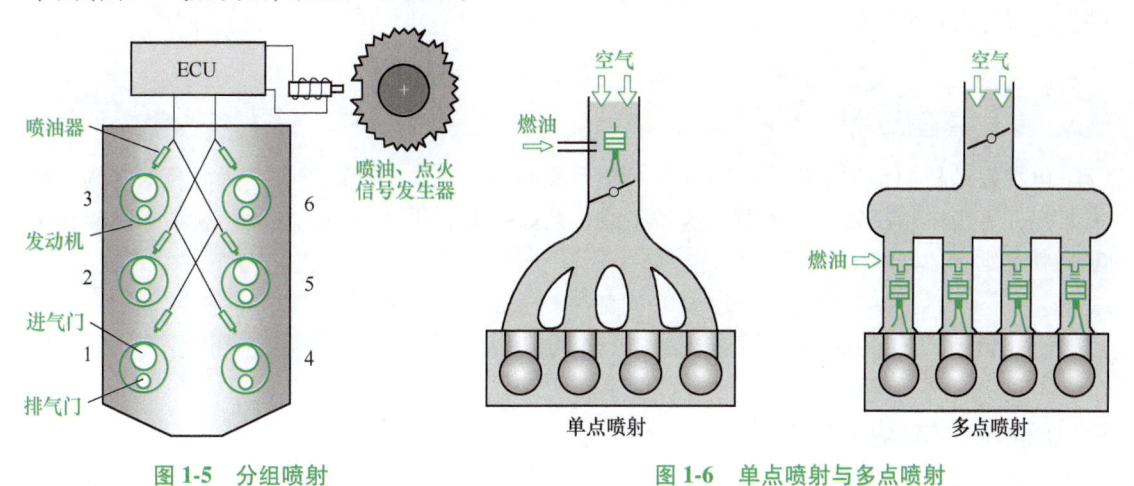

图 1-5　分组喷射

图 1-6　单点喷射与多点喷射

三、电控发动机的优越性

（1）**提高了发动机的动力性**　在电控发动机上，电控燃油喷射系统的应用减小了进气阻力，提高了充气效率，使进气更充分，从而提高了发动机的动力性。

（2）**提高了发动机的燃油经济性**　在各种运行工况和运行环境下，电控系统均能精确控制发动机工作所需的混合气浓度和数量，燃烧更安全，燃油利用率更充分，从而提高了发动机的燃油经济性。

（3）**降低了污染物的排放量**　电控发动机在各种工况下运行都得到了优化控制，提高了燃油利用率，同时增加了各种排放控制系统，大大降低了污染物的排放量。

（4）改善了发动机的低温起动性　在发动机起动和暖机过程中，控制系统能根据发动机的温度变化，对进气量和供油量进行精确控制，从而使发动机顺利起动且暖机过程更加平稳，明显地改善发动机的低温起动性和热机运转性能。

（5）降低了发动机的故障率　由于材料、制造工艺和装配质量要求更高，电控发动机的整体质量得到了很大提高，同时电子控制系统不断完善，使各机构系统之间有可靠的联系、工作更平稳、配合更具整体性。另外增加了自诊断系统、报警系统和自我保护功能，所以电控发动机故障率极大降低。由于自诊断系统、报警系统的应用，电控发动机提高了维修的速度和准确性，具有良好的社会效益和经济效益。

（6）具有故障自诊断与报警功能　在发动机控制系统中，电控单元（ECU）具有自诊断功能，对各系统的工作情况进行监测。当ECU检测到来自传感器或输送给执行器的故障信号时，立即点亮故障指示灯，以提示驾驶人发动机有故障；同时，系统将故障信息以故障码的形式存储在存储器中，便于帮助维修人员确定故障类型和范围。

（7）具有失效保护功能　失效保护系统具有失效保护的功能，当电控装置出现故障时，控制系统自动按照电脑中预先设定的参考信号值工作，使发动机能继续运转。例如，冷却液温度传感器有故障，向ECU报送较高或较低的温度信号时，失效保护系统将自动按照设定的标准冷却液温度信号（80℃）控制发动机工作，否则会引起混合气过稀或者过浓。另外，对发动机工作影响较大的传感器或电路出现故障时，失效保护系统将停止发动机工作。例如，如果ECU接收不到点火控制器返回的点火确认信号，失效保护系统就会立即停止燃油喷射，以防大量燃油进入气缸。

情智提升

电控发动机的正常工作，离不开每一个系统的团结协作、密切配合，犹如我国各族人民紧紧抓住铸牢中华民族共同体意识这条主线，亲如一家、团结一心，共同绘就中华民族伟大复兴壮美画卷。

任务二　认知电控发动机的组成、工作原理与控制方式

一、电控发动机的组成

电控发动机主要由电控燃油喷射系统（EFI）、电控点火系统（ESA）、怠速控制系统（ISC）、电控排放控制系统、进气控制系统、巡航控制系统、警示系统、自诊断系统、失效保护系统和应急备用系统等组成。

以上各系统都是电子控制系统，其基本组成主要包括传感器、执行器和电控单元（ECU），如图1-7所示。

1. 传感器

传感器是电控系统的信号采集装置，它采集信号并将信号转变成电信号，通过线路传送给电控单元。

2. 执行器

执行器是电控系统的执行机构，它接收电控系统的指令，完成电控单元的指令并完成具

项目一　发动机电控系统概述

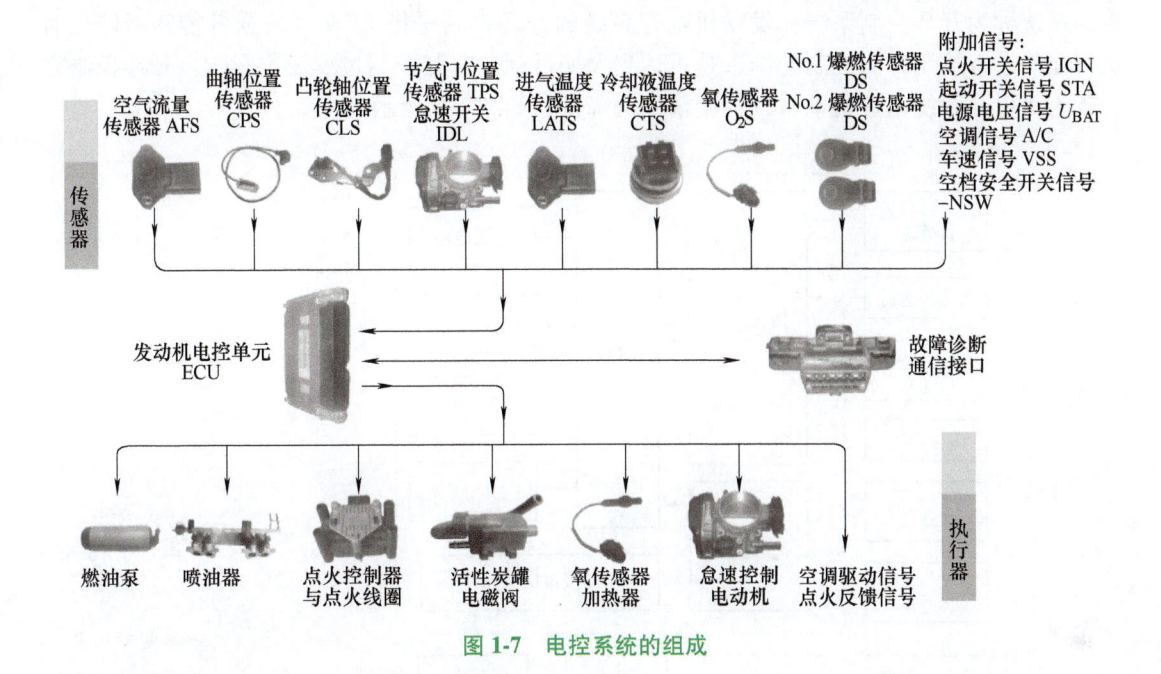

图 1-7　电控系统的组成

体的控制动作。有些执行器具备信号反馈功能。

3. 电控单元

电控单元（Electronic Control Unit，ECU）是综合电子控制装置，其功能是存储特征参数和运算有关数据，接收传感器和其他装置的信号，并进行存储、计算、分析处理，根据结果向执行器发出指令，或根据指令输出自身存储的信息。一般 ECU 具备自我修复等功能。

二、电控发动机的工作原理

电控发动机以 ECU 为控制核心，以空气流量和发动机转速为控制基础，以喷油器的喷油量、喷油时刻、发动机怠速和点火装置等为控制对象，保证获得与发动机各种工况相匹配的最佳空燃比和喷油提前角，同时适时调整发动机怠速。

电控发动机工作时，各传感器将信号传递给 ECU，由 ECU 计算收集到的数据，向各个执行器发出控制指令使发动机正常运转。以常见的 L 型电控发动机为例，具体说明电控发动机的基本工作原理。如图 1-8 所示，发动机 ECU 以控制喷油正时与喷油量来控制喷油，其中喷油量由基本喷油量和修正喷油量两部分组成。曲轴位置传感器向 ECU 提供发动机曲轴转速和转角信号，空气流量传感器（或进气歧管绝对压力传感器）向 ECU 提供进气量信号，ECU 根据这两个信号计算基本喷油量，再根据冷却液温度传感器、进气温度传感器、节气门位置传感器等检测的冷却液温度、进气温度、节气门开度等信号计算修正喷油量。凸轮轴位置传感器向 ECU 提供活塞位置信号，用以确定喷油提前角。ECU 依据喷油量和喷油提前角向喷油器发出脉冲控制指令，喷油器接收到 ECU 的指令进行喷油。

三、电控系统的控制方式

1. 开环控制

在控制系统中，输出端与输入端没有反馈回路，且输出量对系统的控制作用没有直接影响的系统称为开环控制系统。发动机电控系统的开环控制是指 ECU 只根据各传感器信号对执行元件进行控制，而控制的结果是否达到预期目标，对其控制过程没有影响。开环控制方式较为简单，系统出现扰动时，控制精度会降低，如图 1-9 所示。

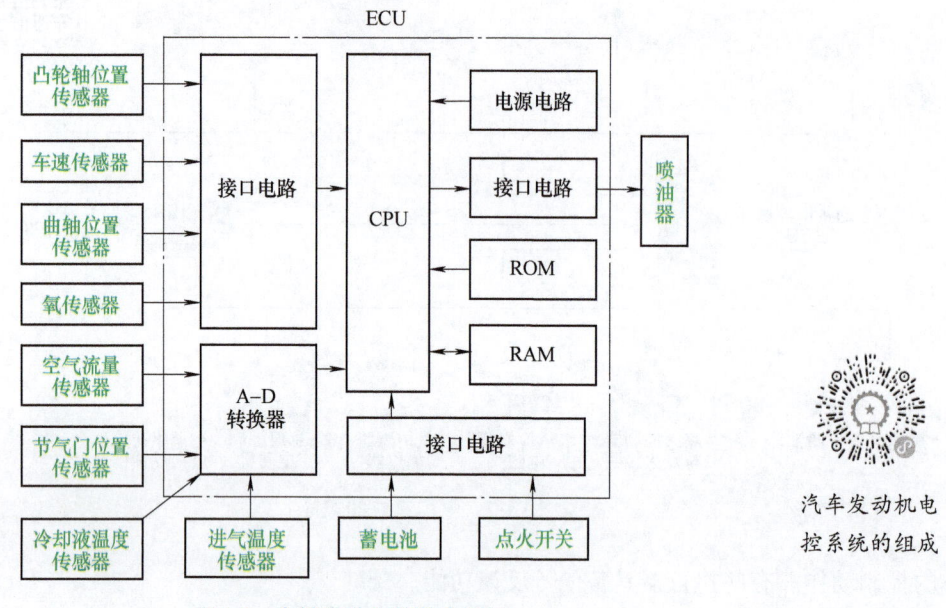

图 1-8 电控发动机的基本原理

图 1-9 开环控制示意图

2. 闭环控制

在控制系统中，输出端与输入端有反馈回路，且输出量对系统的控制作用有直接影响的系统称为闭环控制系统。发动机电控系统的闭环控制系统除具有开环控制系统的功能外，还能对其控制结果进行检测，并将检测结果（即反馈信号）输入 ECU，ECU 再根据反馈信号对其控制误差进行修正，所以闭环控制系统的控制精度比开环控制系统高，如图 1-10 所示。

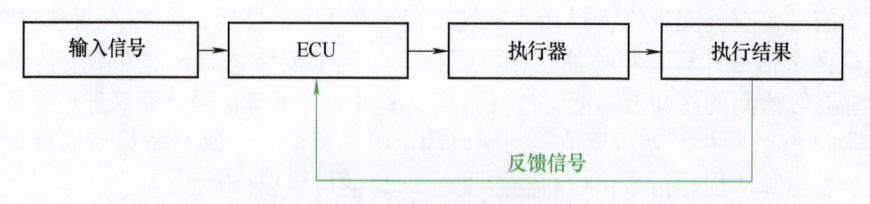

图 1-10 闭环控制示意图

在发动机电控系统中，空燃比反馈控制、爆震控制、废气再循环控制及点火提前角反馈控制等都采用了闭环控制。

情智提升

自 1876 年德国人奥托发明第一台内燃机开始，发动机的进化之路从来就没有停止。相比于传统发动机，现代汽车电控发动机各系统总成"团结一致、共同配合"才使其更具优越性。作为汽修从业人员，在进行电控发动机维修时，要做到精益求精、一丝不苟。因为某一总成的性能有可能关系到整个发动机，甚至是整车使用性能的发挥。

任务三　认知电控发动机的传感器

一、传感器的功用

传感器的功用是进行信号转换，把被测的非电量信号转换成传感器输入的电信号输入电子控制单元（或发动机电控模块 ECM）。发动机电子控制单元按照设定的程序对传感器输入的信号进行分析计算，用于在发动机整个工作范围内控制最优的燃油喷射量、喷射时间，以及进行点火控制、怠速控制、废气排放控制等，以减少废气排放量并提高发动机功率和燃油经济性。发动机电控系统工作时，传感器进行数据采集并输入到 ECU，ECU 进行数据处理后，发出控制指令控制执行器工作；同时，ECU 也能对传感器和执行器进行功能诊断。

二、传感器的类型

用于汽油发动机电子控制系统的传感器主要有以下几种类型。

(1) 热敏电阻式传感器　热敏电阻是开发最早、种类多、发展较为成熟的敏感元件。热敏电阻由半导体陶瓷材料组成，其原理是根据温度变化引起内部电阻发生变化。

热敏电阻一般包括正温度系数（PTC）热敏电阻、负温度系数（NTC）热敏电阻以及临界温度热敏电阻（CTR）。

正温度系数热敏电阻的电阻值随着 PTC 热敏电阻本体温度的升高呈现出阶跃性的增大，温度越高，电阻值越大。

负温度系数热敏电阻的电阻值随着 NTC 热敏电阻本体温度的升高呈现出阶越性的减小，温度越高，电阻值越小。NTC 热敏电阻广泛应用于温度测量、温度补偿等场合。汽车上用于测量发动机冷却液温度的冷却液温度传感器、测量进气温度的进气温度传感器等都是 NTC 热敏电阻式温度传感器。冷却液温度传感器如图 1-11 所示，冷却液温度传感器及其工作特性如图 1-12 所示。

临界温度热敏电阻 CTR 具有负电阻突变特性，在某一温度下，电阻值随温度的增加急剧减小，具有很大的负温度系数。

(2) 电位计式传感器　电位计是一种典型的接触式绝对型角传感器，一般为滑动变阻器，通过可调电阻改变输出电压，即电位计的电阻值/信号电压随着元件的动作发生变化。汽车中节气门位置传感器和加速踏板位置传感器（电子节气门的发动机）均为此种类型的传感器。

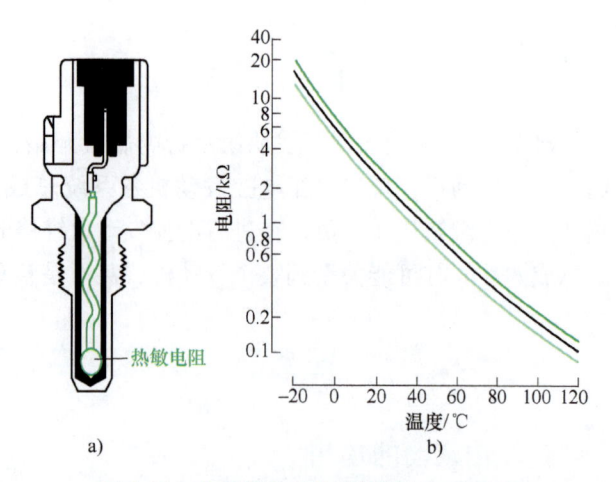

图 1-11　冷却液温度传感器　　　　　　　图 1-12　冷却液温度传感器及其工作特性

　　(3) 电桥电路式传感器　电桥是用比较法测量物理量的电磁学基本测量仪器。电桥标准度高、稳定性好，所以被广泛用于电磁测量、自动调节和自动控制中。电桥的种类很多，通常测量阻值较小的电阻时采用双臂电桥（开尔文电桥），测量中等阻值（$10\sim10^6\Omega$）的电阻时采用惠斯通电桥，测量更大阻值的电阻时一般采用高电阻电桥或绝缘电阻表。其中，惠斯通电桥是最基本的直流单臂电桥。

　　汽车中热线/热膜式空气流量传感器（也称空气流量计）即采用惠斯通电桥原理，采集信号电压/频率与进气量的变化关系。

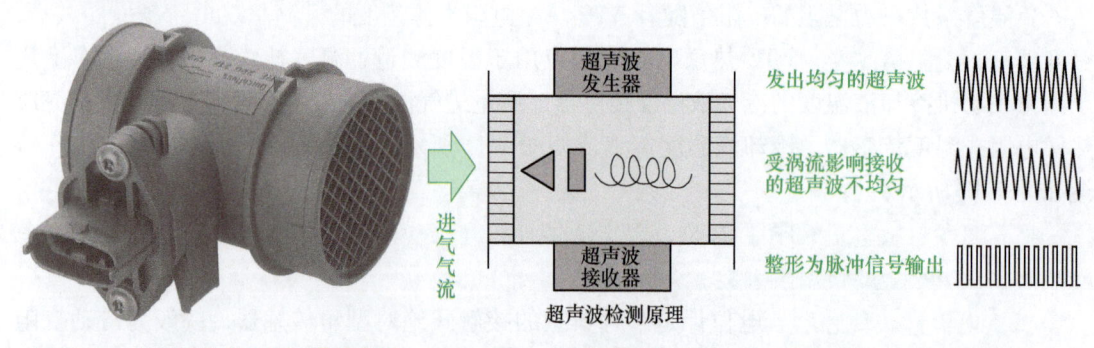

　　(4) 卡门涡流式空气流量传感器　卡门涡流式空气流量传感器又叫卡尔曼式空气流量传感器，如图 1-13 所示。所谓卡门涡流，是指在流体中放置一个圆柱状或三角状物体时，在这一物体的下游就会产生两列旋转方向相反并交替出现的涡流。根据卡门涡流理论，这个涡流行列紊乱地依次沿着气流流动方向移动，其移动的速度与空气流速成正比，即在单位时间内通过涡流发生器后方某点的涡流数量与空气流速成正比，如图 1-14 所示。因此，通过测量单位时间内涡流的数量就可以计算出空气流速和流量，如三菱汽车采用的超声波卡门涡流式空气流量传感器，雷克萨斯汽车早期车型采用的光学卡门涡流式空气流量传感器。

图 1-13　卡门涡流式空气流量传感器　　　　图 1-14　超声波卡门涡流式空气流量传感器工作原理

　　(5) 压敏电阻式传感器　电阻值随着自身变形量而改变的电阻叫作压敏电阻。汽车上爆震传感器、进气压力传感器常采用压敏电阻制成。图 1-15 所示为进气压力传感器。

（6）石英晶体振荡传感器　福特汽车早期车型使用的进气歧管绝对压力传感器即为石英晶体振荡传感器，其频率信号随着真空度的变化而变化。此种类型传感器已经淘汰了。

（7）热化学效应式传感器　如氧传感器，其信号随着尾气中氧浓度的变化而变化，如图 1-16 所示。

图 1-15　进气压力传感器　　　　　图 1-16　氧传感器

（8）磁感应式传感器　所谓磁感应，就是当转子旋转时，齿轮与感应线圈凸缘部（磁头）的空气间隙发生变化，导致通过感应线圈的磁场发生变化而产生感应电动势。汽车中的曲轴位置传感器、车轮转速传感器等均为此种类型的传感器。图 1-17 所示为磁感应式曲轴位置传感器。

（9）霍尔效应式传感器　所谓霍尔效应，就是当电流通过放在磁场中的半导体基片（即霍尔元件），且电流方向和磁场方向垂直时，垂直于电流和磁场的半导体基片的横向侧面上会产生电压的现象。霍尔效应式传感器就是根据霍尔效应原理制成的，如凸轮轴位置传感器，如图 1-18 所示。

图 1-17　磁感应式曲轴位置传感器　　　　　图 1-18　凸轮轴位置传感器

（10）光电效应式传感器　光照射到某些物质上，引起物质的电性质发生变化，光能量被转换成电能。这类光致电变的现象被人们统称为光电效应。早期日产、三菱汽车中的光电式曲轴位置传感器即为此种类型的传感器。

（11）开关量传感器　开关量传感器主要应用于数字量控制，由传感器接收、信号处理、驱动输出三部分组成。开关量信号是通过开关的导通和断开引发的信号，即跳跃变化，通常称为最简单的脉冲信号，广泛应用于现代电子技术信号处理中。汽车中怠速开关信号、空调开关信号、档位开关信号、温控开关信号、压力开关信号等均为开关量信号。

三、传感器引脚的类型

（1）**电源** 传感器的电源有 12V（如热线式空气流量传感器的加热电源，通常来自继电器、熔丝），也有 5V（如电位计、温度传感器的参考电源等，来自控制模块），还有 8V 或 9V（如霍尔传感器的参考电源）。

（2）**搭铁** 传感器的搭铁（接地）有两种，一种是直接到车身的搭铁，另一种是通过控制模块的搭铁。

（3）**信号** 传感器的信号线有两种，一种是单信号，即一个传感器只有一条信号线；另一种是双信号，即一个传感器有两条信号线，两条信号线可能相同，也可能不同。

（4）**屏蔽** 为了避免信号受到干扰，传感器信号线外通常会有屏蔽线，屏蔽线可能占用传感器接头的接脚，也可能不占用。

四、传感器信号的类型

汽车电子控制系统中存在五种基本类型的电子信号，这五种基本的汽车电子信号称为"五要素"。"五要素"可以看成是控制系统中各个传感器与执行器、电子控制单元（或模块）和其他设备之间相互通信的基本语言。

（1）**直流信号** 图 1-19 所示为节气门位置传感器直流信号波形。直流信号是一种模拟信号，汽车上产生直流信号的传感器元件有发动机冷却液温度传感器、燃油温度传感器、进气温度传感器、节气门位置传感器、废气再循环位置传感器、翼板式或热丝式空气流量传感器以及进气压力传感器（福特数字式除外）。

（2）**交流信号** 典型交流信号（AC）的波形如图 1-20 所示。在汽车中产生交流信号的传感器和装置有车速传感器、轮速传感器、磁电式曲轴转角或凸轮轴传感器和爆燃传感器。

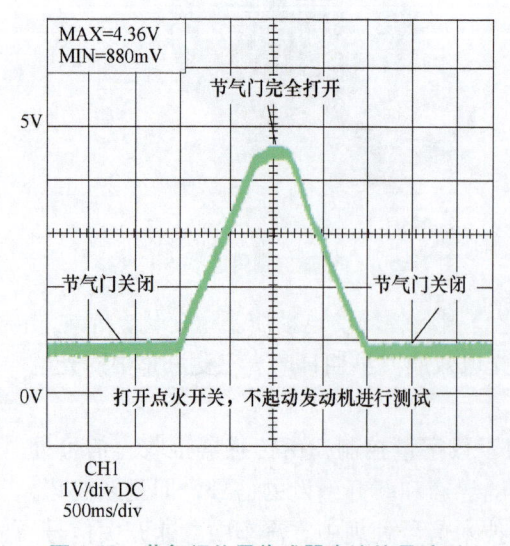

图 1-19 节气门位置传感器直流信号波形

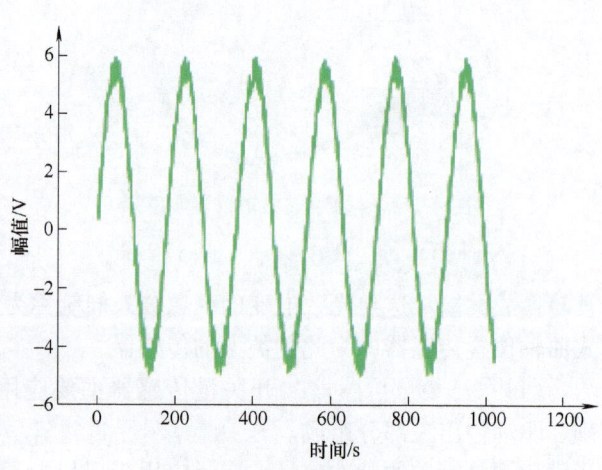

图 1-20 典型交流信号波形

（3）固定脉冲信号　固定脉冲信号（频率调制/变频特性）的波形如图 1-21 所示。汽车中产生可变频率信号的传感器和装置有数字式空气流量传感器（通用）、数字式进气压力传感器（福特）、光电式凸轮轴或曲轴转角传感器、霍尔式车速或轮速传感器、霍尔式凸轮轴或曲轴转角传感器。

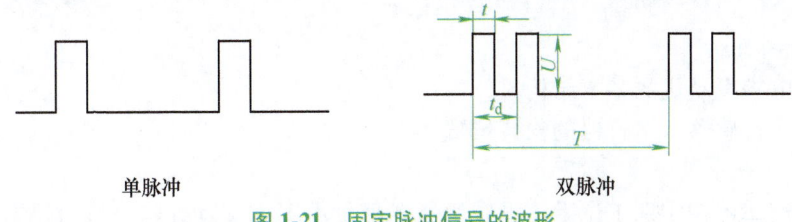

图 1-21　固定脉冲信号的波形

（4）调变脉冲信号　调变脉冲信号（脉宽调制）的波形如图 1-22 所示。在汽车中产生脉宽调制信号的电路或装置有初级点火线圈、电子点火正时电路、控制电磁阀、喷油器和怠速控制电磁阀。

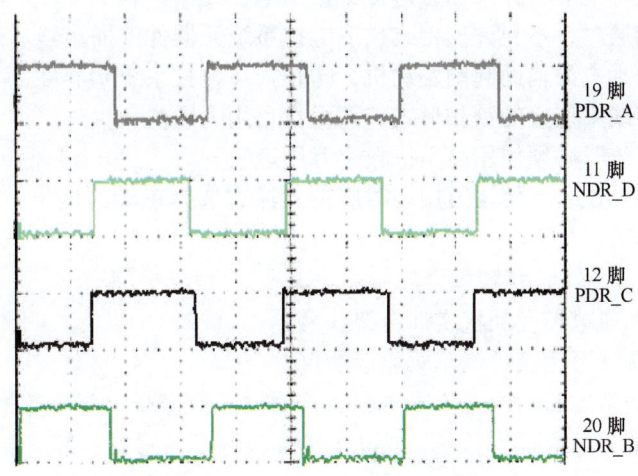

图 1-22　调变脉冲信号的波形

（5）序列式信号　序列式信号（串行数据）的波形如图 1-23 所示。若汽车中具备自诊断能力和其他串行数据传送能力的控制模块，则串行数据由发动机控制模块、车身控制模块和防滑制动系统或其控制模块产生。

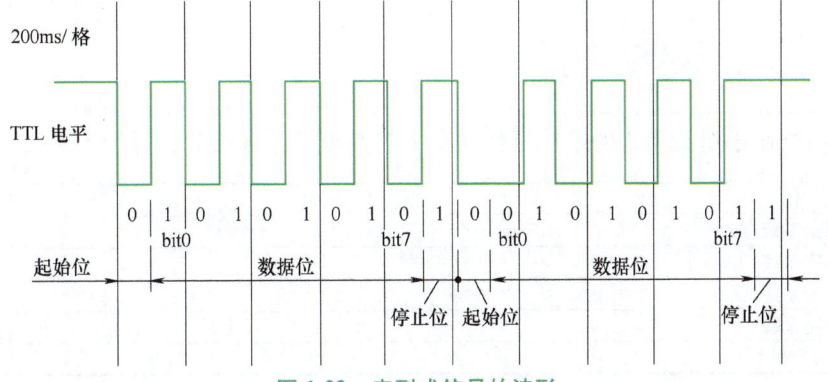

图 1-23　序列式信号的波形

实训一　认识电控发动机

一、实训指导

(一) 实训目标
1) 熟悉电控发动机的基本结构。
2) 熟悉各传感器、执行器的安装位置。

(二) 安全要求及注意事项
1) 实训汽车停在实训工位上,没有经过老师批准不准起动。经老师批准起动后,首先检查车轮的安全顶块是否放好,汽车制动是否拉好,变速杆是否放在 P 位(自动档)或空位(手动档),且保证车前没有人。
2) 发动机运行时不能把手伸入发动机室,防止造成意外事故。
3) 没有经过老师批准不允许随意连接或拔下电控元器件。
4) 点火开关接通时,不允许连接或拔下电控系统元器件的插接器。
5) 禁止使用起动电源辅助起动发动机,防止损坏电控系统元器件。
6) 注意各车型线束连接的锁扣形式,不可盲目用力硬拉。
7) 检测电控系统时必须使用高阻抗数字万用表。
8) 正确使用仪器设备。使用万用表时应特别注意选择正确的档位,万用表不能测量高压侧电压。

(三) 设备/工具/零部件要求
设备:轿车整车或电控发动机实训台架。
工具:常用工具、万用表、汽车故障诊断仪。
零部件:各种类型的曲轴位置传感器、凸轮轴位置传感器、空气流量传感器、进气歧管绝对压力传感器、节气门位置传感器、发动机冷却液温度传感器、进气温度传感器、氧传感器及爆燃传感器若干个。

(四) 实训操作指导
1) 熟悉电控发动机空气供给系统、电控点火系统、燃油供给系统、排放控制系统和发动机辅助控制系统在发动机上的布置及各系统的组成。
2) 安装位置。对照资料查找各传感器、执行器所在的位置,并观察其结构特点。

二、工作单

车型:＿＿＿＿＿＿＿＿

1) 依据维修手册或指定的范围寻找实车上各系统的组成部分,并填入下表。

系统名称	主要组成零部件	备 注
空气供给系统		
电控点火系统		
燃油供给系统		
排放控制系统		
发动机辅助控制系统		

项目一　发动机电控系统概述

2）依据维修手册或指定的范围寻找实车上的传感器及执行器，并填入下表，如没有则填"无"。

传感器名称	安装位置	导线数量（接脚）	备注
曲轴位置传感器			
凸轮轴位置传感器			
发动机冷却液温度传感器			
节气门位置传感器			
空气流量传感器			
爆燃传感器			
进气歧管绝对压力传感器			
氧传感器			
三元催化转换器			
活性炭罐控制阀			

认识电控发动机任务评价表

任务名称		认识电控发动机			日期：		
姓名：		班级：			学号：		
自评：□熟练 □不熟练		互评：□熟练 □不熟练			师评：□合格 □不合格		

序号	评分项	得分条件	配分	评分标准	小计	自评	互评	师评
1	安全/8S/态度	□1. 能进行工位8S操作 □2. 能进行设备和工具安全检查 □3. 能进行安全防护操作 □4. 能进行工具清洁校准存放操作 □5. 能进行作业过程规范操作	15	未完成一项扣3分，扣分不得超15分		□熟练 □不熟练	□熟练 □不熟练	□合格 □不合格
2	专业技能能力	□1. 能正确描述电控发动机的组成 □2. 能正确找到空气供给系统 □3. 能正确找到发动机ECU □4. 能正确找到电控燃油供给系统 □5. 能正确找到电控点火系统 □6. 能正确找到排放控制系统 □7. 能正确找到发动机怠速控制系统 □8. 能正确找到各传感器 □9. 能正确找到各执行器 □10. 能正确找到三元催化器	50	未完成一项扣5分，扣分不得超50分		□熟练 □不熟练	□熟练 □不熟练	□合格 □不合格

15

（续）

序号	评分项	得分条件	配分	评分标准	小计	自评	互评	师评
3	工具及设备的使用能力	☐1. 能正确选用维修工具 ☐2. 能正确使用万用表	10	未完成一项扣5分，扣分不得超10分		☐熟练 ☐不熟练	☐熟练 ☐不熟练	☐合格 ☐不合格
4	资料、信息查询能力	☐1. 能正确使用维修手册查询资料 ☐2. 能正确使用用户手册查询资料 ☐3. 能在规定时间内查询所需资料 ☐4. 能正确记录所需资料章节页码 ☐5. 能正确记录所需维修信息	10	未完成一项扣2分，扣分不得超10分		☐熟练 ☐不熟练	☐熟练 ☐不熟练	☐合格 ☐不合格
5	数据判读和分析能力	☐1. 能判断熔丝是否正常 ☐2. 能判断继电器是否正常 ☐3. 能判断执行器是否正常动作	10	未完成一项扣4分，扣分不得超10分		☐熟练 ☐不熟练	☐熟练 ☐不熟练	☐合格 ☐不合格
6	表单填写与报告的撰写能力	☐1. 字迹清晰 ☐2. 语句通顺 ☐3. 无错别字 ☐4. 无涂改 ☐5. 无抄袭	5	未完成一项扣1分，扣分不得超5分		☐熟练 ☐不熟练	☐熟练 ☐不熟练	☐合格 ☐不合格

总分：

案例解析

按照刚刚学习完的知识，你对情景导入案例中的故障有排查思路吗？电控发动机各组成部分你掌握了吗？小刘师傅经过思考是这样做的：排查了各传感器，未见异常，很茫然，而后仔细观察发现，发动机喷油器控制线束下有一条跨接线串联了所有喷油器。据车主反映，有一次车坏在路上，发动机缺缸，找了一个路边店做了修理，是修理师傅将这根跨接线连接上的，这导致四个喷油器一直处于同时喷油状态，所以油耗提高。拿掉跨接线以后，检查ECU，发现4缸喷油器线束无脉冲信号。经检查确定ECU损坏，更换ECU后，故障排除。

情智提升

作为未来的"汽车医生",在工作岗位上,虽然面对的是一台台汽车,一个个冰冷的零部件,但每一个零部件,即使是很小的一个螺钉,都关乎着车辆的使用性能,更关系着千家万户的生命财产安全。不管在学习中,还是工作中,都要诚实守信,始终不忘汽修工匠的初心,恪尽职守、一丝不苟、精益求精。

课后作业

1. 简述电控发动机的发展趋势。
2. 电控发动机的组成主要有哪些?
3. 简述 L 型电控发动机的基本工作原理。

项目二 电控汽油喷射系统的检修

项目目标

知识目标

(1) 简单叙述电控汽油喷射系统的发展和类型。

(2) 正确描述电控汽油喷射系统的组成与基本原理。

(3) 正确描述电控汽油喷射系统主要零部件的结构与工作原理。

(4) 正确描述喷油器和喷油正时的控制原理。

(5) 正确分析电动汽油泵的控制方式。

能力目标

(1) 能认识电控汽油喷射系统各组成零部件及其安装位置。

(2) 掌握电控汽油喷射系统主要零部件的检修方法。

(3) 能够简单分析和检修电控汽油喷射系统的控制电路。

素养目标

(1) 养成安全规范操作的职业素养、精益求精的维修工匠精神。

(2) 养成 8S 工作习惯。

(3) 养成崇尚劳动、热爱劳动的好习惯。

任务一 认识电控汽油喷射系统

情境导入

某日,一汽大众 4S 店接到一辆迈腾 1.8TSI 轿车,车主反映动力弱,加速无力,赵师傅用电脑读取故障码显示燃油系统压力低。根据以上现象,你觉得故障出在哪里?该怎么办?

知识准备

一、电控汽油喷射系统简介

20 世纪 60 年代后期,随着电子技术的飞速发展,尤其是计算机的问世,电子技术在汽车上的应用成为各个国家汽车工业的重要发展方向。

(一) 电控汽油喷射系统的发展历程

1) 1912 年,由于航空发动机喷油器在飞机飞行过程中会结冰,开始了电控燃油喷射系统的研究。

2) 1937 年,德国 BOSCH 公司将电控燃油喷射系统应用在军用飞机上。

3）1952 年，BOSCH 公司将电控燃油喷射系统装在奔驰 300SL 汽车上，采用机械式缸内喷射；1958 年，奔驰 200SE 采用机械式进气管喷射。

4）1953 年，美国 BENDIX 公司开始研究电控汽油喷射系统，1957 年开发出产品，采用晶体管电路，但体积庞大，实用性不高。

5）1962 年，BOSCH 公司购买相关专利，并于 1967 年推出 BOSCH D 型电控汽油喷射系统。这是第一套实用性电控汽油喷射系统，并用在 VW-1600 车上，采用机械式 MAP。

6）1972 年，BOSCH 推出 L 形电控汽油喷射系统，采用翼板式空气流量传感器。

7）1972 年，BOSCH 推出 K 形机械控制连续电控汽油喷射系统，1976 年开始采用闭环控制，并加装氧传感器；1982 年，开发了机电联合喷射系统——KE 系统，增加电子压差阀调节喷油量。

8）电控汽油喷射系统进气量检测方式改进：1980 年，三菱公司采用超声波涡流式空气流量传感器；1981 年，BOSCH 公司与日本日立公司共同开发出热线式空气流量传感器 LH 系统；1984 年，丰田采用光学涡流式空气流量传感器。

9）1980 年，采用单点喷射系统，应用于小型车上。

随着技术的不断发展，单点汽油喷射系统已经退出了历史舞台，多点喷射系统和缸内喷射系统得到普及应用。为了解决多点喷射系统和缸内喷射系统的弊端，又研制出了分层燃烧系统和混合喷射系统。

（二）电控汽油喷射系统的分类

1. 按喷油器安装部位分类

（1）**单点汽油喷射系统**　在节流阀体上安装一只或两只喷油器，向进气歧管中喷油形成可燃混合气，如图 2-1 所示。

（2）**多点汽油喷射系统**　在每一个气缸的进气门前均安装一只喷油器，如图 2-2 所示。

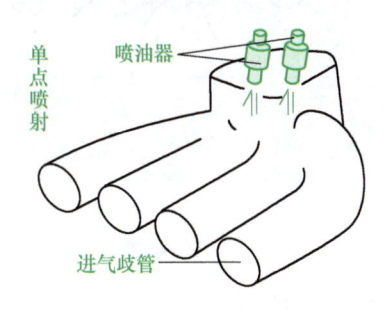

图 2-1　单点汽油喷射系统

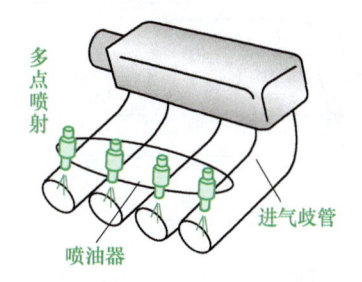

图 2-2　多点汽油喷射系统

2. 按喷油方式分类

（1）**连续喷射系统**　连续喷射系统多用于机械式或机电结合式汽油喷射系统中，在发动机运转时连续不断地喷射。这是一种早期产品，目前已经很少使用这种喷射系统。

（2）**间歇喷射系统**　间歇喷射是在进气过程中的某时间内进行汽油喷射，喷油量大小取决于喷油器持续开启时间，即 ECU 的指令。这种喷油方式广泛应用于现代电控汽油喷射系统中。

3. 按喷射时序分类

（1）同时喷射　发动机工作时，各喷油器同开同闭，由同一喷油指令控制一组喷油器，如图 2-3 所示。

（2）分组喷射　分组喷射是将喷油器分成若干组交替喷射，ECU 发出两组指令，每组指令控制一组喷油器，如图 2-4 所示。

（3）顺序喷射　喷油器按发动机各缸进气行程的顺序轮流喷射，它具有喷油正时；由曲轴位置传感器提供信号辨别各缸的进气行程，适时发出各缸的喷油脉冲信号，从而实现顺序喷射，如图 2-5 所示。

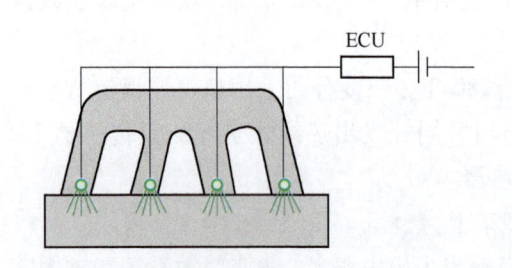

图 2-3　同时喷射

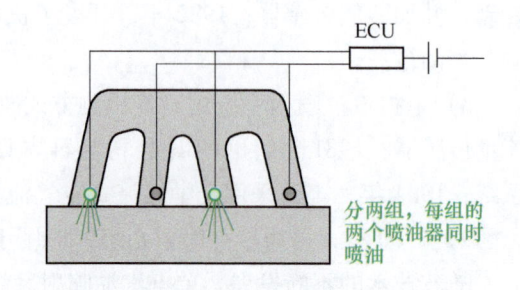

图 2-4　分组喷射

4. 按燃油喷射位置分类

（1）缸外喷射系统　缸外喷射又称进气管内喷射。传统汽油发动机采用此种喷射方式，通常喷油器位于进气歧管与机体结合处，如图 2-6 所示。

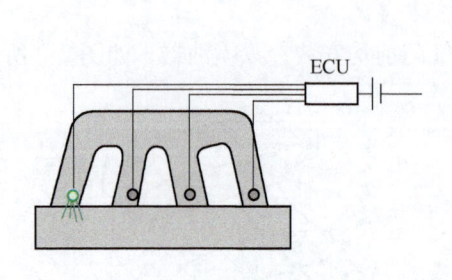

图 2-5　顺序喷射

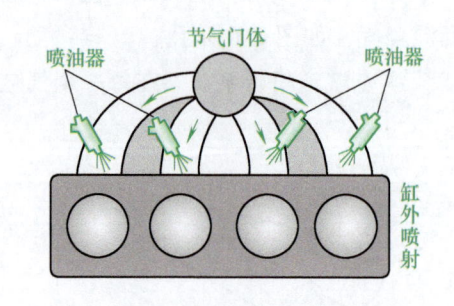

图 2-6　缸外喷射系统

（2）缸内喷射系统　喷油器直接将燃油喷射在气缸内部，混合气在气缸内形成。随着发动机技术的不断发展，该种喷射系统越来越多地应用在汽油机上，如图 2-7 所示。

（3）混合喷射系统　混合喷射就是在电控发动机喷射系统中既有进气管喷射，又有缸内直喷。低速运行时采用进气管喷射，可以有效地清除进气门背部的积炭，高速运行时采用缸内直喷，可以提高发动机的动力性、降低油耗。混合喷射结合了缸外喷射和缸内喷射的优点，两种喷射形式的切换是由 ECU 根据汽车的工况而调整的，使发动机的性能更加优越。但其系统结构复杂，制造和维修成本较高。丰田汉兰达等车型所采用的就是混合喷射系统。混合喷射系统示意图如图 2-8 所示。

项目二　电控汽油喷射系统的检修

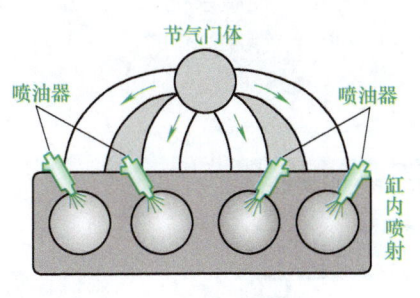

图 2-7　缸内喷射系统

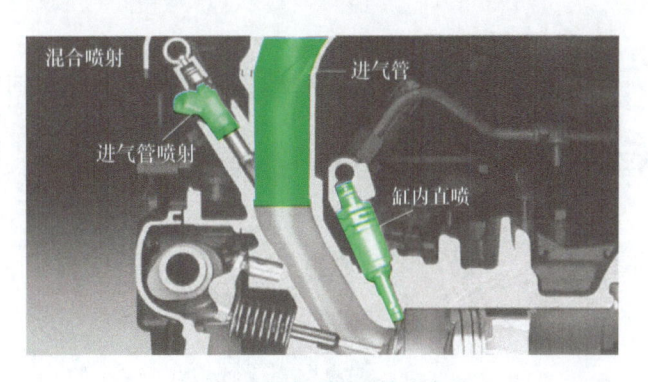

图 2-8　混合喷射系统示意图

知识链接

缸外喷射、缸内喷射的优点和缺点

1）缸外喷射技术成熟，且由于汽油具有一定清洁作用，每次喷油对进气管及进气门背部有清洗作用，不易形成积炭。但在喷油过程中，有一部分汽油会附着在进气管的管壁上，造成燃油的浪费。

2）缸内喷射的燃油压力很高，进入气缸的燃油颗粒很小，生成可燃混合气的速度快、质量高、燃烧完全，使发动机油耗更低、动力更强。但缸内直喷在发动机低速运转时的燃油适应性较差，排放污染物较多。另外，汽油直接喷入气缸内部，导致进气门背部积炭严重，发动机容易出现抖动、加速不良等故障。

（三）电控汽油喷射系统的优点

1）进气压力损失小，提高了输出功率，增加了发动机的动力性。

2）汽车加减速行驶时反应灵敏，空燃比控制响应迅速，适应发动机的各种工况。

3）对大气压力或外界湿度变化引起的空气密度变化，可以进行适量的空燃比修正。

4）起动容易，暖机性能提高。

5）低排放，节省燃油。

6）具有减速断油功能。

7）可均匀分配各缸燃油，减少爆燃现象，提高了发动机工作的稳定性，同时降低了噪声污染。

8）提高了汽车驾驶性能。

9）具有失效保护功能。

二、电控汽油喷射系统的组成与基本原理

电控汽油喷射系统尽管类型不少，品种繁多，但它们都具有相同的控制原则：以电控单元（ECU）为控制核心，以空气流量和发动机转速为控制基础，以喷油器、发动机怠速以及排放装置等为控制对象，保证获得与发动机各种工况相匹配的最佳混合气成分和点火时刻。

1. 电控汽油喷射系统的组成

电控汽油喷射系统大致包括空气供给系统、燃油供给系统和电子控制系统三个部分。

（1）空气供给系统　空气供给系统的功能是提供、测量和控制燃油燃烧时所需要的空气量。图 2-9 所示为 L 形空气供给系统）。

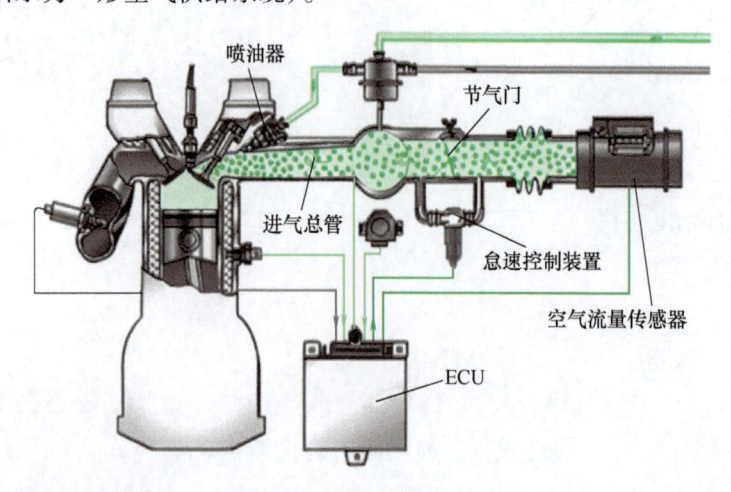

图 2-9　L 形空气供给系统

空气经空气滤清器过滤后，由空气流量传感器（在 D 形空气供给系统中为进气歧管绝对压力传感器，如图 2-10 所示）计量，通过节气门进入进气总管，再分配到各进气歧管。在进气歧管内，从喷油器喷出的燃油与空气混合后被吸入气缸内燃烧。

一般行驶时，空气的流量由驾驶员通过进气系统中的节气门来控制。踩下加速踏板，其行程越大，节气门开度就越大，进入的空气量也就多。

急速时，由节气门直动式急速控制装置控制节气门的开启程度，调节节气门处空气流通横截面积，以控制急速进气量。电控发动机的急速是 ECU 根据各传感器的信号控制急速控制装置来调整的，实质上是通过节气门直动式急速控制装置来改变进入发动机的空气量从而实现急速调整的。

当气温较低发动机需要暖机时，其供给暖机时必需的空气量，此时发动机转速较正常急速高，称为快急速。随着发动机冷却液温度升高，节气门直

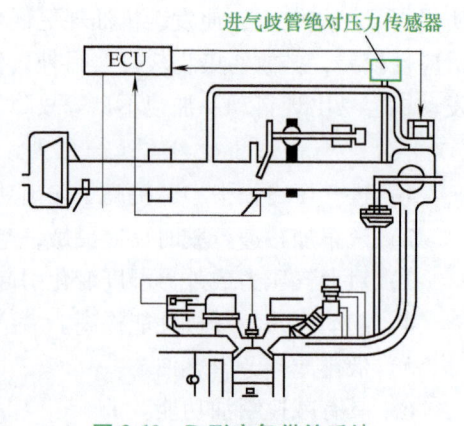

图 2-10　D 形空气供给系统

动式急速控制装置使节气门开度逐渐减小，发动机进气量亦逐渐减小，发动机转速逐渐降低至正常急速。

（2）燃油供给系统　燃油供给系统的功能是向发动机精确及时地提供各种工况下所需的燃油量。

燃油供给系统一般由燃油箱、电动燃油泵、燃油滤清器、燃油压力调节器、喷油器、冷起动喷油器及供油总管等组成，如图 2-11 所示。

燃油由电动燃油泵从燃油箱中泵出，经过燃油滤清器，去除杂质及水分后被送到燃油压

项目二　电控汽油喷射系统的检修

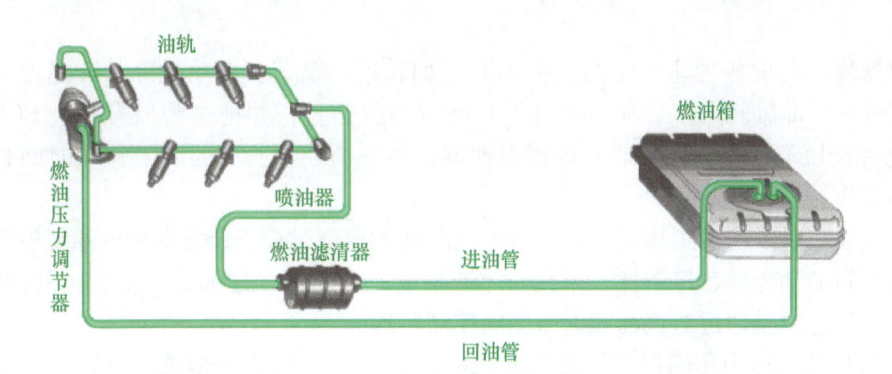

图 2-11　燃油供给系统

力调节器，这样具有一定压力的燃油流至供油总管，再经各供油歧管送至各缸喷油器。喷油器根据 ECU 的喷油指令，开启喷油阀，将适量的燃油喷于进气门前形成混合气，在进气行程时混合气进入气缸。

装在供油总管上的燃油压力调节器是用以调节系统油压的，目的在于保持油路内的油压约高于进气管负压 300kPa。

此外，为了改善发动机低温起动性能，有些车辆在进气歧管上安装了一个冷起动喷油器，冷起动喷油器的喷油时间由热限时开关或者 ECU 控制。

（3）电子控制系统　电子控制系统的功能是根据发动机运转状况和车辆运行状况确定燃油的最佳喷射量和喷油时刻。该系统由传感器、ECU 和执行器三部分组成，如图 2-12 所示。

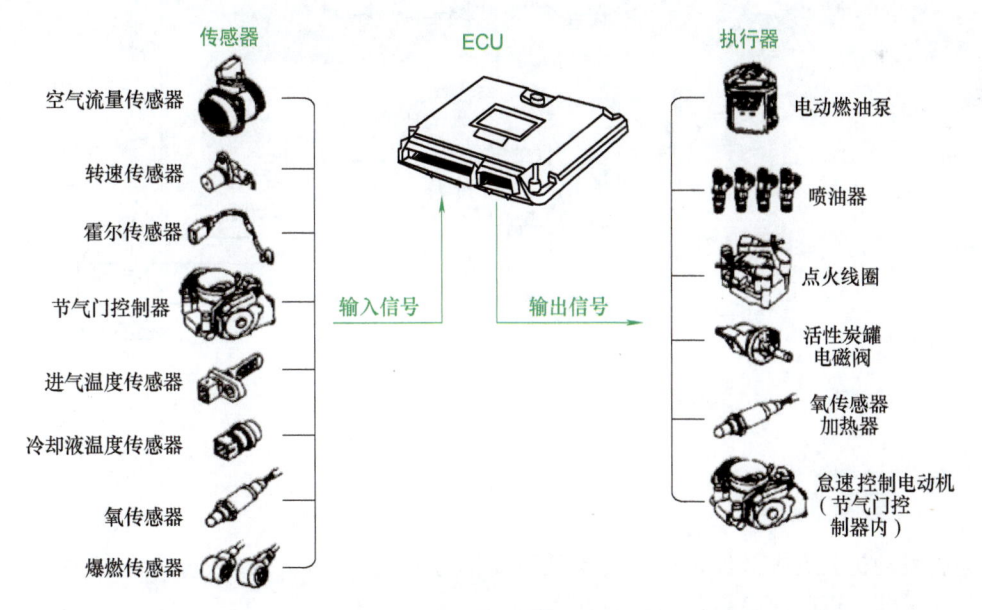

图 2-12　电子控制系统

ECU 根据空气流量传感器信号和发动机转速信号确定基本喷油时间，再根据其他传感器对喷油时间进行修正，并按最后确定的喷油时间向喷油器发出指令，使喷油器喷油或断油。

2. 电控汽油喷射系统的工作原理

传感器将发动机各种非电量的工况参数（如转速、负荷、发动机冷却液温度、进气温度、空气流量、曲轴转角、节气门开度等）转变为电信号，并把这些信号输入 ECU，再经 ECU 转化为长短不一的电脉冲信号传到喷油器，控制喷油器打开时刻及持续时间长短，使之准确地工作。

电控汽油喷射系统的工作过程即是对喷油时间的控制过程。装有电控汽油喷射系统的发动机具有良好的动力性、经济性，排放的污染物量大为降低，这都源于空燃比的精确控制。这种空燃比的控制是通过对汽油喷射时间的控制实现的。

ECU 通过绝对压力传感器（D 形电控汽油喷射）或空气流量传感器（L 形电控汽油喷射）的信号计量空气质量，并根据计算出的空气质量与目标空燃比比较，即可确定每次燃烧所必需的燃料质量。目前，空燃比为实际充入气缸的空气质量与燃烧所需要的空气质量的比值。

根据空气质量和发动机转速计算出的喷油时间称为基本喷油持续时间。

目标空燃比是在考虑了发动机的动力性、经济性、响应性、排气净化等之后决定的，它所要求的喷油时间与基本喷油时间有差异，各种传感器检测冷却液温度、进气温度、节气门开度等与发动机工况有关的参数后，对基本喷油持续时间进行修正，确定最佳喷油持续时间，使实际喷油持续时间接近由目标空燃比确定的喷油持续时间。

电控汽油喷射系统如图 2-13 所示。

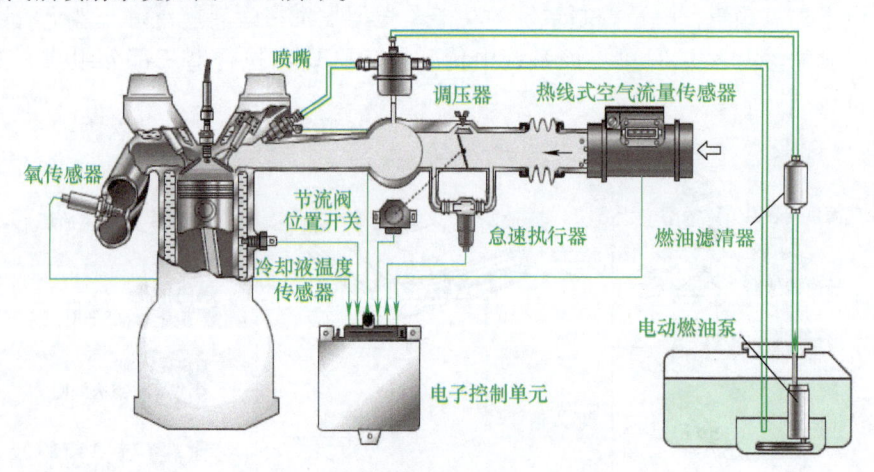

图 2-13 电控汽油喷射系统

案例解析

电控发动机具有失效保护功能，当某重要部分发生故障后，ECU 会命令相关系统开启失效保护模式，以防故障恶化而损坏更多零件。

赵师傅根据故障现象和检查情况，断定是燃油供给系统的问题，而造成这些现象的原因中最典型的是油泵问题，遂检查高压油泵，发现高压油泵损坏。这就导致喷油器压力不足，ECU 开启失效保护，发动机进入跛行模式，为的是使汽车勉强行驶到修理厂。发动机此时由于喷油压力低导致雾化不良，因此导致上述故障。更换高压油泵后故障排除。

根据以上内容的学习，你能按照师傅的指导进行故障诊断吗？这个典型的故障你能理解吗？

情智提升

要想成为赵师傅这样经验丰富、技艺高超的汽修专家，就要在学习中养成刻苦专注、勤于思考的好习惯，完成工作任务时，要不怕苦、不怕累，严格执行工作标准，不忽略每一个细节，把标准养成习惯，让习惯成为标准。

课后作业

一、判断题

（　　）1. D 形电控汽油喷射发动机比 L 形测量进气量的精度要高。

（　　）2. 汽车电子控制系统一般由电控单元、传感器和执行器三部分组成。

（　　）3. 在实际工作过程中，采用闭环控制后，ECU 根据检测的实际结果确定增减喷油量，而不再根据其他输入信号进行控制。

（　　）4. 发动机所要求的汽油喷射量，是根据加给喷油器的通电时间长短来控制的。

（　　）5. 当 ECU 检测到蓄电池和发动机的电压过低时，将对喷油量进行修正（增加喷油脉冲宽度），以补偿由于电压过低所造成的喷油压力及打开喷油器所需时间增加带来的影响。

二、单选题

1. D 形电控汽油喷射发动机的喷油量由（　　）确定。

　　A. 喷油时间　　　　　　　B. 进气管真空度　　　　C. 系统油压

2. 按照汽油喷射的位置，电控汽油喷射系统分为（　　）两种。

　　A. 缸内喷射和缸外喷射　　B. 连续喷射和间歇喷射　　C. 分组喷射和顺序喷射

3. 燃油喷射是以脉冲方式将燃油喷入进气管，按照喷射器的工作顺序分为（　　）三种方式。

　　A. 缸外喷射、缸内喷射和进气管喷射　　B. 同时喷射、分组喷射和顺序喷射

　　C. 连续喷射、间歇喷射和顺序喷射

4. 空气流量传感器安装在（　　），用来测量进入气缸的空气量。

　　A. 空气门之后　　　　　　B. 空气滤清器和节气门之间

　　C. 节气门体上

5. 在发动机运行中，ECU 检测发动机的各输入量，根据这些输入量，从 ROM 中查取相应的控制参数后输出控制信号，而不去检测控制结果，对控制结果的好坏不能做出分析判断。这种控制系统称为（　　）控制系统。

　　A. 开环　　　　　　　　　B. 闭环　　　　　　　　　C. 反馈

6. 电控燃油喷射系统尽管类型不少，品种繁多，但都以（　　）为控制基础。

　　A. 空气流量和发动机转速　　　　　B. 空气流量和节气门开度

　　C. 发动机转速和节气门开度

7. 空气供给系统的作用是（　　），为发动机可燃混合气的形成提供适量的空气。

　　A. 测量汽油燃烧时所需的空气量　　　　B. 控制汽油燃烧时所需的空气量

　　C. 测量和控制汽油燃烧时所需的空气量

8. 进气歧管绝对压力传感器能依据（　　）测出进气歧管内绝对压力的变化，并将其转换成电压信号输送到 ECU。ECU 将此信号与发动机转速信号一起作为决定喷油器基本喷油量的依据。

　　A. 发动机的负荷状态　　　B. 发动机的转速　　　C. 车速

三、简答题

1. 简述发动机电控汽油喷射系统的组成。
2. 简述电控发动机各控制系统的功能。
3. 简述电控汽油喷射系统的分类。

任务二　空气供给系统的检修

情境导入

上海大众帕萨特汽车发动机怠速不稳，急加速时车辆有"后坐"现象。使用解码器读取数据流发现该车发动机空气质量流量很小，只有 1.5g/s，该型号发动机的正常值应为 2.0~4.0g/s。分析原因可能是进气系统有泄漏处，ECU 接收到的空气流量信号反映的进气量低于其实际进气量。

另一台车加速无力，冒黑烟，排查故障时发现空气流量传感器数值严重偏低，意味着进气量不足导致混合气过浓。开始认为是由空气滤清器太脏导致的，询问车主前几天的保养情况，得知空气滤清器刚更换过，之后怀疑空气流量传感器损坏，测量后发现空气流量传感器完好。

知识准备

一、空气供给系统的功用与分类

空气供给系统的功用是向发动机提供与发动机负荷相适应的、清洁的空气，同时对进入发动机气缸的空气质量进行计量，使空气在系统中与喷油器喷出的燃油形成空燃比符合要求的可燃混合气。

空气供给系统按照对进气量的计量方式一般分为 L 形和 D 形两种。L 形系统使用空气流量传感器直接计量进气量，D 形系统使用进气歧管绝对压力传感器间接测量进气量。在此以 L 形系统为例。

二、空气供给系统的组成

空气供给系统除了空气滤清器、进气总管和进气歧管外，一般还有电子控制系统必须具备的空气计量装置、节气门、节气门位置传感器和怠速控制阀等，如图 2-14 所示。

项目二　电控汽油喷射系统的检修

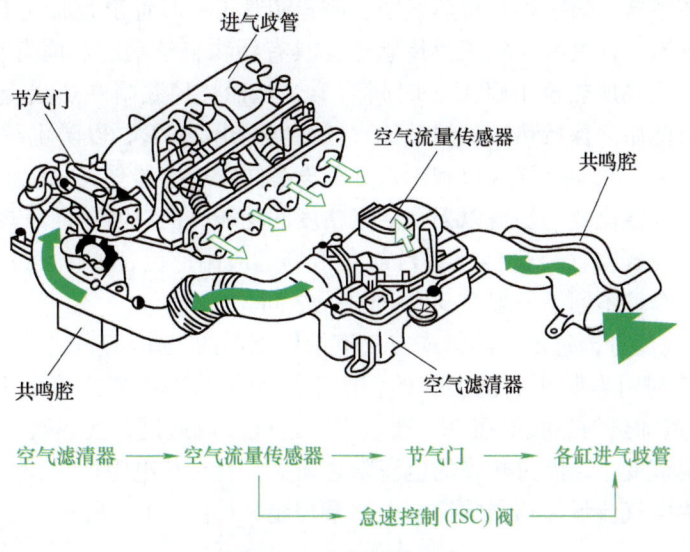

图 2-14　空气供给系统

1. 空气计量装置

空气计量装置一般安装在空气滤清器和节气门之间的进气管上，其作用是对进入气缸的空气质量进行直接或间接的计量，并把空气流量的信息输送到 ECU。在电控汽油喷射系统中用空气流量传感器或进气歧管绝对压力传感器两种方式测量进入气缸的空气量。现在为了进一步提高计量精度和可靠性，很多发动机同时采用这两种传感器，即同时采用 L 形和 D 形计量。

（1）空气流量传感器（Mass Air Flow，MAF）

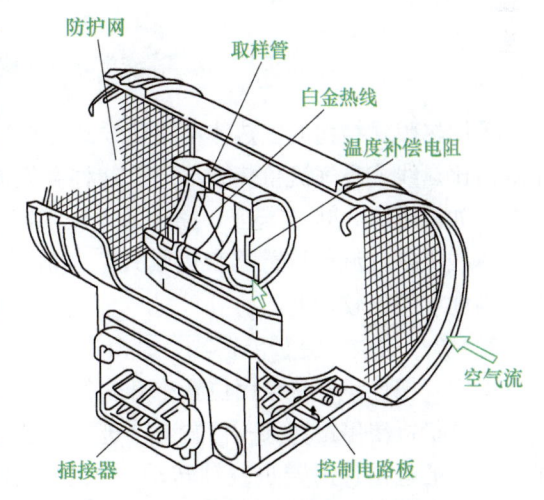

1）热线式空气流量传感器。热线式空气流量传感器由温度补偿电阻（冷线）、白金热线、控制电路板及壳体等组成，进气道内布置有冷线（前）和热线（后），如图 2-15 所示。温度补偿电阻（冷线）是一个温度电阻，用于检测进气温度；白金热线用铂制成，直径约 70μm。根据白金热线的安装部位，空气流量传感器分为主流测量式和旁通测量式。

发动机起动后，进气时气流带走了热线上的热量使热线变冷，破坏了电桥的平衡；控制电路加大通过热线的电流使热线升温以保持电桥的平衡。进气量越大，热线被带走的热量越多，控制电路的补偿电流也就越大，即空气流量与控制电路的补偿电流成正比。控制电路把这一随空气质量流量变化而变化的电流在输出端转换成电压信号并输入 ECU，即可测得实际的空气流量。

这种流量传感器的热线和进气温度传感器一般安装在主气道中的取样管内，故称为主通

图 2-15　热线式空气流量传感器结构

27

式热线空气流量传感器。另一种是将热线绕在陶瓷芯管上,并置于旁通气道内,称为旁通式热线空气流量传感器。这两种空气流量传感器均具有污物自洁功能。前者在发动机熄火后,控制单元能自动将热线加热至1000℃,时间约1s,从而烧掉黏附在热线上的尘埃。后者工作时,其控制电路能始终保持热线的温度比大气温度高出200℃,以防止污物黏附。

热线式空气流量传感器空气入口和出口处都设有防止传感器受到机械损伤的防护网,入口防护网兼具将进气紊流变为层流以提高测量精度的功能,出口防护网兼具防止回火火焰损伤热线的功能。热线式空气流量传感器目前在市场上应用广泛,如丰田卡罗拉、别克君威等,其价格因品牌车型不同,一般在300~800元之间。

2) **热膜式空气流量传感器**。热膜式空气流量传感器的工作原理与热线式空气流量传感器基本相同,都是利用惠斯通电桥工作的,所不同的是其采用板式热电阻(热膜),如图2-16a所示。被电流加热的热膜放在进气通道中,进气气流通过,使热膜温度下降。当热膜温度下降时,电阻值变小,流过热膜的电流随之增大,直至热电阻恢复原来的温度和电阻值为止。这一电流由空气流量传感器的控制电路来控制,如图2-16b所示。

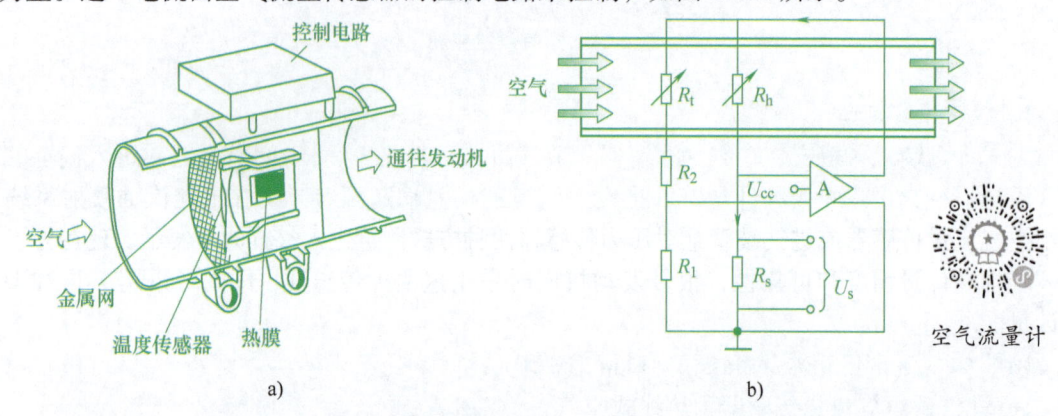

图2-16 热膜式空气流量传感器结构与工作原理

采用热膜式结构的发热体不像热线式那样直接承受空气的作用,所以其工作可靠性和使用寿命比热线式空气流量传感器高。这种空气流量传感器已大量使用于各种电控汽油喷射系统中,如桑塔纳3000、起亚、路虎等采用热膜式空气流量传感器。

热线式空气流量传感器和热膜式空气流量传感器测量精度高、响应速度快且进气阻力小,因此应用比较普遍。

3) **翼板式空气流量传感器**。翼板式空气流量传感器如图2-17所示。在发动机起动后,吸入的空气把计量板从全闭位置推开,使之绕其轴偏转。当气流推力与计量板复位弹簧力平衡时,计量板便停留在某一位置上。进气量越大,计量板开启的角度也就越大。这时,计量板转轴上的电位计滑臂也绕轴转动,使电位计的输出电压随之改变。这一信号输入ECU,ECU再根据进气温度传感器的信号进行修正,即可测出实际的进气流量。翼板式空气流量传感器输出特性如图2-18所示。

减振室和补偿板用于衰减加速或减速时引起的计量板摆振,使电位计能够准确地检测进气流量,防止进气管内气流的脉动引起误差。旁通气道上的混合气调整螺钉,用于调整怠速混合气的浓度。当发动机起动后,计量板偏转,其触点闭合;当发动机熄火时,其触点分开。这样可避免出现意外事故时，汽油泵仍在工作，使汽油外溢而引起火灾。

翼板式空气流量传感器因为存在机械磨损和阻碍进气等缺点，1995 年以后生产的汽车上已经不再采用。后来一些公司曾经以翼板式空气流量传感器为基础改进为量芯式空气流量传感器，由于其自身的缺陷也未得到推广，目前在市面上基本见不到这类传感器。

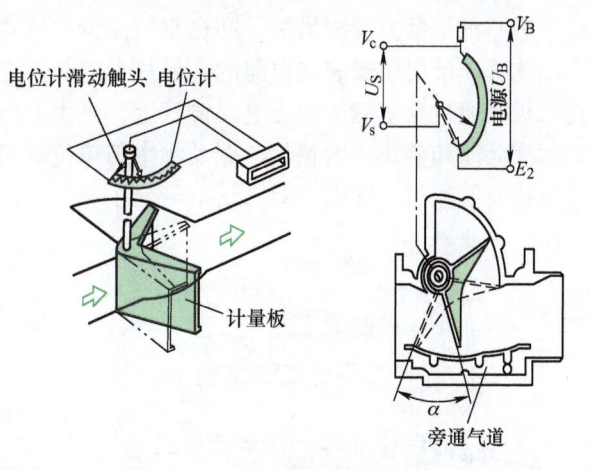

4）卡门涡流式空气流量传感器。

卡门涡流式空气流量传感器利用卡门涡流测量空气流量，如图 2-19 所示。根据卡门涡流理论，当均匀气流流过涡源体时，在涡源体的下游气流中会产生一系列不对称却十分规则的空气涡流，其移动速度与空气流速成正比，因此，通过测量单位时间的涡流数量，便可计算出空气的流速和流量。

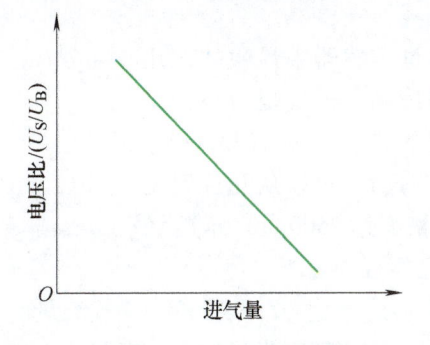

图 2-17 翼板式空气流量传感器

图 2-18 翼板式空气流量传感器输出特性

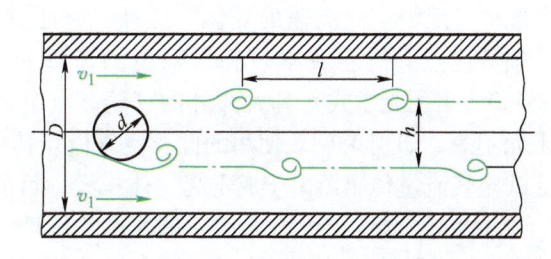

图 2-19 卡门涡流形成原理

涡流数量的测量方法有两种：一种是超声波测量法，即在涡源体的下游两侧设置一对超声波发射器和接收器。当超声波通过气流中的涡流时，其频率和相位会受到干扰而产生变化。控制单元根据这一变化便可计算出单位时间内流过的涡流数量，从而测得空气流速和流量，如图 2-20 所示。

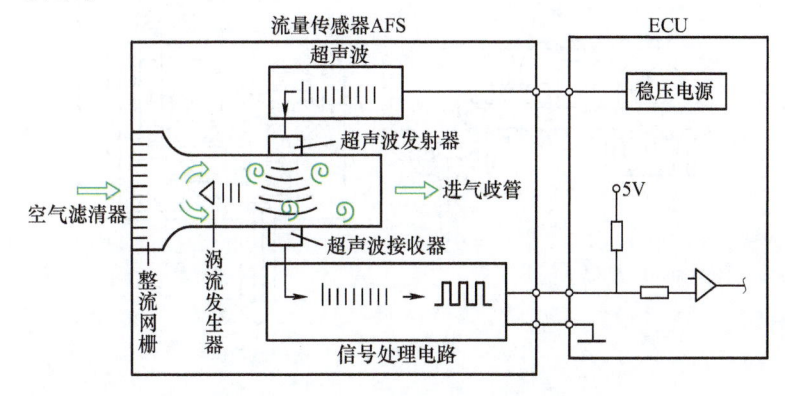

图 2-20 超声波式空气流量传感器

另一种是反射镜测量法,即在空气流量传感器内设置一个反射镜和一对发光二极管及光电晶体管。反射镜安装在很薄的金属片上,簧片在气流旋涡压力作用下产生振动。这时,发光二极管通过反射镜射到光电晶体管上,光束方向随之发生变化,使光电晶体管以簧片的振动频率导通和截止。因簧片的振动频率与单位时间内流过的旋涡数量成比例,故控制单元便可测得空气流量,如图 2-21 所示。

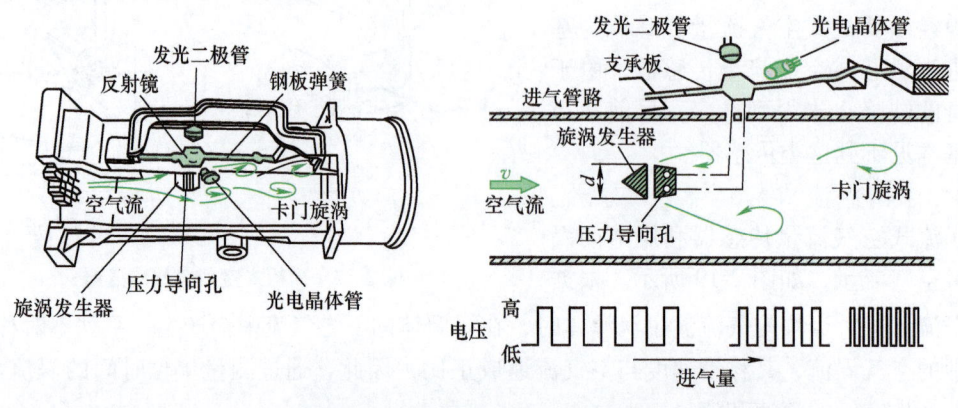

图 2-21 反射镜式空气流量传感器

涡流式空气流量传感器的响应速度是几种空气流量传感器中最快的,几乎能同步反映空气流速的变化。此外,它还有测量精度高、进气阻力小、无磨损等优点。但它成本较高,采用的车型只有早期的雷克萨斯(LEXUS)LS400(采用光学式)和大部分的三菱车(采用超声波式),价格从几百到几千元不等,如别克 GL8 使用的此类空气流量传感器价格高达 2500 元。卡门涡流式空气流量传感器由于成本高、体积大,目前应用已经很少。

(2)进气歧管绝对压力传感器　进气歧管绝对压力传感器是一种间接检测空气流量的传感器。进气歧管绝对压力传感器种类很多,根据信号产生的原理有半导体压敏电阻式、电容式、膜盒传动的可变电感式和表面弹性波式等,应用较多的是半导体压敏电阻式和电容式。

常见的半导体压敏电阻式进气歧管绝对压力传感器主要由硅片、IC 电路和绝对真空室组成,如图 2-22 所示。其工作原理是:封装在真空室内的硅片,由于一侧受进气压力的作

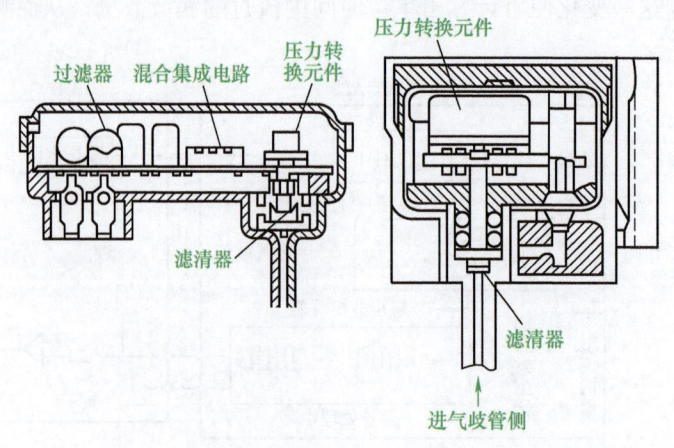

图 2-22 半导体压敏电阻式进气歧管绝对压力传感器

用，另一侧是真空，因此在进气歧管压力发生变化时，硅片产生变形，使扩散在硅片上的电阻的阻值改变，导致输出电压发生变化。集成电路将这一电压放大处理，作为进气歧管压力信号送给ECU。ECU根据发动机转速、节气门开度、进气歧管绝对压力与进入发动机气缸的空气流量的对应关系，由进气歧管内的绝对压力计算出进气量，从而计算出基本喷油量。

由于进气歧管绝对压力传感器具有工作可靠、成本低、体积小、无进气阻力等优点，目前得到了广泛应用。例如，捷达、东风悦达起亚、皇冠3.0轿车、北京现代伊兰特1.6L等车型都采用这种传感器。

2. 节气门体和节气门位置传感器

（1）节气门体 节气门体位于空气流量传感器之后的进气管上，它包括节气门、怠速旁通气道、怠速调整螺钉、怠速控制阀以及节气门位置传感器等，如图2-23所示。

节气门俗称油门，是整个发动机上唯一由驾驶员控制的机构。通过改变节气门开度控制发动机的进气量，从而控制发动机的转速。

（2）节气门位置传感器（Throttle Position Sensor，TPS） 节气门由驾驶员通过加速踏板操纵，通过改变发动机的进气量来控制发动机的运转，不同的节气门开度标志着发动机不同的运转工况。为了使喷油量满足不同工况的要求，电控发动机在节气门上装有节气门位置传感器，它可以把节气门开度转换成电压信号并输送给ECU，作为判定发动机运转工况的依据。节气门位置传感器安装在节气门轴的一端，常见的有开关式、滑动电阻式和综合式等几种结构形式。

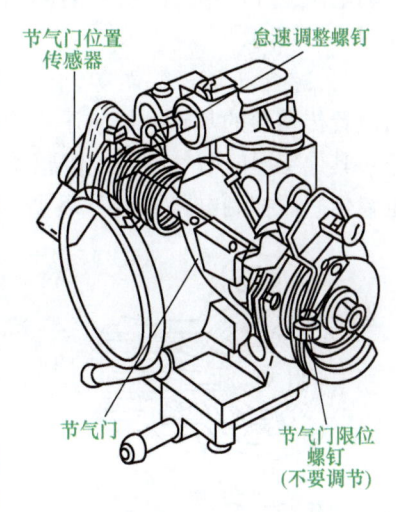

图2-23 节气门体

1）开关式节气门位置传感器。开关式节气门位置传感器如图2-24所示。其内部有两副触点——怠速开关触点（Idle Switch，IDL）和全负荷开关触点（Pressure Switch，PSW）。一个和节气门轴联动的凸轮控制触点的开启和闭合。当节气门处于全关闭位置时，怠速开关触点闭合，ECU判定发动机处于怠速工况，从而按怠速工况的要求控制喷油和点火；当节气门打开至一定角度时，全负荷开关触点闭合，ECU进行全负荷加浓控制。

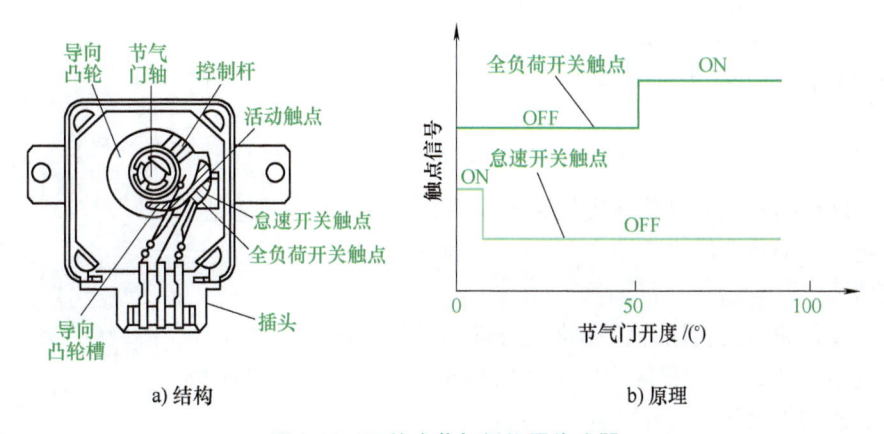

图2-24 开关式节气门位置传感器
a）结构　b）原理

2）滑动电阻式节气门位置传感器。滑动电阻式节气门位置传感器的设计避免了开关式节气门位置传感器只能检测发动机怠速工况和全负荷工况的弊端。这种传感器采用滑动电阻，可以获得节气门开关从全闭到全开连续变化的信号，从而更精确地判断发动机的运行工况。滑动电阻式节气门位置传感器控制电路如图2-25所示。

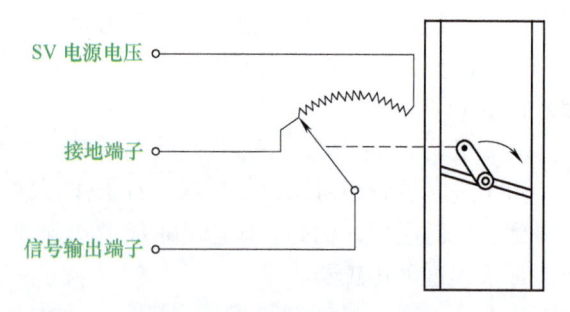

图2-25 滑动电阻式节气门位置传感器控制电路

3）综合（复合）式节气门位置传感器。综合式节气门位置传感器是在滑动电阻式节气门位置传感器的基础上加装了一个怠速开关。怠速时怠速开关触点闭合，输出怠速工况信号，其他工况时节气门位置传感器信号电压随节气门开度的增大而随之升高。综合式节气门位置传感器控制电路如图2-26所示。

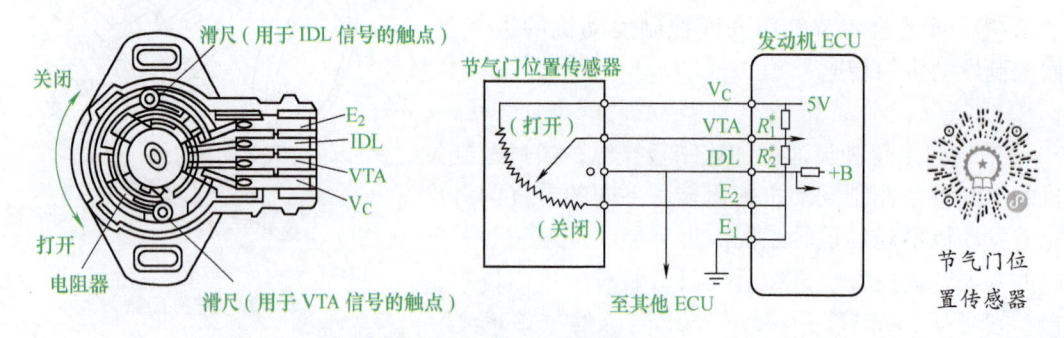

图2-26 综合式节气门位置传感器控制电路

滑动电阻式节气门位置传感器和综合式节气门位置传感器是线性传感器，其内部结构是一个可变（滑动）电阻。可用诊断仪读取信号电压或节气门开度，怠速时为0.5~0.6V，节气门全开时约为4.5V；也可用万用表电阻档和直流电压档检测节气门位置传感器的电阻与直流电压信号。如果发动机加速不良或节气门开度在某一区域内动力性突然变差，用万用表检测这类间歇性的动态故障比较困难，而用示波器检测则比较容易。

线性节气门位置传感器的接线有三线（滑动电阻式）和四线（综合式）两种。日本车系一般采用四线，其他车系一般采用三线。

3. 进气温度传感器

进气温度传感器独立安装在进气管上或集成在空气流量传感器、进气歧管绝对压力传感器中。图2-27所示为科鲁兹LDE发动机进气温度传感器。

进气温度传感器的功用是检测进气温度，并将温度信号变换为电信号传送给ECU，ECU根据进气温度信号对喷油量、点火提前角进行修正，改善发动机的工作性能。

节气门位置传感器

节气门位置传感器的检测

图2-27 科鲁兹LDE发动机进气温度传感器

进气温度传感器是双线传感器，内部是一个负温度系数的热敏电阻，进气温度传感器及其输出特性如图 2-28 所示。其电阻值与温度高低成反比，即温度越低电阻值越大，温度越高电阻值越低。

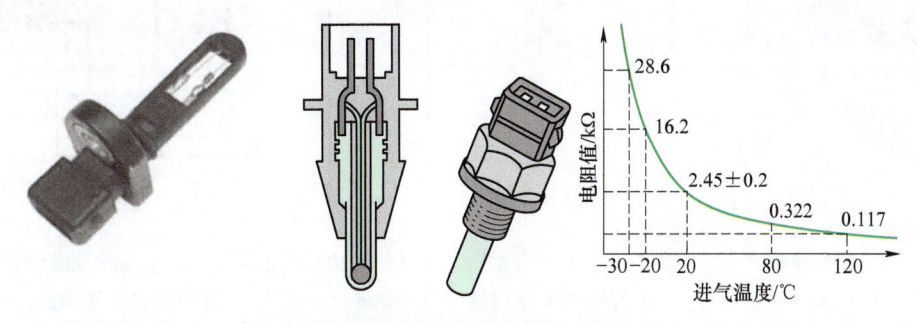

图 2-28 进气温度传感器及其输出特性

进气温度传感器的控制电路如图 2-29 所示，其两根导线均与发动机控制单元 ECU 相连接。两根导线中 THA 端子既是供电端子也是信号端子，E_2 端子为搭铁。负温度系数的热敏电阻与 ECU 内部的标准电阻 R 串联，信号电压 THA 端子即为热敏电阻上分得的电压。温度升高，热敏电阻减小，信号电压减小；温度降低，热敏电阻增大，信号电压增大。通过信号电压的大小即可测得发动机的进气温度。

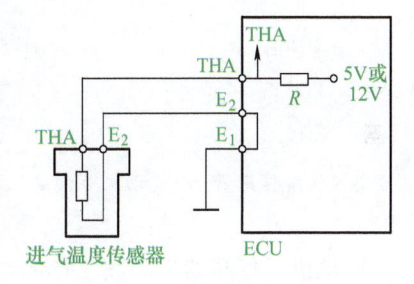

图 2-29 进气温度传感器的控制电路

通过汽车诊断仪可读出进气温度传感器的数据流，正常情况进气温度基本与环境温度相同，当断开温度传感器插接器（电阻无穷大）或信号线对 5V 电压短路，数据流会显示 -40℃；当温度传感器线束短路（电阻最小）或信号线对搭铁短路，数据流会显示 150℃，否则传感器、线路或者 ECU 就存在故障。

4. 冷却液温度传感器

冷却液温度传感器一般安装在冷却液出水管上，如图 2-30 所示。其功用是检测发动机冷却液的温度，并将温度信号转换为电信号传送给 ECU。ECU 根据发动机冷却液的温度信号修正喷油时间和点火时间，从而使发动机工况处于最佳运行状态。

进气温度传感器

冷却液温度传感器的工作原理与进气温度传感器相同。

冷却液温度传感器的两根导线与发动机 ECU 相连接，图 2-31 所示为丰田卡罗拉 1ZR-FE 发动机冷却液温度传感器电路简图。其中端子 THW 为信号（供电），端子 E_2 为搭铁。在大众 AJR 发动机中冷却液温度传感器导线为四根，其内部有两个温度传感器，一个传感器 G62 信号输入发动机控制单元 J220，另一个信号提供给仪表盘的水温表，大众 AJR 发动机冷却液温度传感器电路如图 2-32 所示。

5. 曲轴位置传感器

曲轴位置传感器（图 2-33）又称为发动机转速与曲轴转角传感器，通常安装在曲轴的前部、中部或飞轮附近。其功用是采集曲轴转动角度和发动机转速信号输入 ECU，以便确定点火时刻和喷油时刻，是电控燃油喷射系统与电控点火系统非常重要的传感器。

图 2-30　冷却液温度传感器的安装位置

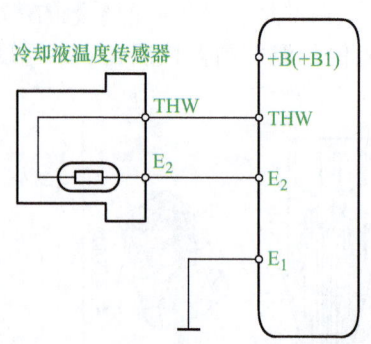

图 2-31　丰田卡罗拉 1ZR-FE 发动机冷却液温度传感器电路简图

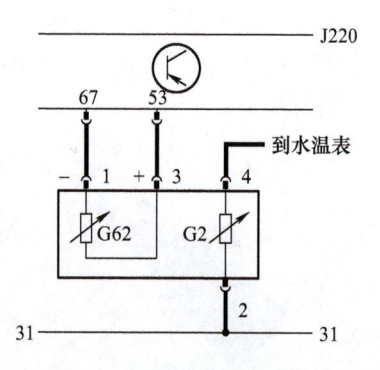

图 2-32　大众 AJR 发动机冷却液温度传感器电路

冷却液温度传感器　　发动机冷却液温度传感器的检测

图 2-33　曲轴位置传感器

曲轴位置传感器按照其工作原理不同可分为电磁感应式、霍尔式和光电式。其中电磁感应式曲轴位置传感器被广泛使用，在此重点介绍。

曲轴位置传感器内部结构由永磁铁、软磁铁芯、感应线圈等组成，如图 2-34 所示。其信号盘（转子）通常安装在曲轴上并随之转动，信号盘上均匀置有若干凸齿和齿槽，信号盘和传感器之间有 2mm 左右的间隙。间隙必须标准，间隙过大会导致信号过弱，间隙过小时容易使信号盘与传感器发生碰撞。

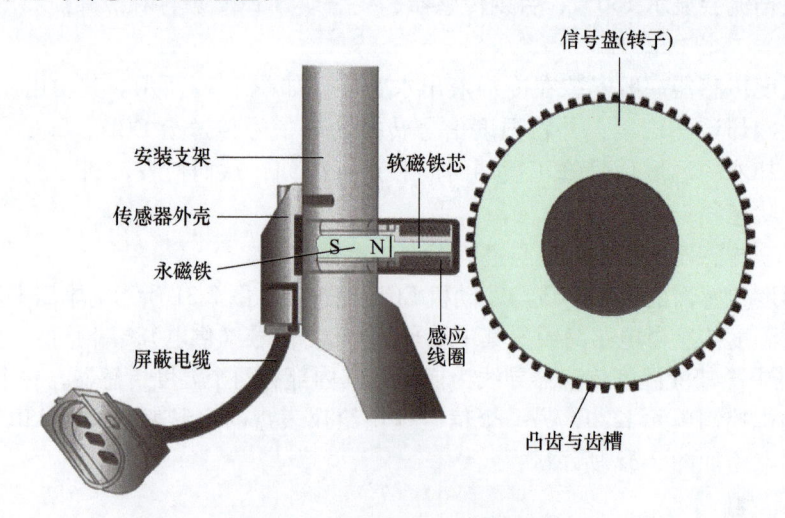

图 2-34　曲轴位置传感器结构

发动机运转时，当曲轴位置传感器的信号盘凸齿靠近磁极时，两者之间空气间隙减小，磁场变强，传感器中的线圈产生正的感应电动势；当信号盘的凸齿远离磁极时，两者之间空气间隙增大，磁场变弱，传感器中的线圈产生负的感应电动势。信号盘转子每转过一个凸齿，曲轴位置传感器就会产生一个脉冲信号并传输到电控单元 ECU。如图 2-35 所示，发动机转速越慢，脉冲信号波形越稀疏，即波形频率越低；发动机转速越快，脉冲信号波形越密集，即波形频率越高。电控单元 ECU 根据脉冲信号波形的频率判断曲轴的转速，即发动机的转速，从而进行喷油和点火控制。

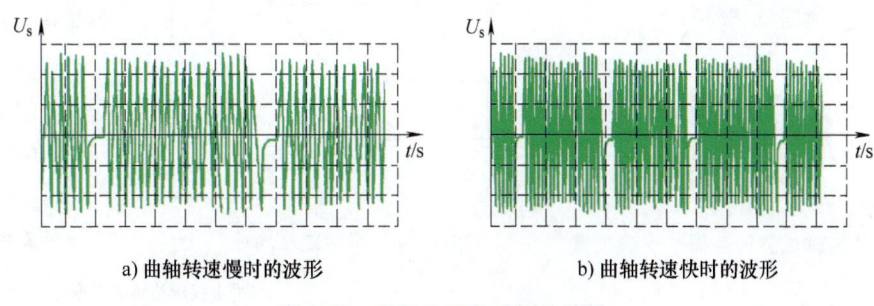

a) 曲轴转速慢时的波形　　　　b) 曲轴转速快时的波形

图 2-35　曲轴位置传感器的波形

曲轴位置传感器　　磁感应式曲轴位置传感器的检测　　全国职业院校技能大赛教学能力比赛高职组一等奖，视频：曲轴位置传感器的检测

6. 凸轮轴位置传感器

凸轮轴位置传感器又称判缸传感器，安装于凸轮轴的前部或后部附近（图 2-36）。其功用是采集凸轮轴的位置信号并输入 ECU，以便 ECU 识别 1 缸压缩上止点，从而进行顺序喷油控制、点火时刻控制和爆震控制。

以霍尔式凸轮轴位置传感器为例，其组成主要有霍尔元件、永磁铁和信号盘转子等。

霍尔式凸轮轴位置传感器根据霍尔效应制成，可称为霍尔传感器。霍尔效应原理如图 2-37 所示，通有电流 I 的白金导体（半导体）垂直于磁力线放入磁感应强度为 B 的磁场中时，白金导体横向侧面上就会产生一个垂直于电流方向和磁场的电压 U_H，U_H 与通过半导体的电流 I 和磁感应强度 B 成正比，当取消磁场时，电压立即消失。如果磁场被交替暴露或屏蔽，就可以产生交替信号。

凸轮轴位置传感器的信号盘为遮蔽叶片式，安装在凸轮轴上并随着凸轮轴一起转动。安装有霍尔元件的霍尔集成电路位于叶片的一侧，永磁铁位于叶片的另一侧。蓄电池或 ECU 的电压施加在正极接线端，保证有电流流过半导体材料。

当磁场暴露时，磁力线穿过半导体，霍尔电压处于最大值，此霍尔电压驱动集成电路中的三极管导通，传感器输出接近于 0V 的低平信号；当磁场被遮蔽时，霍尔电压处于最小值，此霍尔电压不足以驱动集成电路中的三极管导通，传感器输出高平信号。信号盘随着凸轮轴转动，磁场不断地被暴露或屏蔽，传感器将产生高、低平交替出现的数字信号。凸轮轴位置传感器的波形如图 2-38 所示，波形的水平上线应达到参考电压，水平下线应几乎达到 0 电位。

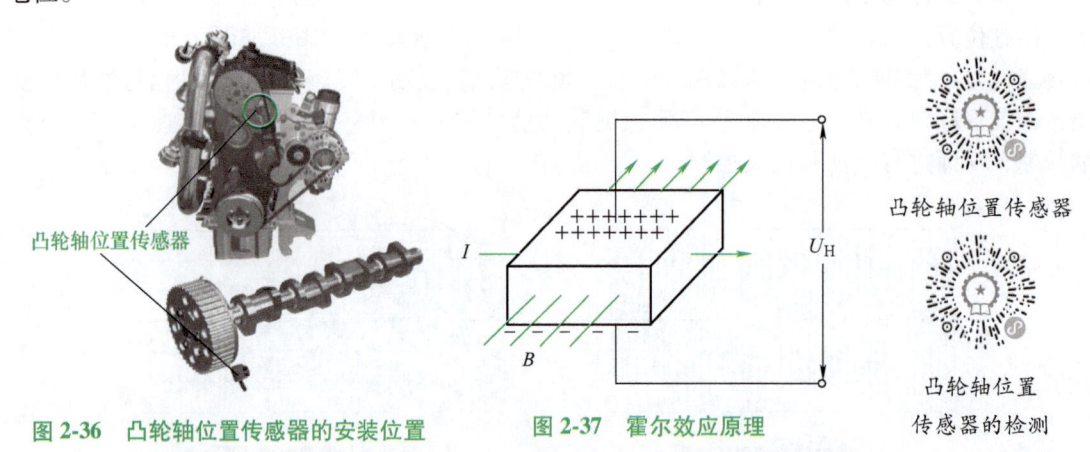

图 2-36　凸轮轴位置传感器的安装位置

图 2-37　霍尔效应原理

凸轮轴位置传感器

凸轮轴位置传感器的检测

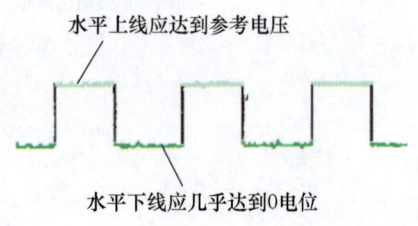

图 2-38　凸轮轴位置传感器的波形

霍尔式凸轮轴位置传感器广泛应用于大众车各车型中。大众 AJR 发动机凸轮轴位置传感器电路如图 2-39 所示。凸轮轴位置传感器 G40 由三根导线与发动机控制单元 J220 相连接。

7. 氧传感器

氧传感器安装在发动机排气管上，通常在三元催化器前后各安装一个，如图 2-40 所示。前氧传感器也称为空燃比传感器，其功用是测量排气管中的氧含量，并将信号转换为电信号输入 ECU，ECU 根据氧传感器输入的信号，调整喷油量，实现空燃比的反馈控制，即闭环控制。

氧传感器的类型有氧化锆式、氧化钛式等。

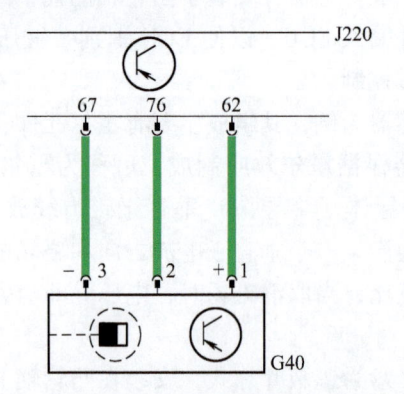

图 2-39　大众 AJR 发动机凸轮轴位置传感器电路
1—5V 电源端子　2—信号端子　3—搭铁端子

以氧化锆式氧传感器为例，加热型氧化锆式氧传感器主要由氧化锆元件（锆管）、加热元件、电极等部件组成，如图 2-41 所示。

二氧化锆是一种具有氧离子传导性的固体电解质。二氧化锆在高温条件下，其内外两侧存在氧浓度差时，则会产生电压。氧浓度差越大，则产生的电压越大。

氧化锆式氧传感器的基本元件就是二氧化锆陶瓷管。氧传感器上开有一个通气孔，保证锆管内表面与大气接触。氧传感器安装于发动机排气管上，其外表面与废气接触，这就形成了锆管两侧的氧浓度差，具备了产生电压的条件。氧传感器上的加热元件，保证了传感器可以在发动机起动后的 20~30s 内迅速加热至工作温度。锆管的内外表面都覆盖着一层多孔的透气铂膜作为电极，并通过引线从传感器引出。

当空燃比<14.7 时，混合气较浓，排气管中氧浓度较小，锆管内外的氧浓度差较大，则两电极上的电压较大；当空燃比>14.7 时，混合气较稀，排气管中氧浓度较大，锆管内外的氧浓度差较小，则两电极上的电压较小。氧传感器将信号传输到电控单元 ECU，ECU 即可根据电压的大小判断混合气中的氧浓度，并据此信号对喷油器的进行动态控制，不断修正喷油量，使混合气在理论空燃比附近一个较小的范围内波动。

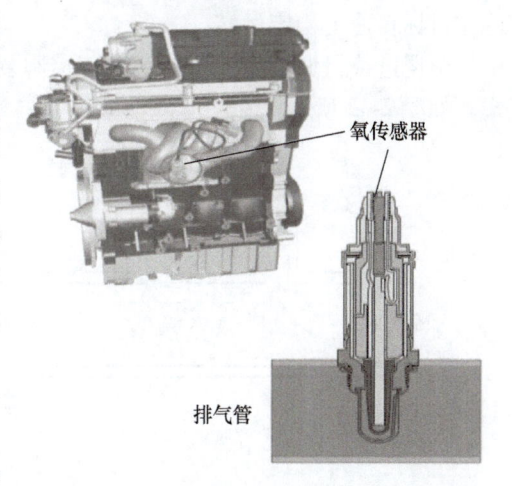

图 2-40　氧传感器及其安装位置

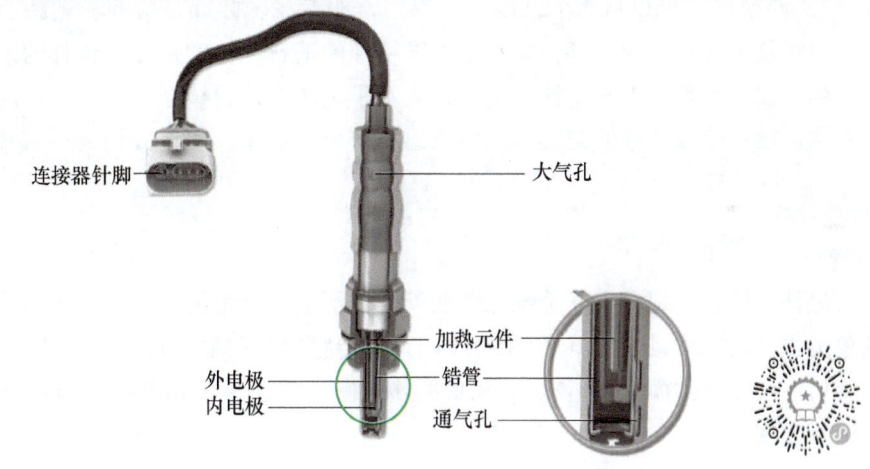

图 2-41　加热型氧化锆式氧传感器的结构

当氧传感器将 0.9V 的电压信号传输到 ECU 时，ECU 判断此时混合气较浓，故降低喷油量，则混合气变稀；随即氧传感器就会产生 0.1V 的信号电压，ECU 判断此时混合气较稀，故增加喷油量，则混合气变浓。如此反复，实现喷油量的动态调节。因此，氧传感器的输出电压在 0.1~0.9V 之间不断变化。

8. 怠速控制阀

怠速控制阀是指对发动机怠速运转的转速进行控制，控制的实质是对发动机怠速时的进气量进行控制。发动机怠速工作的质量直接影响其工作的稳定性、经济性及排放性能。电控发动机可在各种怠速使用条件下由 ECU 控制怠速控制装置，以控制怠速时的进气量；同时，ECU 还可修正喷油量和点火正时，保证发动机在最佳怠速转速下稳定运转。在怠速状态下，

ECU 依据发动机转速信号，通过怠速控制装置对发动机实施怠速转速反馈控制，使怠速保持在目标转速上稳定运转。

根据进气量调节方式不同，怠速控制装置可分为旁通空气式和节气门直动式两种结构形式，如图 2-42 所示。

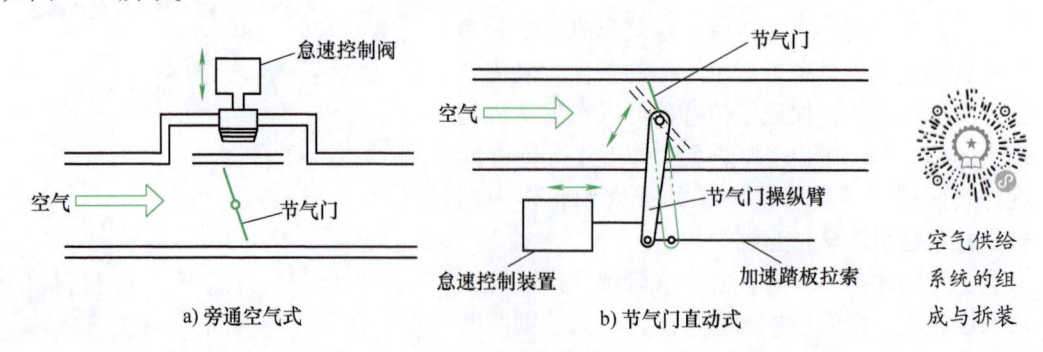

图 2-42 怠速控制装置

情智提升

"工匠精神"可以从六个维度加以界定，即专注、标准、精准、创新、完美、人本。其中，专注是工匠精神的关键，标准是工匠精神的基石，精准是工匠精神的宗旨，创新是工匠精神的灵魂，完美是工匠精神的境界，人本是工匠精神的核心。作为一名汽修人，只有秉持着专注严谨、品质维修的初心，才能修出客户放心的车，才能成长为一名真正的汽修工匠！

案例解析

经认真检查发现，进气系统无泄漏处。拔下空气流量传感器线束侧插接器后，发现故障现象消失（此时发动机 ECU 仅用节气门位置传感器和曲轴位置传感器的信号来计算进气量，发动机在故障保护模式下运转）。由此初步判断空气流量传感器有故障。空气流量传感器的检测见实训二。

维修人员详细检查了另一辆车的空气供给系统，在进气道发现一团棉纱。据了解，该车辆在前几天进行过一次保养，维修师傅清洁进气系统时忘记取出进气道的棉纱。

实训二　空气流量传感器的检测

一、实训指导

（一）实训目标

1) 熟悉各传感器的安装位置。
2) 熟悉各传感器接脚的检测方法。
3) 了解电控系统各执行器件失效可能产生的故障现象及排除方法。

（二）安全要求及注意事项

1）实训汽车停在实训工位上，没有经过老师批准不准起动。经老师批准起动后，首先检查车轮的安全顶块是否放好，汽车制动是否拉好，变速杆是否放在 P 位（自动档）或空位（手动档），并确认车前没有人。

2）发动机运行时不能把手伸入发动机室，防止造成意外事故。

3）没有经过老师批准不允许随意连接或拔下电控元器件。

4）点火开关接通时，不允许连接或拔下电控系统元器件的插接器。

5）禁止使用起动电源辅助起动发动机，防止损坏电控系统元器件。

6）注意各车型线束连接的锁扣形式，不可盲目用力硬拉。

7）检测电控系统时必须使用高阻抗数字万用表。

8）正确使用仪器设备，使用万用表时应特别注意选择正确的档位，万用表不能测量高压侧电压。

（三）设备/零部件/工具/耗材要求

设备：轿车整车或电控发动机实训台架。

零部件：空气流量传感器若干个。

工具：万用表，常用工具，发光二极管试灯，示波器，汽车故障诊断仪。

耗材：无。

（四）实训操作指导

1. 安装位置

空气流量传感器一般安装在进气软管上。

2. 结构类型和信号

目前使用最多的空气流量传感器有热线式和热膜式两种。

大众车系一般采用热膜式空气流量传感器，输出模拟信号电压。通用别克车系采用热线式空气流量传感器，输出模拟信号后通过空气流量传感器内的 A-D 转换器转换输出频率信号。

3. 帕萨特 ANQ 发动机热膜式空气流量传感器的检测

（1）认识插头与导线　图 2-43 所示为帕萨特 ANQ 发动机热膜式空气流量传感器插头与电路图。

（2）检测

1）检测供电电压。断开点火开关，拔出传感器插头。起动发动机，将万用表拨到直流电压 DC×20V 档，测量传感器端子 2 与搭铁之间的电压。供电电压检测表见表 2-1。

表 2-1　供电电压检测表

检测端子	检测目的	标准值	分　析
端子 2 与搭铁	检测 12V 供电电压	12V	电压为 0，可能是熔丝至传感器端子 2 之间断路，或燃油泵继电器有故障
端子 4 与搭铁	检测 5V 工作电压	5V	电压为 0，ECU 或线路断路

2）检测信号电压。起动发动机，用万用表和汽车故障诊断仪检测空气流量传感器输出的信号电压、数值。信号电压检测表见表 2-2。

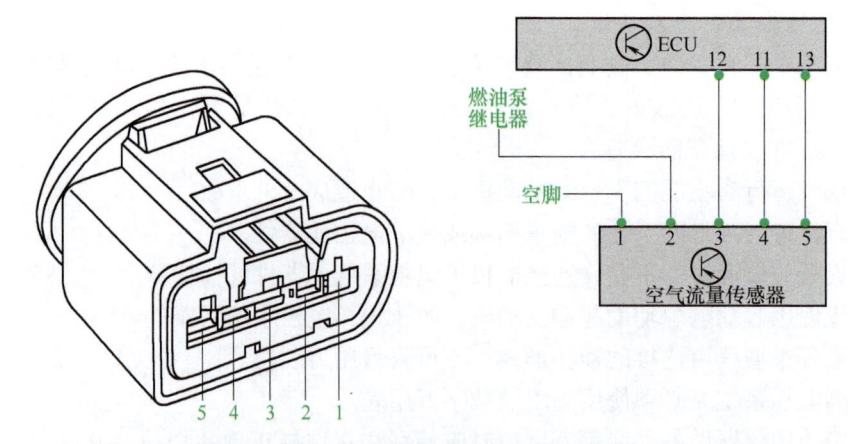

图 2-43　帕萨特 ANQ 发动机热膜式空气流量传感器插头与电路图

表 2-2　信号电压检测表

检测端子	检测工具	标准值	分　　析
端子 5 信号（+） 端子 3 信号（-）	万用表 汽车故障诊断仪	1.4~4.0V 变化 怠速时 2.0~5.0g/s 随着转速升高，信号电压增大	不变化或变化量不正确，可能是传感器或空气滤清器堵塞、进气管漏气、发动机真空度低、三元催化器堵塞等故障

（3）波形检测　关闭所有电器用电设备，起动发动机，并使其稳定怠速运行；检查怠速输出的信号电压，做加速和减速试验，观察空气流量传感器信号电压波形的变化情况。

二、工作单

车型：_____

1）依据维修手册或老师指定的范围寻找实车上的空气流量传感器，所用实训车辆的空气流量传感器位置为_____。

2）实训中检测的空气流量传感器的结构类型为_____。

3）拆卸空气流量传感器的插头（选做）。

①_____。②拔下空气流量传感器的插头。③拆下空气滤清器座的_____。④卸下固定在_____盖上的螺栓。⑤取出空气流量传感器（注意不损坏传感器）。

4）观察空气流量传感器插头的导线颜色。

接线端	作用	导线颜色
1		
2		
3		
4		
5		

5）空气流量传感器的检修。

项目二　电控汽油喷射系统的检修

①供电电压的检测：

检测端子	点火钥匙转到 ON 档	
	标准值	实际值
端子 2 与搭铁	不低于 11.5V	
端子 4 与搭铁	5V	
结论		

②线束导通性检查：分别检测空气流量传感器上的端子 2、3、4、5 与发动机 ECU 上相应端子之间的电阻，其阻值不大于 0.5Ω。若电阻值为无穷大，则说明导线断路，需要修理或更换。

空气流量传感器端子	2	3	4	5
ECU 端子号				
两端子之间电阻实测值/Ω				

③信号电压的测量：测量传感器 5 号端子与 3 号端子之间的信号电压值。

发动机状态	数据	
	标准值	实际值
点火开关 ON	0.5V	
急速运转	1.0~1.3V	
加速到 2500r/min	3V	
结论		

④传感器数据流的检测：将诊断仪连接到车辆诊断座上，起动发动机，按照诊断仪上的操作指示进入发动机系统，读取空气流量传感器的数据。

发动机状态	急速	慢加速	急加速
标准值	2~5g/s	14g/s	40g/s
实际值			
结论			

空气流量传感器的检测任务评价表

任务名称	空气流量传感器的检测		日期：	
姓名		班级：		学号：
自评：□熟练 □不熟练		互评：□熟练 □不熟练		师评：□合格 □不合格

序号	评分项	得分条件	配分	评分标准	小计	自评	互评	师评
1	安全/8S/态度	□1. 能进行工位 8S 操作 □2. 能进行设备和工具安全检查 □3. 能进行安全防护操作 □4. 能进行工具清洁校准存放操作 □5. 能进行作业过程规范操作	15	未完成一项扣 3 分，扣分不得超 15 分		□熟练 □不熟练	□熟练 □不熟练	□合格 □不合格

（续）

序号	评分项	得分条件	配分	评分标准	小计	自评	互评	师评
2	专业技能能力	□1. 能正确描述故障现象 □2. 能正确拆卸发动机空气流量传感器 □3. 能正确检测发动机空气流量传感器的端子 □4. 能正确检测发动机空气流量传感器的信号电压 □5. 能正确安装发动机空气流量传感器	50	未完成一项扣10分，扣分不得超50分		□熟练 □不熟练	□熟练 □不熟练	□合格 □不合格
3	工具及设备的使用能力	□1. 能正确选用维修工具 □2. 能正确使用维修工具拆装 □3. 能正确使用检测工具检测	10	未完成一项扣4分，扣分不得超10分		□熟练 □不熟练	□熟练 □不熟练	□合格 □不合格
4	资料、信息查询能力	□1. 能正确使用维修手册查询资料 □2. 能正确使用用户手册查询资料 □3. 能在规定时间内查询所需资料 □4. 能正确记录所需资料章节页码 □5. 能正确记录所需维修信息	10	未完成一项扣2分，扣分不得超10分		□熟练 □不熟练	□熟练 □不熟练	□合格 □不合格
5	数据判读和分析能力	□1. 能判断发动机空气流量传感器是否需要更换 □2. 能判断发动机空气流量传感器端子是否损坏 □3. 能判断发动机空气流量传感器导线是否需要更换	10	未完成一项扣4分，扣分不得超10分		□熟练 □不熟练	□熟练 □不熟练	□合格 □不合格
6	表单填写与报告的撰写能力	□1. 字迹清晰 □2. 语句通顺 □3. 无错别字 □4. 无涂改 □5. 无抄袭	5	未完成一项扣1分，扣分不得超5分		□熟练 □不熟练	□熟练 □不熟练	□合格 □不合格

总分：

知识链接

根据轿车电控发动机遇到的情况，结合维修工作中的经验总结出空气流量传感器的故障现象和故障部位。

空气流量传感器故障现象	故 障 部 位
排气管冒黑烟	空气流量传感器故障、燃油系统油压过高、氧传感器故障
混合气过浓	空气流量传感器故障、喷油器漏油、油压调节器损坏
加速不良	空气流量传感器故障、燃油系统油压过低、点火系统故障、正时故障

实训三　曲轴位置传感器的检测

一、实训指导

（一）实训目标

1）熟悉曲轴位置传感器的安装位置。
2）熟悉曲轴位置传感器接脚的检测方法。

（二）安全要求及注意事项

1）遵守实训场地的安全制度。
2）注意通风、防止出现火源、准备好消防设备。
3）一切行动听从指导老师指挥。
4）点火开关接通时不准连接或拔下插接器。
5）注意各传感器的锁扣形式，不要盲目硬拉。
6）禁止使用起动电源辅助起动发动机，防止损坏电控元件。
7）正确使用仪器设备，使用万用表时注意档位选择，万用表不能测高压侧电压。

（三）设备/工具/耗材要求

设备：轿车整车或电控发动机实训台架。
工具：常用工具、万用表、汽车故障诊断仪。
耗材：棉纱。

（四）实训操作指导

1. 使用汽车故障诊断仪读取 ECU 故障码

1）检查变速器档位是否处于 P 位，驻车制动器是否处于制动状态。
2）打开位于仪表板左下方的车辆故障诊断接口盖，将汽车故障诊断仪连接到车辆故障诊断接口。
3）将点火开关打到 ON 位。
4）打开汽车故障诊断仪，选择汽车诊断，选择相应的车型，进入发动机系统。
5）选择读取系统故障码。查看故障诊断仪是否显示 P0335（曲轴位置传感器 A 电路）

等与曲轴位置传感器相关的故障码，说明曲轴位置传感器或相关电路存在的故障，需要执行相关的检查。

6）选择读取系统数据流。在发动机起动过程中，读取的发动机转速如果为零，说明曲轴位置传感器、相关电路或 ECU 可能存在故障。

2. 拆卸曲轴位置传感器

1）用举升机将车辆举升到合适高度。
2）按压曲轴位置传感器线束插接器锁扣，检查插接器是否连接良好。
3）拔出插接器，观察是否有锈蚀、松动，然后分离插接器。
4）选择合适的工具，正确使用工具拧下传感器螺栓并取下。
5）轻轻转动传感器壳体，并取下传感器。

3. 检测曲轴位置传感器

1）检查确认传感器外观是否完好，O 形圈有无损坏或老化。
2）选用万用表，正、负表笔对测，检测万用表测量误差是否正常。
3）选择欧姆档，将红、黑表笔分别置于传感器两端子连接，检测传感器线圈电阻是否正常。正常的传感器线圈阻值冷态（-10℃~50℃）下为 1630~2740Ω，热态（50~100℃）下为 2065~3225Ω。若测量值不在上述范围内，则需要更换曲轴位置传感器。

4. 检测曲轴位置传感器电路

1）断开曲轴位置传感器插接器。
2）断开蓄电池负极端子，再断开 ECU 插接器。
3）测量电阻，若阻值不在标准范围内，则说明传感器连接电路损坏。

标准电阻（断路检查）		
检测仪连接	条件	规定状态
B13-1 或 B31-122（NE+）	始终	<1Ω
B13-2 或 B31-121（NE-）	始终	<1Ω

标准电阻（短路检查）		
检测仪连接	条件	规定状态
B13-1 或 B31-122（NE+）——车身搭铁	始终	≥10kΩ
B13-2 或 B31-121（NE-）——车身搭铁	始终	≥10kΩ

4）重新连接 ECU 插接器。
5）重新连接曲轴位置传感器插接器。

5. 检查曲轴位置传感器信号盘

检查曲轴位置传感器信号盘应无任何裂纹或变形。

6. 检测曲轴位置传感器的波形

用汽车故障诊断仪的示波器功能，测试曲轴位置传感器的波形。

二、工作单

1. 相关数据流分析

1）故障码的读取及分析。

项目二　电控汽油喷射系统的检修

故障指示灯	故障码	故障码说明
常亮□ 正常□		

2）与故障码相关数据流的读取与分析。

序号	项目名称	数据	判定
1	发动机转速		异常□ 正常□
2			异常□ 正常□

2. 故障诊断步骤

1）部件检查。

部件名称	条件	检查结果	判定
曲轴位置传感器	外观检查	松动□ 损伤□ 正常□	异常□ 正常□

2）部件检测。

部件名称	条件	标准值	测量值	判定
曲轴位置传感器	电阻测量（热态下）			异常□ 正常□
	电阻测量（冷态下）			异常□ 正常□

3）电路检测。

电路端子	条件	标准值	测量值	判定
B13-1 或 B31-122（NE+）	断路测量			异常□ 正常□
B13-2 或 B31-121（NE-）	断路测量			异常□ 正常□
B13-1 或 B31-122（NE+）——车身搭铁	短路测量			异常□ 正常□
B13-2 或 B31-121（NE-）——车身搭铁	短路测量			异常□ 正常□

4）部件/电路故障点确认及分析。

维修措施：维修□ 更换□ 调整□

曲轴位置传感器的检测任务评价表

任务名称		曲轴位置传感器的检测			日期：			
姓名：		班级：			学号：			
自评：□熟练 □不熟练		互评：□熟练 □不熟练			师评：□合格 □不合格			
序号	评分项	得分条件	配分	评分标准	小计	自评	互评	师评
1	安全/8S/态度	□1. 能进行工位 8S 操作 □2. 能进行设备和工具安全检查 □3. 能进行安全防护操作 □4. 能进行工具清洁校准存放操作 □5. 能进行作业过程规范操作	15	未完成一项扣 3 分，扣分不得超 15 分		□熟练 □不熟练	□熟练 □不熟练	□合格 □不合格

45

（续）

序号	评分项	得分条件	配分	评分标准	小计	自评	互评	师评
2	专业技能能力	□1. 能正确读取系统故障码 □2. 能正确记录与分析系统故障码 □3. 能正确读取系统数据流 □4. 能正确记录与分析系统数据流 □5. 能正确拆卸曲轴位置传感器 □6. 能正确检查曲轴位置传感器外观 □7. 能正确检测曲轴位置传感器的端子 □8. 能正确检测曲轴位置传感器的线圈 □9. 能正确检查曲轴位置传感器的波形 □10. 能正确安装曲轴位置传感器	50	未完成一项扣10分，扣分不得超50分		□熟练 □不熟练	□熟练 □不熟练	□合格 □不合格
3	工具及设备的使用能力	□1. 能正确选用维修工具 □2. 能正确使用万用表 □3. 能正确使用汽车故障诊断仪	10	未完成一项扣4分，扣分不得超10分		□熟练 □不熟练	□熟练 □不熟练	□合格 □不合格
4	资料、信息查询能力	□1. 能正确使用维修手册查询资料 □2. 能正确使用用户手册查询资料 □3. 能在规定时间内查询所需资料 □4. 能正确记录所需资料章节页码 □5. 能正确记录所需维修信息	10	未完成一项扣2分，扣分不得超10分		□熟练 □不熟练	□熟练 □不熟练	□合格 □不合格
5	数据判读和分析能力	□1. 能分析系统故障码是否正常 □2. 能分析系统数据流是否正常 □3. 能判断曲轴位置传感器是否正常	10	未完成一项扣4分，扣分不得超10分		□熟练 □不熟练	□熟练 □不熟练	□合格 □不合格
6	表单填写与报告的撰写能力	□1. 字迹清晰 □2. 语句通顺 □3. 无错别字 □4. 无涂改 □5. 无抄袭	5	未完成一项扣1分，扣分不得超5分		□熟练 □不熟练	□熟练 □不熟练	□合格 □不合格

总分：

情智提升

四川交通职业技术学院的杨文浩是第 44 届世界技能大赛汽车技术赛项银牌的获得者。他也因此被誉为"大国工匠""汽修大师"。他的绝活是蒙眼安装发动机。汽车技术赛项比拼的是选手发现并排除发动机故障的能力。在准备世界技能大赛的过程中,他遇到了无数的困难和障碍,还曾被大家笑称为"千年老二"。他克服了重重困难,脚踏实地、苦练技能,掌握了 29 款车型的维修技能,最终登上世界技能大赛的领奖台,成为新时代的高素质技术技能人才。

习近平总书记在二十大报告中指出,青年强,则国家强。当代中国青年生逢其时,施展才干的舞台无比广阔,实现梦想的前景无比光明。广大青年要坚定不移听党话、跟党走,怀抱梦想又脚踏实地,敢想敢为又善作善成,立志做有理想、敢担当、能吃苦、肯奋斗的新时代好青年,让青春在全面建设社会主义现代化国家的火热实践中绽放绚丽之花。

课后作业

一、判断题

(　　) 1. 空气流量传感器与节气门体连接胶管不密封,对空气流量传感器检测的进气量没有影响。

(　　) 2. 由于热线式空气流量传感器测量的是进气质量流量,它已把空气密度、海拔高度等影响考虑在内,因此可以得到非常精准的空气流量信号。

(　　) 3. 由于热线式空气流量传感器测量的是进气体积流量,它已把空气密度、海拔高度等影响考虑在内,因此可以得到非常精准的空气流量信号。

(　　) 4. 热线(热膜)式空气流量传感器的计量方式主要以空气质量为主,一般不受进气温度影响。

(　　) 5. 热线式空气流量传感器长期使用后,会在热线上积累胶质和产生积炭,对测量精度会产生影响。

(　　) 6. 节气门脏污后,ECU 为了稳定发动机怠速转速,只能将电动节气门开度调大,以满足发动机怠速工况下对进气量的需求。

(　　) 7. 热线式空气流量传感器有了自洁功能后,热线部分便不易被污染。

(　　) 8. 热线(热膜)式空气流量传感器的热线(热膜)沾污后,空气流量传感器的信号电压下降而使供油量减少。

(　　) 9. 采用空气流量传感器测量进气量的燃油喷射系统,只要在空气流量传感器之后的进气管道有漏气,就会影响进气量计量的准确性,从而使混合气变稀。

(　　) 10. 热线(热膜)式空气流量传感器在急减速时的输出信号电压比怠速时稍低。

(　　) 11. 发动机运转时,热线(热膜)式空气流量传感器输出信号电压的波形幅值看上去不断地波动,这是正常的。

(　　) 12. 从节气门体上拆开空气滤清器软管后,应用一块布盖住气门体的进气通道。

(　　) 13. 电容式进气歧管决定压力传感器产生的信号是频率式数字信号。

二、单选题

1. 如果在车辆急加速时热线（热膜）式空气流量传感器的输出信号电压波形上升缓慢，而在车辆急减速时空气流量传感器的输出信号电压波形下降缓慢，则说明（ ）。
    A. 空气流量传感器的热线（热膜）脏污
    B. 空气流量传感器的热线（热膜）损坏
    C. 空气流量传感器线路接触不良

2. （ ）不属于进气测量装置的部件。
    A. 空气流量传感器   B. 进气歧管绝对压力传感器   C. 节气门位置传感器

3. 热线（热膜）式空气流量传感器的计量方式主要以空气质量为主，一般不受（ ）影响。
    A. 进气温度   B. 进气压力   C. 海拔高度

4. 热线式空气流量传感器长期使用后，会在热线上积累杂质。为了消除热线上附着的胶质对测量精度的影响，在流量传感器上采用（ ）解决这个问题。
    A. 烧净措施   B. 振动措施   C. 清洁措施

5. 空气流量传感器进气格栅过脏时，会导致发动机加速时混合气（ ）。
    A. 过稀   B. 过浓   C. 滞后

6. 半导体压敏电阻式进气歧管绝对压力传感器输出的信号电压具有随（ ）的增大呈线性增大的特性。
    A. 进气歧管绝对压力 B. 大气压力   C. 发动机负荷

7. 半自动节气门体取消了（ ），ECU 通过不断改变节气门的开启角度实现对发动机起动怠速、暖机怠速、空调怠速、缓冲怠速及附件负荷怠速等怠速工况的稳定控制。
    A. 怠速控制阀   B. 节气门位置传感器 C. 节气门调节发动机

8. 电子节气门装置与半自动节气门装置的结构基本相同，区别是（ ）。
    A. 去掉了节气门位置传感器，增加了加速踏板位置传感器
    B. 去掉了节气门拉索，增加了加速踏板位置传感器
    C. 去掉了节气门拉索，增加了节气门位置传感器

9. 如果节气门在 1/4 左右开度时发动机能正常起动，而节气门全关时起动困难，应检查（ ）是否正常。
    A. 汽油压力   B. 怠速控制阀及空气阀   C. 三元催化器（有无堵塞）

10. 空气流量传感器能够检测每个单位时间内吸入空气的量，但是不能检测每一个工作循环吸入空气的量。为了计算每一个工作循环吸入空气的量，就要检测（ ）。
    A. 发动机负荷   B. 发动机转速   C. 曲轴位置

11. 空气流量是 ECU 确定发动机基本喷油量的重要信号之一，其检测方式为：D 形 EFI 系统采用（ ），L 形 EFI 系统采用（ ）。
    A. 进气温度传感器   B. 空气流量传感器   C. 进气歧管绝对压力传感器

12. 节气门直动式怠速控制装置信号电压的范围是（ ）V。
    A. 1~12   B. 1~3   C. 0.5~4.9

13. 在控制系统中，若系统的输出量对系统的控制作用没有影响，则称为（ ）控制系统。

A. 开环　　　　　　　　B. 闭环　　　　　　　　C. 自适应式
14. （　　）之比称为压缩比。
　　A. 气缸总容积与燃烧室容积　　　　　B. 气缸工作容积与气缸总容积
　　C. 气缸工作容积与燃烧室容积
15. 电控汽油喷射发动机空气流量传感器的作用是（　　）。
　　A. 测量进气压力　　　　　B. 测量吸入的空气流量
　　C. 测量进气的质量　　　　D. 测量进气的密度

三、多选题

1. 热线（热膜）式空气流量传感器的常见故障有（　　）。
　　A. 热线（热膜）沾污　　　　B. 热线断路（热膜损坏）
　　C. 电位器电阻值不准确　　　D. 热敏电阻不良
2. 进气歧管绝对压力传感器的常见故障有（　　）。
　　A. 真空软管脏污　　　　　B. 真空软管破裂、老化、压瘪
　　C. 电位器电阻值不准　　　D. 压力转换元件损坏
3. 发动机怠速时，怠速稳定控制器根据（　　）对节气门进行控制。
　　A. 发动机的负荷（进气量）　　B. 发动机转速
　　C. 节气门位置传感器信号　　　D. 发动机温度

四、简答题

1. 简述进气压力传感器的检测方法。
2. 简述热膜式空气流量传感器的检测方法。

任务三　汽油供给系统的检修

情境导入

　　一辆 2016 款奔驰 GLE300 汽车，车主反映该车出现动力不足，并伴有熄火现象，静止几分钟后又能再次起动。如果你是维修师傅，你会怎么检查呢？

知识准备

一、电控汽油供给系统的功用与分类

　　电控汽油供给系统的功用是将一定量的清洁汽油通过喷油器适时地喷射到进气歧管或气缸内。发动机工作时，电动汽油泵将汽油从油箱里泵出，经燃油滤清器除去杂质及水分后通过供油管进入燃油分配管，分配到各缸喷油器。系统油压由燃油压力调节器控制在规定的范围内，喷油量和喷油正时均由发动机控制单元根据传感器信号确定。

　　汽油供给系统按照汽油循环方式，可以分为有回油供油系统和无回油供油系统两类。无回油供油系统根据其实现方式又有机械式和电子式之分。

1. 有回油供油系统

在有回油供油系统（图2-44）中，由燃油压力调节器根据进气管内的气体压力变化来调节输油管内的汽油压力，从而保证喷油压差恒定，但供油管内的汽油压力是不恒定的，多余的汽油从回油管流回到油箱。虽然有回油管路的供油系统技术比较成熟，但由于供油管和回油管内的汽油吸收发动机热量，回油温度较高，导致油箱内的油温升高，从而加速油箱内汽油蒸发速度，使得油箱内汽油压力升高，不仅增加了汽油蒸发损失和蒸发排放控制系统的工作负荷，而且发动机的热起动性能也会变差。为此，无回油供油系统应运而生。

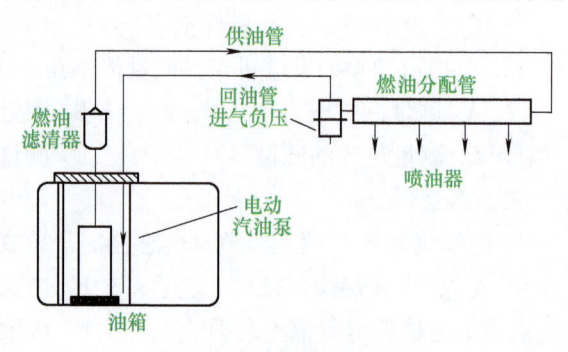

图 2-44 有回油供油系统

2. 无回油供油系统

无回油供给系统中，油轨内的压力对于大气压相对固定（相对于进气歧管则是变化的）。因此，ECU必须通过进气歧管压力的变化修正喷油量，以消除喷油压力不稳而造成的供油量误差。无回油供油系统有以下优点：

1）由于没有回油管，减少了汽油被发动机热量加热的机会，汽油温度比较低，因此可以减少汽油蒸气的蒸发以降低排放。

2）无回油供油系统通常把油压调节阀、汽油滤清器安装在油箱内，减少了油箱外汽油管路的接口，大大降低了因汽油泄漏而发生车辆自燃的可能性。

3）无回油供油系统汽油压力通常比较高，因此可以把喷油器的喷油孔设计得多而且小，利于汽油雾化。

电子式无回油供油系统如图2-45所示。与机械式系统相比，电子式无回油供油系统的最大特点是：系统压力不是依靠机械油压调节器调节，而是通过控制电动汽油泵的转速来调节的。

控制模块根据油轨上的压力以及温度传感器信号，并参考发动机当前工况计算出发动机所需油压，然后通过驱动模块以脉宽调节方式控制汽油泵的转速。当发动机工作所需汽油量很少时汽油泵转速较低，反之转速就高。根据系统工作原理，电子式无回油系统完全不需要回油管。当发动机停机后，如果汽油管路中的压力过高或过低，利用卸压阀可以进行调整。

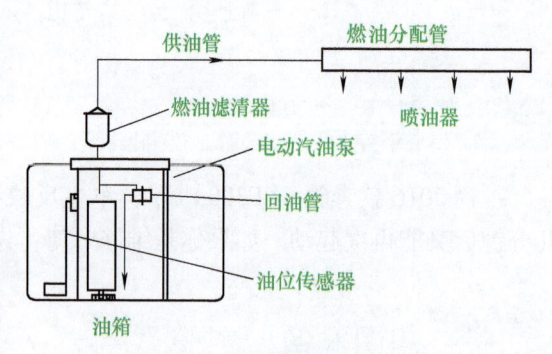

图 2-45 电子式无回油供油系统

近年来，随着汽油机电控技术的发展，无回油供油系统在新车型上的应用越来越多，这对进一步降低汽油机的燃油消耗具有重大意义。

二、电控汽油供给系统的组成

电控汽油供给系统主要由汽油箱、电动汽油泵、燃油滤清器、燃油压力调节器、燃油分配管、喷油器等部件组成，如图 2-46 所示。

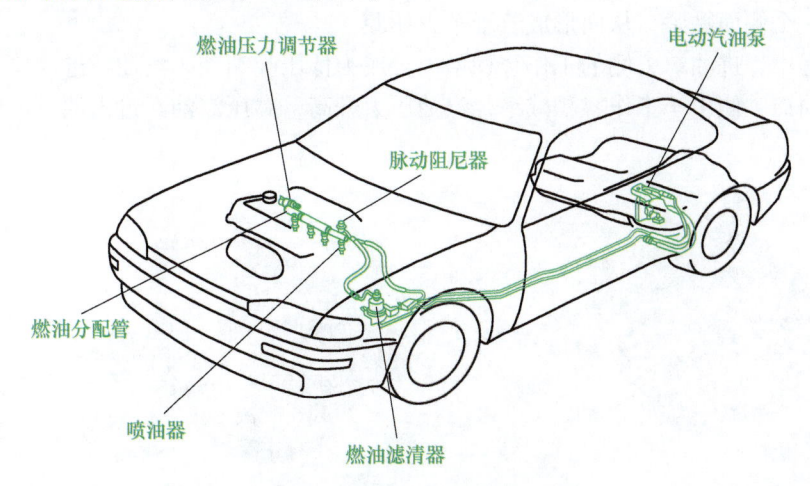

图 2-46 电控汽油供给系统的组成

三、电控汽油供给系统的主要元件

1. 电动汽油泵

（1）电动汽油泵的功用　电控汽油供给系统的电动汽油泵安装在油箱内，其功能是将汽油从油箱中吸出，向喷油器提供一定压力的汽油。电动汽油泵的设计供油量大于发动机耗油量的目的有两个：一是防止发动机供油不足；二是汽油流动量增大可以散发供油系统的热量，从而防止油路产生气阻。

（2）电动汽油泵的类型和工作原理　按机械泵体结构的不同，电动汽油泵可分为滚柱式、涡轮式、转子式、叶片式等。按安装位置的不同，电动汽油泵又分为内装式和外装式。内装式电动汽油泵安装在油箱内部，优点是不易产生气阻和泄漏，易于散热且工作噪声小；外装式电动汽油泵串联在油箱外部的输油管路中，不容易布置，噪声大且易产生气泡形成气阻。外装式一般采用滚柱式电动汽油泵。

1）滚柱式。滚柱式电动汽油泵属于外装泵，主要由电动机、转子（滚柱泵）、安全阀、止回阀和膜片室（阻尼减振器）等组成，如图 2-47 所示。

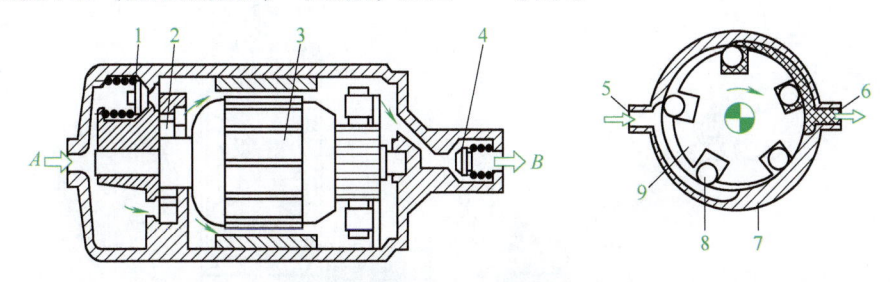

图 2-47　滚柱式电动汽油泵结构

1—安全阀　2、9—转子　3—电动机　4—止回阀　5—进油口　6—出油口　7—壳体　8—滚柱

电动汽油泵壳体的一端是进油口，另一端是出油口，滚柱一侧的转子由壳体中间的电动机高速驱动旋转。转子偏心地安装在转子的凹槽中。当转子旋转时，由于离心力的作用，转

子槽内的滚柱向外移动，紧靠在偏心设计的泵体壁面上。同时在惯性力的作用下，滚柱总是与转子槽的一个侧面贴紧，从而形成若干个工作腔。

工作过程中，进油口一侧的工作容积增大，成为低压吸油腔，汽油经进油口被吸入工作腔内。在出油口一侧由于工作容积减小，汽油压力升高，高压汽油经过出油口被压出，如图2-48所示。

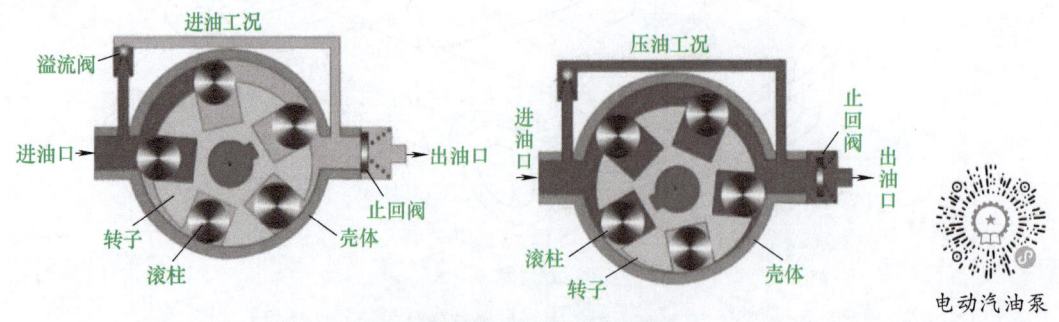

图 2-48 滚柱式电动汽油泵的工作原理

电动汽油泵出油口处有一个止回阀，在电动汽油泵不工作时阻止燃油流回油箱，以保持发动机停止后的燃油压力，便于再次起动；出油口处的膜片室和消声器构成了缓冲器，主要用于减小出油口处的油压和运转噪声。若因燃油滤清器堵塞等原因使电动汽油泵出油口一侧油压过高，此时，电动汽油泵内的安全阀即被顶开，使部分燃油回到进油口一侧，以保护电动汽油泵，如图2-49所示。

2）涡轮式。涡轮式电动汽油泵主要由永磁式直流电动机、安全阀、止回（出油）阀和壳体等组成，如图2-50所示。永磁式直流电动机一般由永磁铁、电枢、换向器和电刷等组成。涡轮由电动机驱动，在离心力的作用下，涡轮紧贴壳体，将汽油经窄小缝隙由进油侧驱至出油侧从而加压，汽油通过电动机的内部起到冷却电动机的作用。

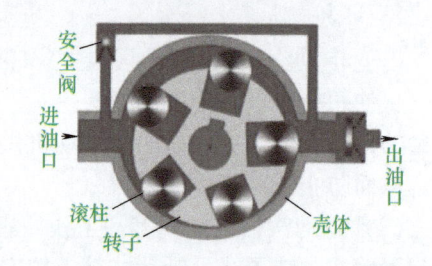

图 2-49 滚柱式电动汽油泵的溢流工况

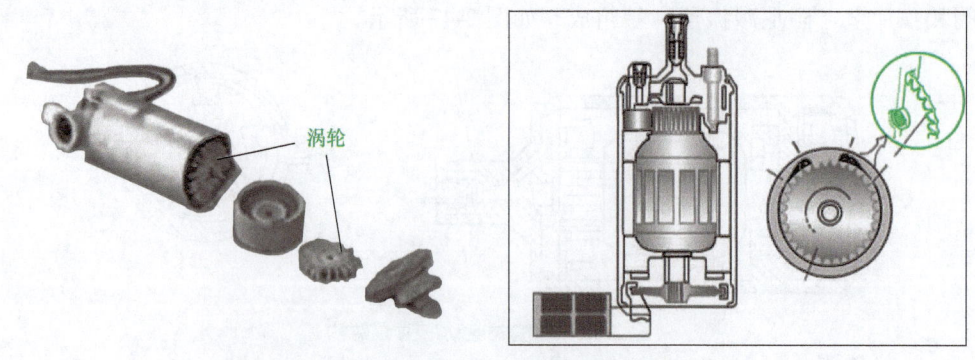

图 2-50 涡轮式电动汽油泵结构及叶轮工作过程

电动汽油泵电动机通电时，电动机驱动涡轮泵叶轮旋转，由于离心力的作用，使叶轮周围小槽内的叶轮贴紧泵壳，形成一定的真空度，将汽油从进油口吸入；而出油室汽油不断增多，汽油压力升高，当达到一定值时，顶开止回阀出油口输出。止回阀在汽油泵不工作时阻止汽油流回油箱，保持油路中有一定的压力，便于下次起动。

3）转子式。如图 2-51 所示，转子式电动汽油泵的工作原理与滚柱式十分类似，主要是利用内外转子啮合过程中腔室容积大小的变化，将汽油以一定的压力泵出。由于泵腔数量较多，因而出油压力波动较滚柱式小。

4）叶片。叶片式电动汽油泵工作原理类似于涡轮式，主要利用液体之间的动能转换实现汽油的输送和压力升高。叶片式和涡轮式的主要区别在于叶轮的形状、数量和滚道布置。优点是两者都能以蒸气和汽油的混合物运转，并能通过放气口适当地分离蒸气，防止气阻。叶片式电动汽油泵的工作原理如图 2-52 所示。

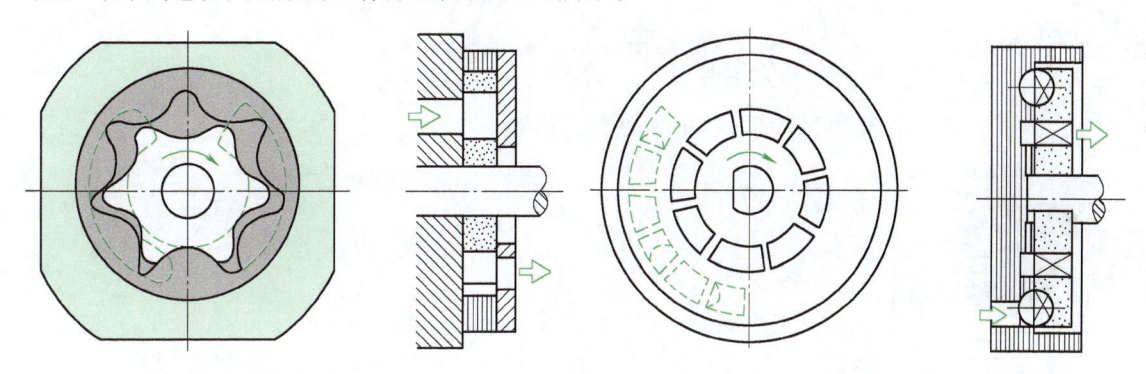

图 2-51　转子式电动汽油泵的工作原理　　　　图 2-52　叶片式电动汽油泵的工作原理

由于汽油极易挥发，以及汽油泵工作时温度升高和吸油产生局部真空，引起汽油蒸发加速，汽油泵吸油腔内存的气泡，使泵油量明显减少，从而导致输油压力的波动。为此，在现代汽油机上，采用双级电动汽油泵的趋势日益明显。在现代汽车上广泛采用双级电动汽油泵，即由两个电动汽油泵串联，使供油能力提高。双级电动汽油泵是由初级泵和主输油泵两者合成一个组件，由一个电动机驱动，如图 2-55 所示。初级泵采用的是叶片式电动汽油泵，它能分离吸油端产生的蒸气，并以较低的压力将汽油送到主输油泵内。主输油泵一般采用齿轮泵或涡轮泵，用以提高泵油压力。它们相互独立并轴向串联，由同一根电枢轴驱动。这种双级电动汽油泵具有良好的热起动能力，其主输油泵起着主导作用，初级泵具有改善热汽油输送性能的作用。

(3) 电动汽油泵的控制电路　电动汽油泵的控制电路主要有汽油泵开关控制的汽油泵控制电路、ECU 控制的汽油泵控制电路、汽油泵继电器控制的汽油泵控制电路三种。汽油泵开关控制的汽油泵控制电路目前已被淘汰，下面主要介绍 ECU 控制的汽油泵控制电路和汽油泵继电器控制的汽油泵控制电路。

1）ECU 控制的汽油泵控制电路（图 2-53）。发动机高速、大负荷工作时，F_C 端子向汽油泵 ECU 发出指令，F_P 输出 12V 电压，汽油泵高速运转。发动机低速、小负荷工作时，F_C 端子向汽油泵 ECU 发出指令，F_P 输出 9V 电压，汽油泵低速运转。

2）汽油泵继电器控制的汽油泵控制电路（图 2-54）。发动机高速、大负荷工作时，ECU 控制晶体管导通，汽油泵控制继电器触点 A 闭合，汽油泵高速运转。发动机低速、小负荷工作时，ECU 控制晶体管截止，汽油泵控制继电器触点 B 闭合，汽油泵低速运转。

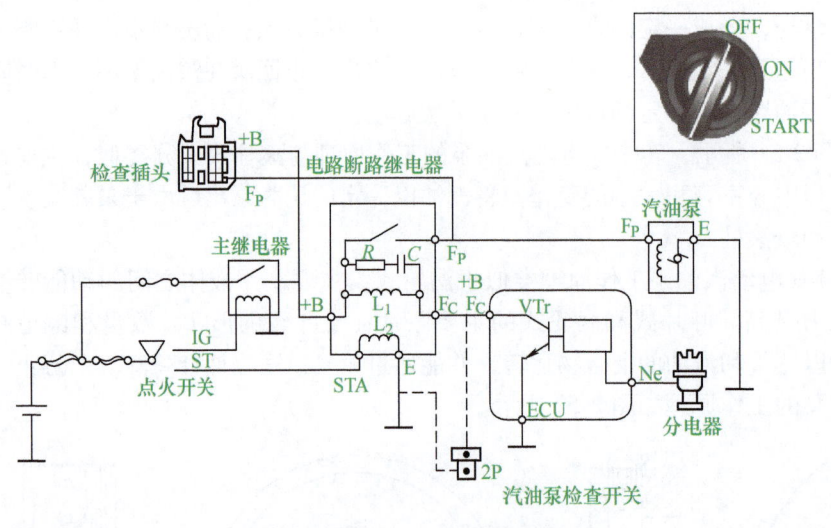

图 2-53 ECU 控制的汽油泵控制电路

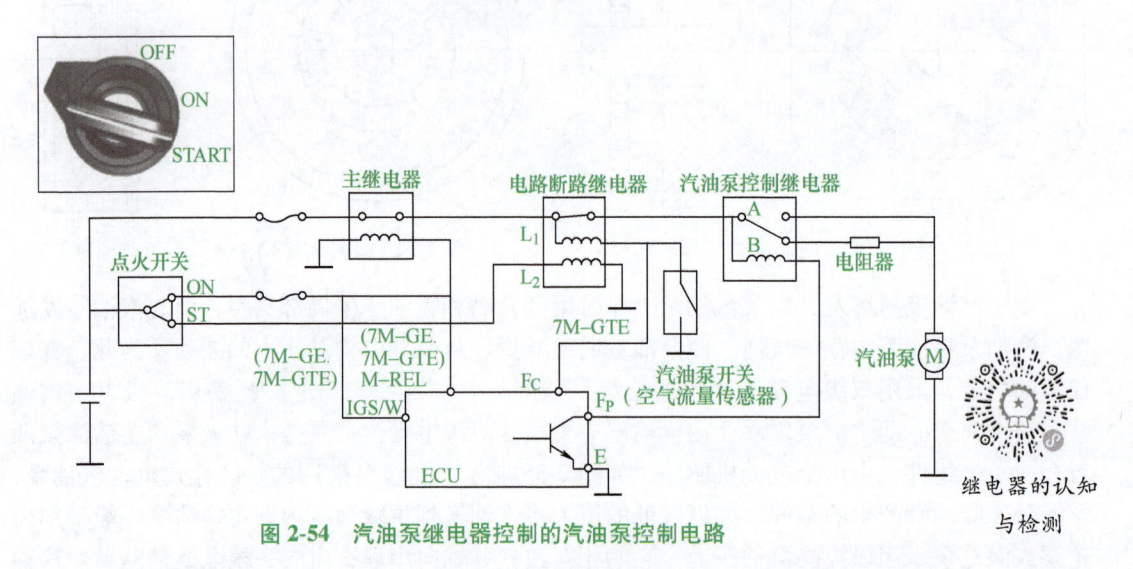

图 2-54 汽油泵继电器控制的汽油泵控制电路

（4）电动汽油泵的检测　如果汽油机上的电动汽油泵不工作，首先应检查汽油熔丝、继电器控制电路和曲轴位置传感器。曲轴位置传感器若没有信号，电动汽油泵就不运转。如果电流到达电动汽油泵而电动汽油泵不运转，或运转的声音太大，则电动汽油泵损坏，必须更换。

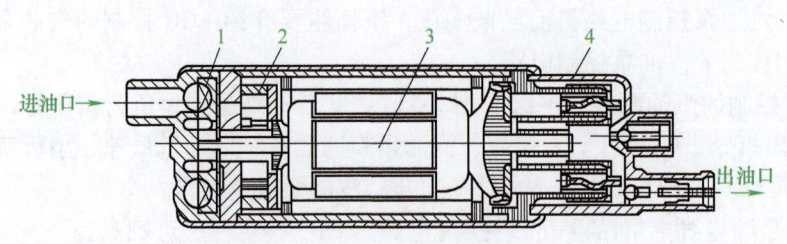

图 2-55　双级电动汽油泵

1—初级泵　2—主输油泵　3—永磁电动泵　4—壳体

| 电动汽油泵的检修 | 电动汽油泵检测找茬游戏 | 电动汽油泵检修规范操作 | 院级课程思政比赛获奖视频：电动汽油泵及其控制电路 |

1）电动汽油泵电阻的检测。用万用表200Ω档测量电动汽油泵上两个接线端子间的电阻，其阻值应为2~3Ω。如果不符，则更换电动汽油泵。用蓄电池直接给电动汽油泵通电，应能听到电动汽油泵电动机高速运转的声音。注意，通电时间不能太长。

2）电动汽油泵输油量的检测。检查电动汽油泵的输油量时，关闭点火开关，从燃油分配管上卸下进油管，将油压表连接到进油管一端，油压表出油管伸入量瓶，接通电动汽油泵电路。如大众时代超人汽车将蓄电池正极加到电动汽油泵继电器"4"端子上，检测泵油量与电源电压的关系，应符合标准值。

当蓄电池电压为10~12V，油压为300kPa时，泵油量应为490~670mL。系统油压越高，泵油量越大；电动汽油泵电源电压越高，电动汽油泵转速就越高，泵油量也就越大。

拆装电动汽油泵时需注意：应释放燃油系统压力，并关闭用电设备。

2. 燃油压力调节器

（1）燃油压力调节器的功用　燃油压力调节器的功用是使燃油供给系统的压力与进气管压力之差即喷油压力保持恒定，燃油压力调节器实物图与安装位置如图2-56所示。由于喷油器的喷油量不仅取决于喷油持续时间，而且也与喷油压力有关，在相同的喷油持续时间内，喷油压力越大，喷油量越多，反之亦然。因此，只有保持喷油压力恒定不变，才能使喷油量在各种负荷下都只唯一地取决于喷油持续时间（或电脉冲宽度），以实现电子控制单元对喷油量的精确控制。

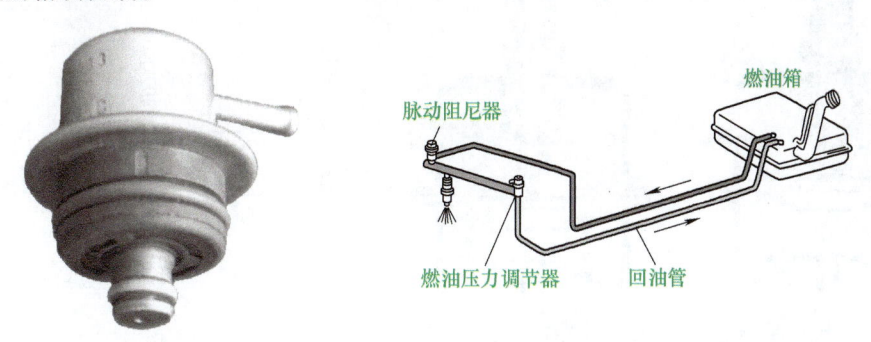

图2-56　燃油压力调节器实物图与安装位置

（2）燃油压力调节器的结构与工作原理　电控汽油喷射系统中的燃油压力调节器一般安装在供油总管上。燃油压力调节器的结构如图2-57所示。其外部是一个金属壳体，中间通过一个卷边的膜片将壳体内腔分成两个小室：一个是弹簧室，内装一个带预紧力的螺旋弹簧，作用在膜片上方，弹簧室由一根真空软管连接至进气歧管；另一个为汽油室，直接通入供油总管。

汽油从燃油压力调节器进入调节器油腔，汽油压力作用到与阀体相连的金属膜片上。当油压压力升高，油压作用到膜片上的压力超过调节器弹簧的弹力时，油压推动膜片向上拱

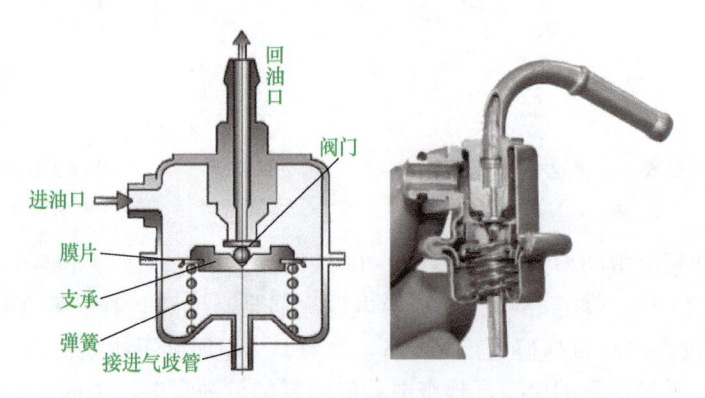

图 2-57 燃油压力调节器的结构

曲，调节器球阀打开，部分汽油从回油口经回油管流向油箱，使汽油压力降低到调节器控制的系统油压时，汽油作用在膜片上的压力不足以克服调节器内弹簧压力，球阀关闭，使系统内的汽油保持一定压力值不变，燃油压力调节器工作原理如图 2-58 所示。

弹簧的设定弹力为 300kPa，当进气歧管真空度为零时，汽油压力保持在 300kPa。当进气歧管真空度变化时，会影响到膜片的上下拱曲，以改变汽油压力。怠速时真空度为 40mmHg⊖（压力约为 5kPa），吸动膜片向上拱曲变大，球阀开度增大，回油量增大，系统油压下降，汽油压力的调节值 = 300kPa−5kPa = 295kPa。油压和进气负压的共同作用，使燃油分配管中的油压与进气歧管中的压力差保持在 300kPa 不变（图 2-59），其目的是保证喷油量的多少与喷油嘴开启时间有关，而与系统油压和进气歧管的负压等参数无关。

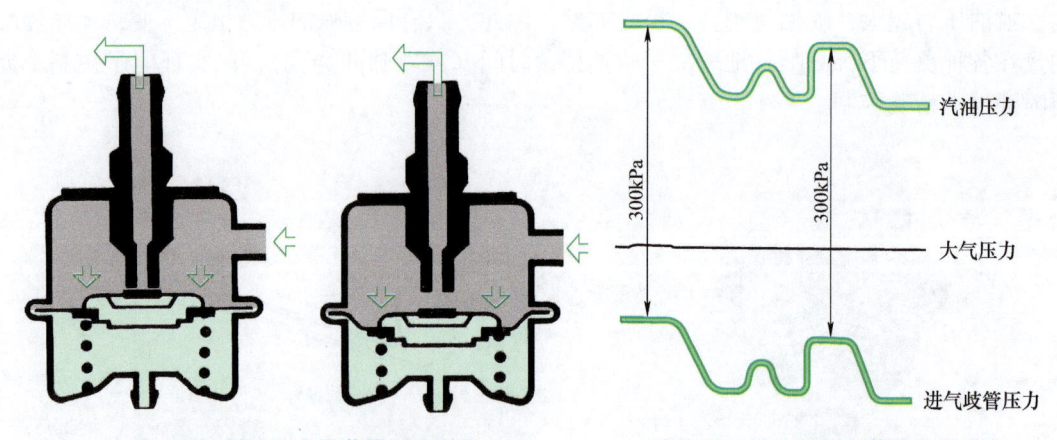

图 2-58 燃油压力调节器工作原理

图 2-59 燃油压力调节器工作原理

（3）燃油压力调节器的检修

1）燃油压力调节器工作情况的检查。检查时，用油压表先测量发动机怠速运转时的汽油压力，随后拆下调节器上的真空软管。这时，汽油压力应升高 50kPa 左右，否则应予以更换。

2）燃油压力调节器保持压力的检测。将油压表接入燃油管中，起动发动机 5min 后观察油压表读数是否减小。若油压表读数不变，则说明燃油压力调节器正常；若油压表读数减小，则说明燃油压力调节器存在故障，应予以更换。

⊖ mmHg 为非法定计量单位，1mmHg = 133.322Pa。

3. 燃油滤清器

燃油滤清器的作用,是把燃油中的氧化铁、粉尘等固体杂物除去,防止燃油系统堵塞,减少机械磨损,防止污物堵塞喷油器针阀等精密机件,确保发动机稳定运行。

燃油滤清器安装于输油泵的出口一侧,有些则与电动汽油泵集成在一起,安装于油箱中,工作压力较高,通常采用金属外壳。燃油从污油进口进入滤清器,经过壳体内的滤芯过滤后,清洁的燃油从出口流出。如图 2-60 所示,燃油滤清器的滤芯通常采用纸质、呢绒布或高分子材料,其中以滤纸应用较为广泛。

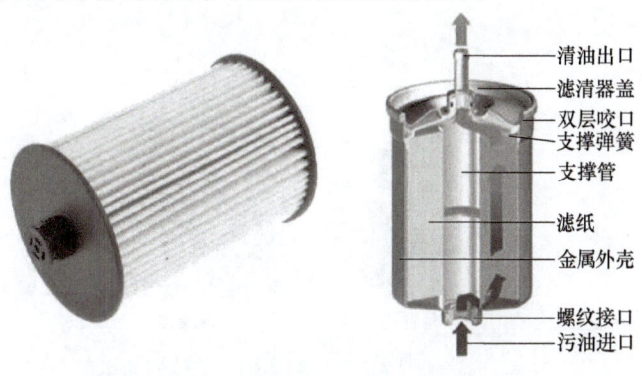

图 2-60 燃油滤清器

燃油滤清器过滤能力较强,有很好的滤清效果,能滤去直径大于 0.01mm 的杂质。每行驶 20000~40000km 或 1~2 年便应更换。安装时,应注意燃油流动方向,不能装反。

4. 燃油分配管

燃油分配管俗称汽油导轨,也被称作共轨。燃油分配管用于分配汽油和储存汽油,采用钢材或铝材制造,如图 2-61 所示。燃油分配管上装有喷油器,在这里汽油被均匀地分配到各个喷油器中。如果是有回油汽油供给系统,在回油管上还有压力调节器。有些燃油分配管上装有油压检测阀,供检修时卸压以及测试之用。

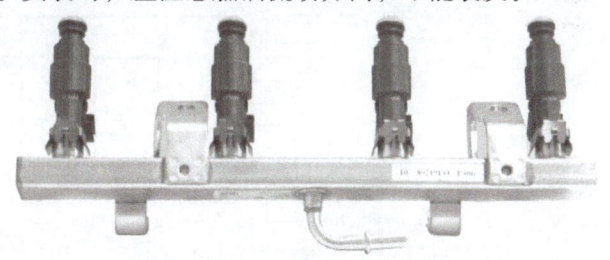

图 2-61 燃油分配管

5. 喷油器

(1) 喷油器的功用 喷油器是发动机电控喷射系统中的一个关键执行元件,在 ECU 的精确控制下,将汽油呈雾状喷射入气缸或者进气歧管内。

电控汽油喷射系统中都使用电磁式喷油器。通电时,喷油头部的针阀打开,一定压力的汽油以雾状喷入进气歧管或气缸,与空气混合。ECU 利用脉冲宽度来控制喷油器的喷油时间,从而控制喷油量。一般喷油器每次喷油的时间为 2~10ms。时间越长,喷油量就越大。

(2) 喷油器的类型 按喷油器的总体结构不同,喷油器可分为轴针式、球阀式和片阀式三种,如图 2-62 所示。目前,主要采用球阀式喷油器。按喷油器电磁线圈阻值大小,喷油器可分为高阻型和低阻型两种,高阻型的阻值为 12~17Ω,低阻型的阻值为 2~3Ω。有些厂家为了便于区分不同喷油器,往往将喷油器的插头做成不同的形式,有的还用插头的不同颜色表示不同的喷油量。目前大部分采用高阻型喷油器。

(3) 喷油器的基本工作原理 喷油器的基本工作原理如图 2-63 所示。发动机工作时,ECU 中的微处理器根据有关传感器输入的信号,经运算判断后输出控制喷油器开启信号,控制功率晶体管导通时即接通喷油器电磁线圈电路,产生电磁力;当电磁力超过针阀弹簧力和油液压力的合力时,磁心被吸动,针阀随之离开阀座,即阀门打开,喷油器开始喷油。当功率晶体管截止时，喷油器电磁线圈电路被切断，电磁力消失；当针阀弹簧力超过衰减的电磁力时，弹簧力又使针阀返回阀座上，使阀门关闭，喷油器停止喷油。

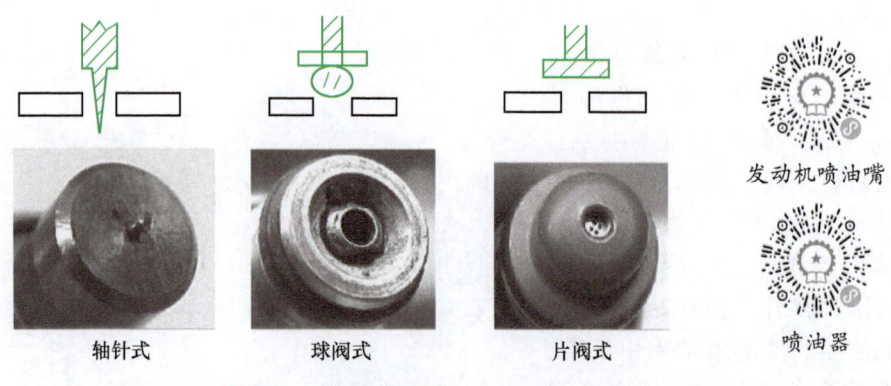

图 2-62 喷油器的类型

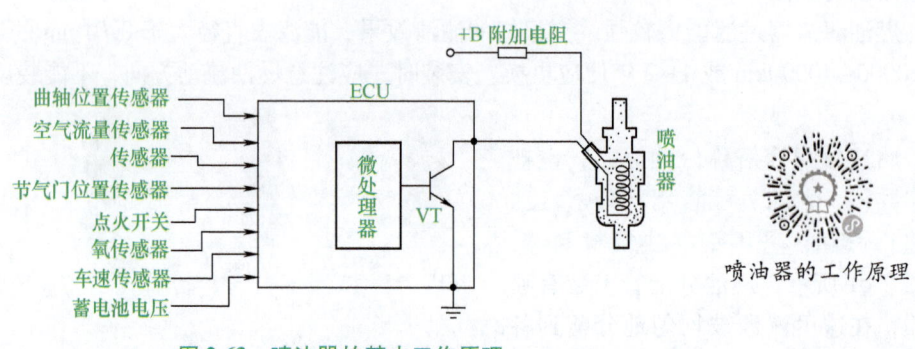

图 2-63 喷油器的基本工作原理

（4）喷油器的控制电路　以丰田卡罗拉发动机为例，其发动机喷油器的控制电路如图 2-64 所示。当点火开关置于 ON 位时，继电器 IG2 触点吸合，为四个喷油器提供 12V 的电压。当 ECU 发出高平控制指令到功率晶体管时，晶体管导通，为喷油器线圈提供搭铁回路，电磁线圈通电，喷油器开始喷油；当 ECU 发出低平控制指令到功率晶体管时，晶体管截止，喷油器线圈断电，喷油器停止喷油。发动机各种传感器（如曲轴位置传感器、空气流量传感器等）的信号输入 ECU 后，ECU 经过对各数据的分析处理，发出脉冲控制指令到功率晶体管控制喷油器线圈是否搭铁。

（5）喷油器的驱动方式及工作特性　喷油器的结构不同，驱动方式也不同。喷油器按照电磁线圈的控制方式可以分为电流驱动式和电压驱动式两种。电流驱动式只适用于低电阻喷油器；电压驱动式既适用于低电阻喷油器，又适用于高电阻喷油器。目前，电控汽油发动机大部分采用高电阻喷油器，喷油器的驱动方式为电压驱动式，如图 2-65 所示。

发动机工作时，脉冲电流使功率晶体管导通，从而使喷油器电磁线圈电路接通：电源（+）→喷油器（电磁线圈）→晶体管 VT（ECU 内）→接地→电源（-）。ECU 的微处理器每输出一次脉冲电流，喷油器喷油一次。

在功率晶体管 VT 截止时，喷油器电磁线圈存在电感，在线圈两端可能产生很高的感应电动势。此电动势与电源电压一起作用在功率管上，可能将其击穿而损坏。为了保护功率晶

项目二　电控汽油喷射系统的检修

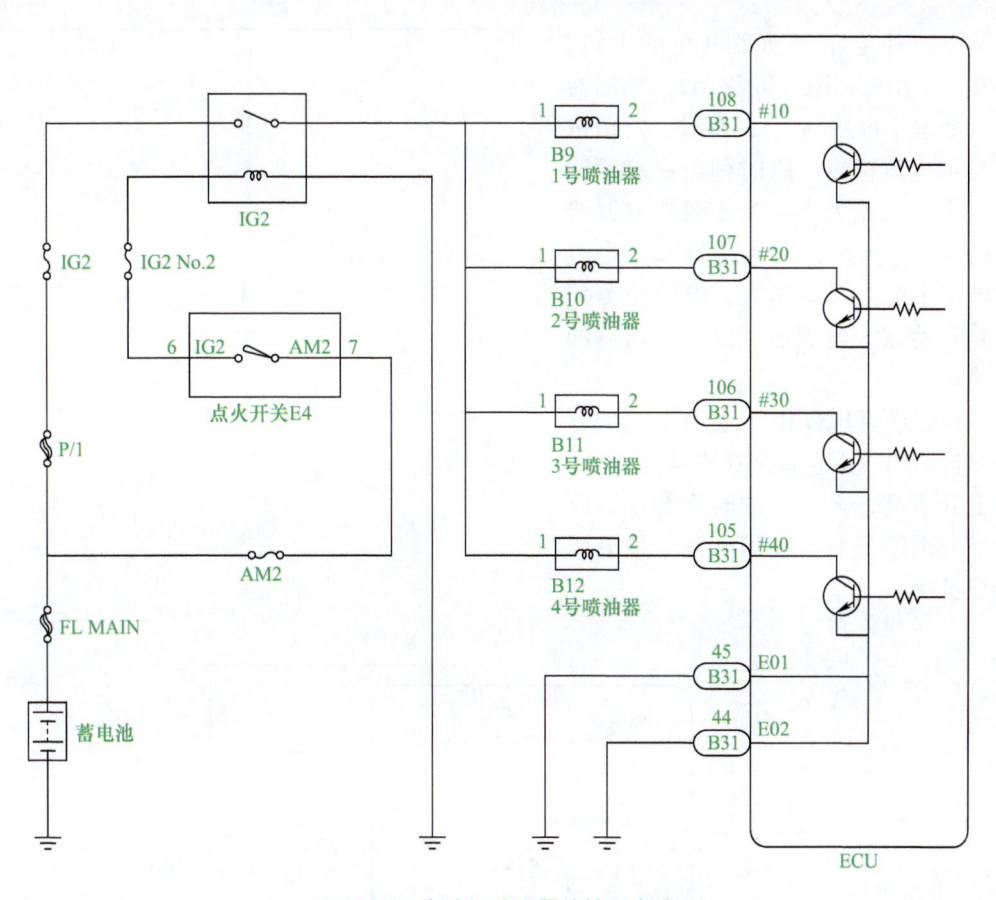

图 2-64　发动机喷油器的控制电路

喷油器控制电路动画　　　喷油器控制电路

体管和缩短喷油器开启时间，在驱动回路中常设有消弧回路，如图 2-66 所示。为防止过大的电流烧坏喷油器线圈，通常采用串联附加电阻的方法加以解决。电压驱动式的喷油控制波形如图 2-67 所示。

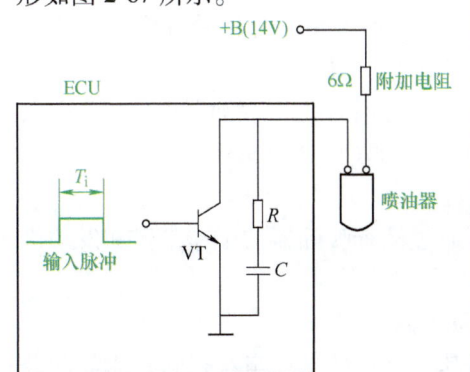

图 2-65　喷油器的驱动方式

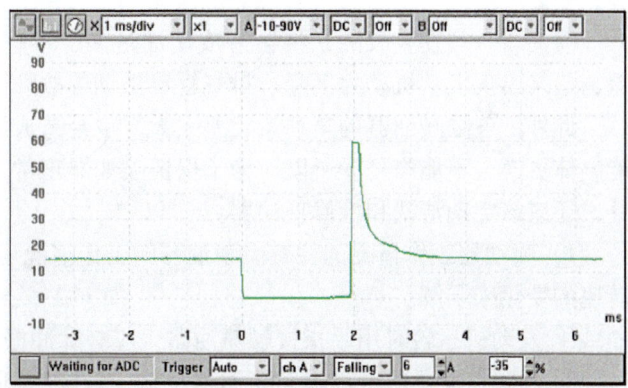

图 2-66　附加电阻消弧

59

为了弥补电压驱动型电路的不足，一些车型采用低内阻（0.5~3Ω）喷油器电路，如图 2-68 所示。工作时，发动机 ECU 中的电流检测电路时刻监视着喷油器线圈中的电流大小。当流经喷油器线圈中的电流过大时，发动机 ECU 中电流检测电阻上的电压降增大，电流检测控制电路自动减小电流值，以免喷油器的线圈烧坏。

电流驱动型电路由于取消了附加电阻，喷油器的线圈直接连接电源，因此，电流上升率高，无效喷油时间短。但此类型控制电路复杂，应用电路不如电压驱动型灵活。

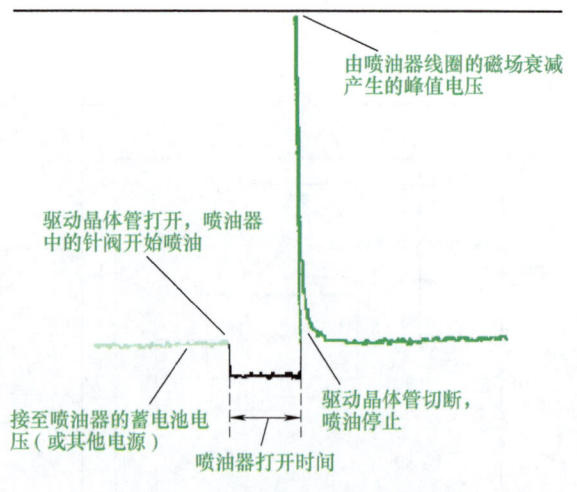

图 2-67 电压驱动式的喷油控制波形

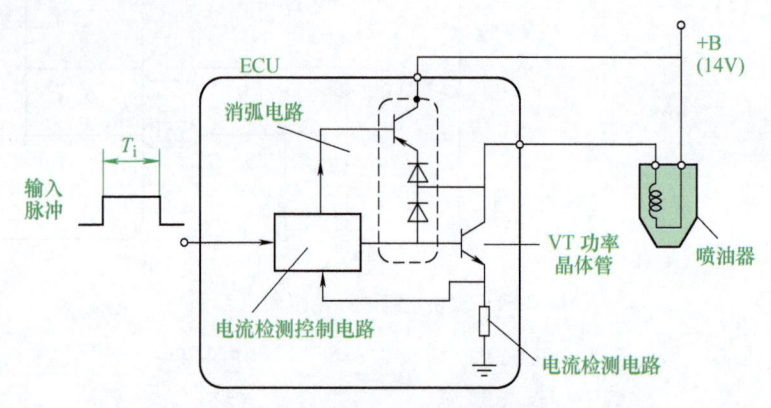

图 2-68 低内阻喷油器电路

（6）喷油器的检修 喷油器是汽油供给系统中的重要组成部件，喷油器及其控制电路性能对发动机工作性能的影响很大。

喷油器的故障主要表现在：针阀处过脏、堵塞、磨损泄漏，电磁线圈损坏，雾化状况不好，安装不当等。

喷油器一旦发生故障，将会造成喷油过多、不喷油或者有泄漏，导致喷油雾化效果变差，最终出现发动机动力下降、排气管冒黑烟等故障。

此外，各缸喷油器的喷油量相差太大，也会造成发动机工作不稳。喷油器出现故障时只能整体更换，不能修复。所以，为了保证喷油器正常工作，除了使用汽车规定标号的汽油以外，还应该定期清洗和检修喷油器。

1）喷油器工作情况的检查。喷油器的工作情况可通过检查喷油器的工作声音和发动机转速的变化来了解。

① 发动机运转时用手指接触喷油器，应有脉冲振动的感觉。

② 用螺钉旋具或听诊器与喷油器接触，应能听到其有节奏的工作声；否则表明喷油器工作不正常，应对喷油器和控制电路做进一步检查。

③ 采用断油方法检查。当拔下某缸喷油器线束插头时，该缸喷油器停止喷油，发动机转速立即下降且抖动，这表明该喷油器工作不正常或工作不良，应做进一步检查。

2）喷油器电磁线圈电阻的检查。检查时，拔下喷油器线束插头，用万用表测量其接线柱间的电阻。在20℃时，高阻喷油器线圈电阻值为12~17Ω，低阻喷油器线圈电阻值为2~3Ω；否则，应予以更换。

3）喷油器的检验。喷油器应放在喷油器超声波清洗机上检验，如图2-69所示。超声波清洗机不仅可以清洗喷油器，而且可以检查喷油器有无漏油现象、各喷油器喷油量和喷雾质量。喷油器的漏油量应少于1滴/min，否则应予以更换。每个喷油器应重复测量2~3次，各缸喷油器的喷油量误差值应小于其喷油量的10%，否则应加以清洗或更换。在检查喷油量的同时应观察喷油器喷油状况，如图2-70所示。

图2-69 超声波清洗机

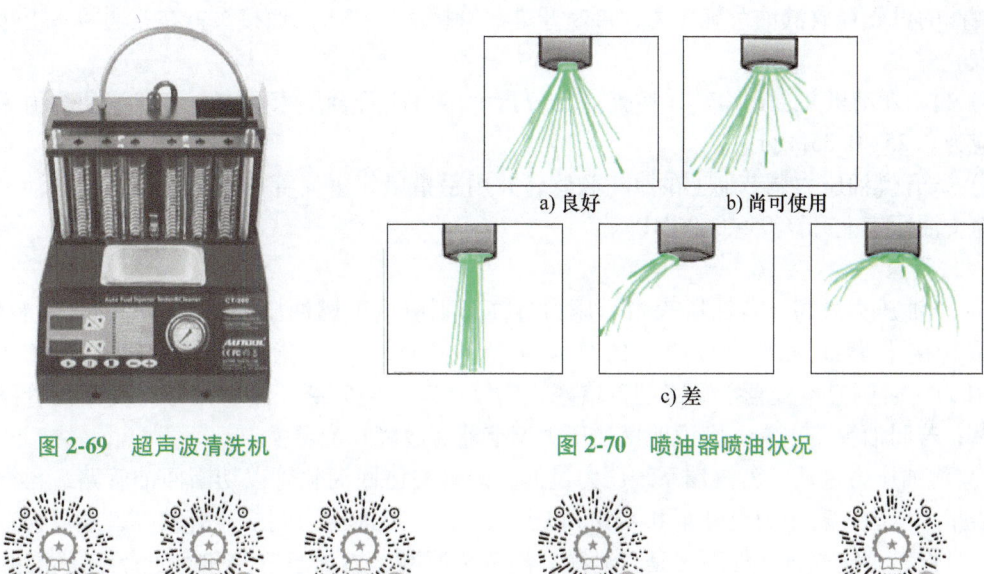

a）良好　b）尚可使用　c）差

图2-70 喷油器喷油状况

喷油器的检修方案　喷油器检测找茬游戏　喷油器检测规范操作　全国职业院校技能大赛教学能力比赛高职组一等奖，视频：喷油器的检修1　全国职业院校技能大赛教学能力比赛高职组一等奖，视频：喷油器的检修2

4）喷油器控制电路的检查。喷油器控制电路一般均由点火开关或主继电器控制供电，由ECU控制喷油器的搭铁回路。检查方法如下：

① 拔下喷油器的插接器插头。

② 接通点火开关，不起动发动机。

③ 测量喷油器控制线连接插头上电源线的电压，应为12V。若无电压，检查点火开关、熔断器或主继电器及线路。

④ 检查ECU的喷油器控制搭铁线与ECU搭铁线是否良好。

⑤ 检测喷油器的控制脉冲信号。可用发光二极管试灯检测喷油器的控油信号，发光二极管试灯由两只发光二极管（两只二极管并联）串联一个510Ω/0.25W的电路组成。检测时，分别拔下喷油器线束插头，并在该插头的两端子之间接上试灯起动发动机，发光二极管应当闪烁；若个别缸检测时二极管试灯不闪烁或不发光，则说明该喷油器线路或ECU有故

障；若在检测时二极管试灯都不闪烁，则说明曲轴位置传感器或汽油泵继电器或控制 ECU 有故障。

⑥ 喷油脉宽检测可以采用汽车专用电表、故障扫描仪、示波器等检测喷油脉宽（喷油时间），急速时间在 2~3ms，急加速时增大。

四、汽油压力检测

1. 汽油压力测量

1）检查汽油箱内汽油，应足够。

2）关闭点火开关。

3）将专用油压表连接到汽油系统中。有油压检测阀的直接接在油压检测阀上，没有油压检测阀的可先释放汽油系统压力，再断开进油管接头，接入三通接头；在三通接头上接上油压表。

4）起动发动机并怠速运转，检查油压表指示压力应符合厂家标准，多点汽油喷射系统油压应为 0.25~0.35MPa。

5）拔开燃油压力调节器上的真空软管，并用手指堵住进气管一侧的管口，检查油压表指示值，油压应上升 0.05~0.06MPa。

2. 汽油压力相关故障分析

1）汽油压力过高。若油压表指示压力过高，则应拔下燃油压力调节器上的真空软管，然后重新接上燃油压力调节器上的真空软管，检查油压表指示压力应略有下降（约 0.05MPa），否则应检查真空管路是否堵塞或漏气。若真空管路正常，则应检查回油管路是否堵塞；若回油管路正常，则说明燃油压力调节器有故障，应更换。

2）汽油压力过低。若汽油系统压力过低，则可夹住回油软管以切断回油管路，再检查油压表指示压力。若压力上升至 0.4MPa 以上，则说明燃油压力调节器有故障，应更换；若压力仍过低，则应检查汽油系统是否泄漏，汽油泵滤网、燃油滤清器和回油管路是否堵塞；若无泄漏和堵塞故障，则应更换汽油泵。

3）残压保持不住。发动机运转后熄火，等待 10min，观察油压表压力，多点汽油喷射系统压力应不低于 0.20MPa。若压力过低，则应检查汽油系统是否有外泄漏。若无外泄漏，则说明汽油泵出油阀、燃油压力调节器回油阀或喷油器密封不良。

五、汽油喷射控制

1. 喷油正时的控制

ECU 根据进气量以及目标空燃比确定所需要的汽油量，然后计算出控制喷油器的喷油脉宽，通过喷嘴喷出汽油。

喷油正时就是喷油器开始喷油的时刻。对于多点间歇喷射发动机，按照喷油时刻可分为同步喷射与非同步（异步）喷射两类。同步喷射与发动机旋转同步，是在固定的曲轴转角位置进行喷射。非同步喷射与曲轴旋转角度无关，如急加速时的临时性喷射或者车辆起动时的喷射。

在同步喷射中，又分为同时喷射、分组喷射和顺序喷射三种基本类型。它们对喷油正时的控制各不相同。

在确定凸轮轴位置传感器信号之前，ECU 无法按照气缸的工作顺序进行顺序喷射。顺序喷射时，每缸采用首喷和尾喷两次喷射，使喷油量控制更精确。首喷时 ECU 确定总喷油量喷出一部分。尾喷时，ECU 根据发动机工作条件的变化再次确定总喷油量，把重新确定的总喷油量减去首喷油量，然后将剩余的油量继续喷完。

这种喷油方式使得 ECU 可以根据发动机工作条件的变化迅速调节喷油量，喷油量达到最佳，尾气排放也得到改善。

(1) 同时喷射　发动机 ECU 控制各喷油器的电磁线圈电路同时接通或断开，使各缸喷油器同时喷油。通常曲轴每转一圈，各缸喷油器同时喷射一次，在发动机的一个工作循环中喷射两次，两次喷射的汽油，在进气门打开时随空气一起进入气缸。由于这种喷射控制方式是所有气缸喷油器同时喷射，所以正时与发动机的工作循环没有关系。早期生产的汽油喷射发动机大多采用这种喷射方式。这种喷油器喷油时有的气缸进气门刚关闭，有的正准备开启，有的刚好开着。这种喷射方式的缺点是由于各缸对应的喷射时间不可能最佳，有可能造成各缸混合气生成条件不一样。但这种喷射方式不需要气缸判别信号，而且喷射驱动回路通用性好，其主要用在起动时的喷油控制。

采用同时喷射方式的喷油量控制电路和控制程序都比较简单，多点汽油同时喷射控制电路如图 2-71 所示。从图中可以看出，所有的喷油器是并联的。ECU 根据曲轴位置传感器（CKP）产生的基准信号，发出脉冲控制信号，控制功率晶体管的导通和截止，从而控制各喷油器电磁线圈电路同时接通和断开，使各缸喷油器同时喷油。通常曲轴每转一圈，各缸喷油器同时喷射一次。同时喷射正时关系如图 2-72 所示。

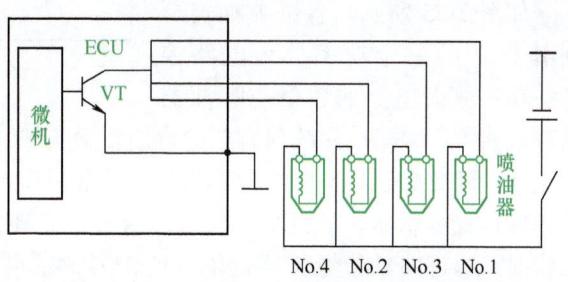

图 2-71　多点汽油同时喷射控制电路

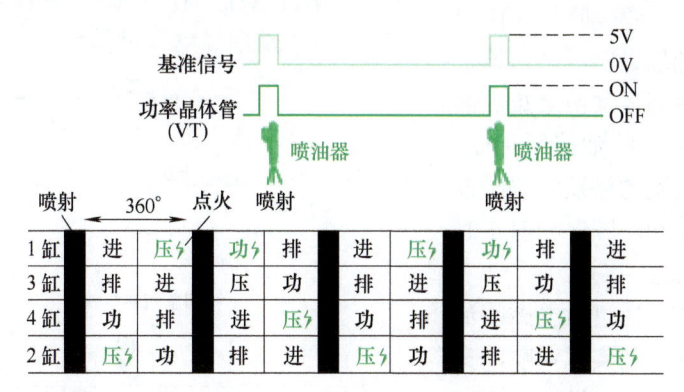

图 2-72　同时喷射正时关系

(2) 分组喷射　四缸发动机一般将喷油器分为两组，其控制电路如图 2-73 所示。每一工作循环中，各喷油器均喷射一次或两次。分组喷射正时关系如图 2-74 所示。

相对同时喷射的发动机而言，采用分组喷射的发动机在性能方面有所提高。主要体现在能有更多的气缸在合适的时候喷射汽油，从而改善了混合气的均匀性。

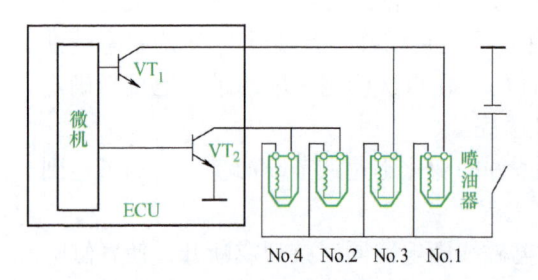

图 2-73 分组喷射控制电路

图 2-74 分组喷射正时关系

（3）顺序喷射　顺序喷射也叫独立喷射。曲轴每转两圈，各缸喷油器轮流喷射一次，与点火系统中分配点火的方式相同，按照特定的顺序依次进行喷射。顺序喷射控制电路如图 2-75 所示。各缸喷油器分别由 ECU 的一个功率放大电路控制。功率放大电路的数量与喷油器的数量相等。采用顺序喷射方式的汽油发动机 ECU 需要"知道"在哪一时刻该向哪一缸喷射汽油，因此必须具备气缸识别信号，通常叫作判缸信号。该信号多来自曲轴位置传感器和凸轮轴位置传感器。采用顺序喷射控制时，应具有正时和缸序两个控制功能。发动机 ECU 工作时，通过曲轴位置传感器输入的信号，就可以"知道"活塞在上止点前的具体位置，再与凸轮轴位置传感器的判缸信号相配合，可以确定是哪一缸在上止点，同时还可以判定是处于压缩行程还是排气行程。因此，当发动机 ECU 根据判断信号、曲轴位置信号确认该缸处于排气行程且活塞运动至上止点前某一位置时，便输出喷油控制指令，接通喷油器电磁线圈的搭铁电路，该缸喷油器即开始喷油。顺序喷射正时关系如图 2-76 所示。

汽油喷射系统是通过对电磁喷油器喷油脉冲宽度的控制实现对喷油量控制的。根据不同工况，发动机 ECU 首先根据空气流量传感器和发动机转速信号确定基本喷油脉冲宽度，再根据其他传感器信号修正喷油脉冲宽度。一般可以将喷油脉冲宽度控制分为起动过程中的喷油脉冲宽度控制和

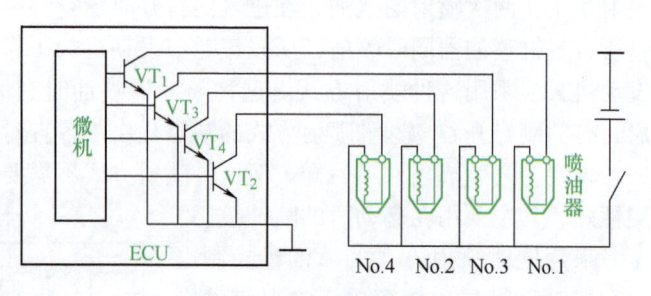

图 2-75 顺序喷射控制电路

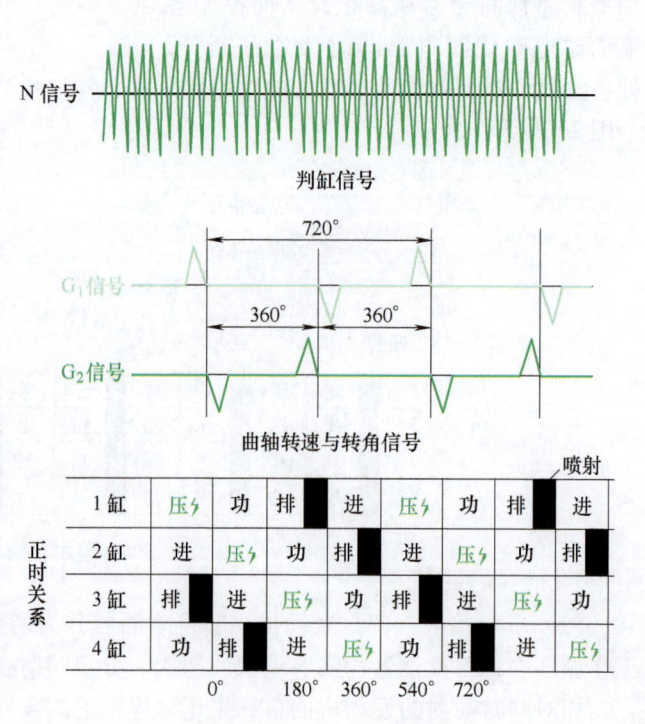

图 2-76 顺序喷射正时关系

起动后的喷油脉冲宽度控制。

2. 起动过程中喷油脉冲宽度的控制

起动时，由于起动转速波动较大，吸入的空气量较少，空气流量传感器不能精确检测，所以起动时一般不根据吸入空气流量计算脉宽。起动时的汽油喷射时间通常由冷却液温度来决定。冷却液温度越低，汽油的雾化程度越差，因此需要延长喷射时间来得到比较浓的可燃混合气。冷却液温度和起动喷油时间的关系如图2-77所示。冷车起动时，由于温度低、转速低，喷入的汽油不易汽化，会引起混合气稀化。为了使发动机顺利起动，能产生足够的汽油蒸气形成可燃的混合气，在起动时供给足够的汽油，必须延长喷油脉冲宽度，增大喷射量。ECU根据起动开关信号或发动机转速（如400r/min以下）判定为起动工况，然后根据发动机冷却液温度，在其内存中查出对应的基本喷油脉冲宽度，再经进气温度信号和蓄电池电压信号修正后得到实际输出喷油脉冲宽度。

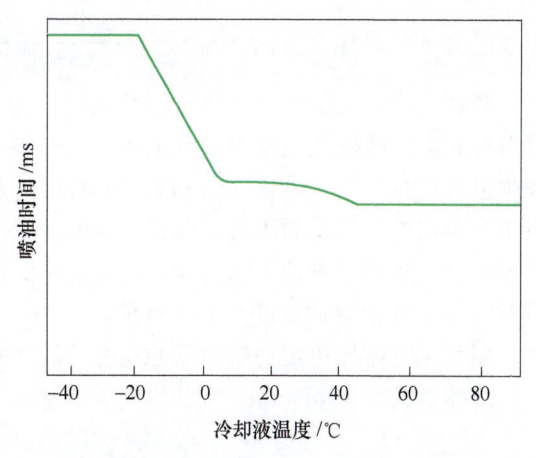

图2-77 冷却液温度和起动喷油时间的关系

起动喷油脉冲宽度(ms) = 由冷却液温度决定的起动喷油脉冲宽度(ms) + 无效喷射时间(ms)

3. 起动后喷油脉冲宽度的确定

发动机起动后，当转速超过预设值（400r/min）时，ECU即认为起动过程结束，转而按起动后控制喷油脉冲宽度，喷射时间和发动机工况如图2-78所示。

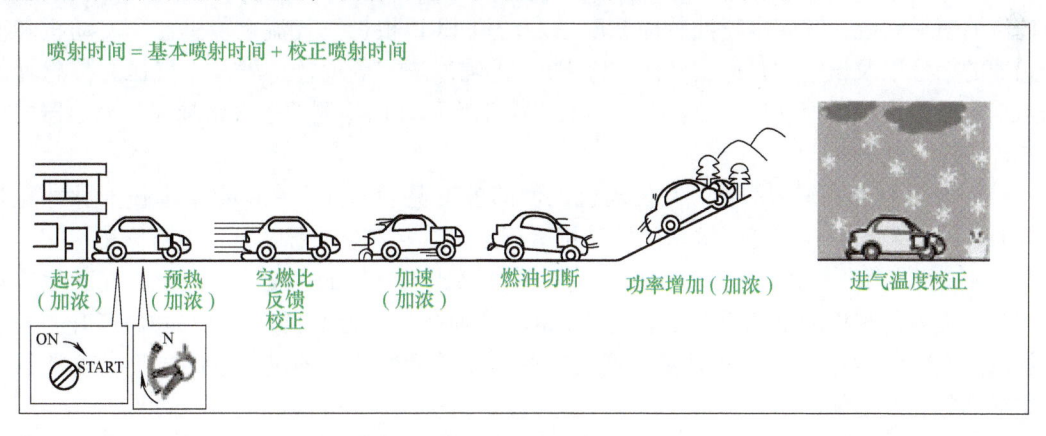

图2-78 喷射时间和发动机工况

（1）起动后喷油器的喷油脉冲宽度　发动机起动后正常运转时，喷油器的喷油脉冲宽度是以一个进气行程中吸入气缸的空气质量为基准计算出来的。ECU根据空气流量传感器或进气歧管绝对压力传感器、大气压力传感器和发动机转速传感器等输入的信号，计算出一个进气行程中吸入气缸的空气质量和基本的喷射脉冲宽度，再综合考虑发动机的动力性、经济性、排放性等因素，对基本喷油脉冲宽度进行修改，即按照发动机ECU内储存的针对各种工况的最理想目标空燃比决定喷油脉冲宽度。目标空燃比、进气质量和所需汽油量的关系如下：

$$目标空燃比（A/F）=\frac{每个进气行程中进入气缸的空气质量（g）}{每次燃烧所需要的汽油量（g）}$$

依据上式，根据每个进气行程中进入气缸的空气质量（g）与目标空燃比（A/F），就可以计算出每次燃烧所需要的汽油量（g），即每次燃烧所需要的汽油量（g）=每个进气行程中进入气缸的空气质量（g）/目标空燃比（A/F）。对于某一特定的喷油器来说，在供油系统压力与进气歧管的压力差保持一定的情况下，喷油器每次的喷油量仅与喷油器的开启时间成正比，所以在发动机的实际控制过程中，每次燃烧所需的汽油量是通过控制喷油器的开启时间（即喷油脉冲宽度）来实现的。

由目标空燃比决定的喷油脉冲宽度可用下式计算：

喷油脉冲宽度（ms）= 基本喷油脉冲宽度（ms）×基本喷油脉冲宽度修正系数+喷油器无效喷油时间（ms）

基本喷油脉冲宽度修正系数主要包括与发动机温度相关的修正系数、加减速运转时的修正系数、混合气浓度的反馈修正系数、学习控制产生的修正系数、与负荷和转速相关的修正系数等。

不同汽油喷射系统的软件设计不同，计算方式可能也有所不同。

（2）基本喷油脉冲宽度的确定　为了实现目标空燃比，利用空气流量传感器（或进气歧管绝对压力传感器）、发动机转速传感器的输入信号计算出喷油脉冲宽度。根据所采用的空气流量传感器（或进气歧管绝对压力传感器）类型的不同，确定基本汽油喷油脉冲宽度的过程也有所差异。

采用翼板式空气流量传感器、卡门涡流式空气流量传感器和进气歧管绝对压力传感器的电控汽油喷射系统，其基本喷油脉冲宽度是发动机 ECU 根据空气流量传感器和发动机转速传感器的信号以及设定的目标空燃比（A/F），再辅以进气温度传感器及大气压力传感器的修正信号来确定的。上述传感器在发动机每一个工作循环内检测的进气量越大，喷油器的喷油脉冲宽度也就越大。

（3）喷油脉冲宽度的修正　在发动机工作的各工况下，ECU 在确定基本喷油脉冲宽度的同时，还必须根据各传感器输送的发动机运行工况对基本喷油脉冲宽度进行修正。

1）与进气温度有关的修正。由于冷空气的密度比热空气的密度大，因此，在其他因素相同时，吸入发动机的空气质量随空气温度的升高而减少。为了避免混合气随温度升高而逐渐加浓，ECU 将根据进气温度对基本喷油脉冲宽度进行修改，即进气温度越高，喷油器的基本喷油脉冲宽度就越窄。

2）与大气压力有关的修正。因为大气压力和密度随着海拔的增加而降低，所以汽车在高原地区行驶时空气流量传感器检测到同样的空气流量（体积）时，实际进入发动机的空气质量相对降低。为了避免混合气过浓与油耗过高，应根据大气压力传感器输入的信号，对基本喷油脉冲宽度进行修正。

对采用翼板式空气流量传感器、卡门涡流式空气流量传感器和进气歧管绝对压力传感器检测进气量时，大气压力传感器（或进气歧管绝对压力传感器）检测到的大气压力越低，喷油器的基本喷油脉冲宽度就越窄。

一般汽车从平原来到高原后，如果出现油耗增大，尾气有害物排放量增多甚至出现冒黑烟的现象，就应该检查是否是大气修正系统有问题，导致混合气过浓引起上述故障。

采用热线式或热膜式空气流量传感器检测进气量时，由于传感器本身是质量流量传感器，因而不需要进行温度即大气压力的修正，其基本喷油脉冲宽度就是发动机 ECU 根据空气流量传感器和发动机转速传感器的信号以及设定的目标空燃比（A/F）来确定的。发动机每一个工作循环内空气流量传感器检测的进气量越大，喷油器的基本喷油脉冲宽度也就越大。

3）与发动机温度有关的修正。发动机在冬天冷起动时，或在夏天高温行驶后熄火 10~30min 再热起动时，都需要增加喷油脉冲宽度，否则可能造成怠速不稳甚至发动机熄火等现象。下面分三种情况介绍与发动机温度相关的喷油脉冲宽度修正。

① 刚起动后喷油脉冲宽度的修正。在发动机冷起动后的数十秒内，由于空气流动速度低，发动机温度低，汽油的雾化能力很差，所以应对喷油脉冲宽度进行修正。发动机越冷，汽油增量应越大。发动机冷起动后的增量修正，实际是对汽油供给不足的一种补偿措施。

ECU 对起动后汽油增量的修正处理，是按下述顺序进行的：

a. 起动时发动机的冷却液温度决定了起动后增量修正系数的初期值，如图 2-79a 所示。发动机冷却液的温度越低，汽油增量就越多。

b. 发动机起动后，每隔一定时间或每隔一定的发动机转数，对起动后汽油增量的修正系数进行衰减，如图 2-79b 所示。

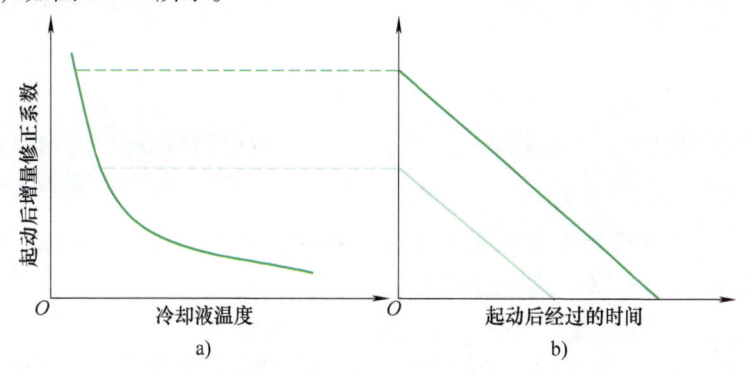

图 2-79 起动后汽油增量修正系数的初期值和衰减

② 暖机时喷油脉冲宽度的修正。发动机起动后，为了尽快使发动机、三元催化器和氧传感器达到正常工作温度，使控制系统进入闭环工作状态，需要对暖机时的喷油脉冲宽度进行修正，即增加汽油喷射量，这也是对发动机冷态时汽油供给不足的一种补偿措施。在进行起动后汽油增量修正的同时，也进行暖机汽油增量修正。起动后汽油增量修正在发动机完成起动后数十秒内就会结束，而暖机增量修正时间较长，一直要持续到冷却液温度达到规定值才会停止。暖机汽油增量修正系数与冷却液温度的关系如图 2-80 所示，可

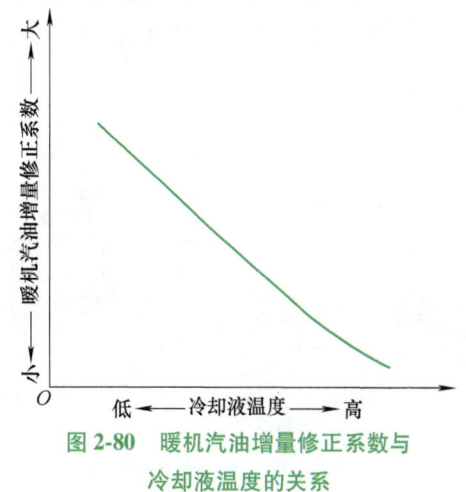

图 2-80 暖机汽油增量修正系数与冷却液温度的关系

见随着发动机冷却液温度的上升，暖机的汽油增量将逐渐减小。

③ 高温时喷油脉冲宽度的修正。一般汽车在高速行驶时，由于行驶过程中受冷空气作用且汽油一直在流动，因此温度不会太高，约 50℃。但如果此时发动机熄火，汽油停止流动，此时发动机就会成为热源，使汽油温度升高，一旦达到 80~100℃，油箱和油管内的汽油就会出现沸腾，产生汽油蒸气。这样在喷油器喷射的汽油中，因含有蒸气而使喷油量减少造成混合气变稀。为了解决因汽油蒸气引起的混合气稀化问题，应采取高温起动时汽油喷射脉冲宽度修正的措施。一般是当冷却液温度上升到设定值（如 100℃）以上时，进行高温汽油增量修正，如图 2-81 所示。

发动机控制系统在冷却液温度变化时确定基本喷油脉冲宽度修正量的电路，如图 2-82 所示。

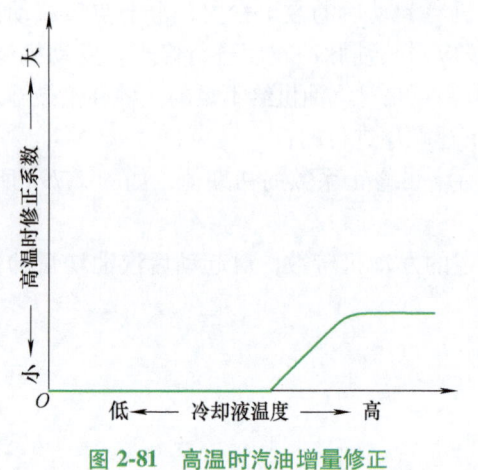

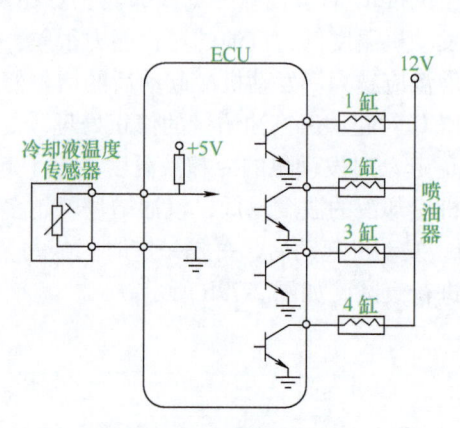

图 2-81 高温时汽油增量修正

图 2-82 冷却液温度变化时确定基本喷油脉冲宽度修正量的电路

4）其他修正。发动机 ECU 根据其他工况（如加减速）和混合气浓度、转速等对喷油脉冲宽度进行修正，以达到最理想的空燃比。

（4）蓄电池电压校正　蓄电池电压校正的目的是补偿电池电压与汽油泵及喷油器之间的变化，如图 2-83 所示。ECU 用一个编程校正系数修改脉冲宽度。电压下降时，汽油泵转动变慢，汽油供给量减少。ECU 增大喷油器脉冲宽度以求补偿。蓄电池电压校正可在任何一个工作模式中发生，视需要而定，如图 2-84 所示。

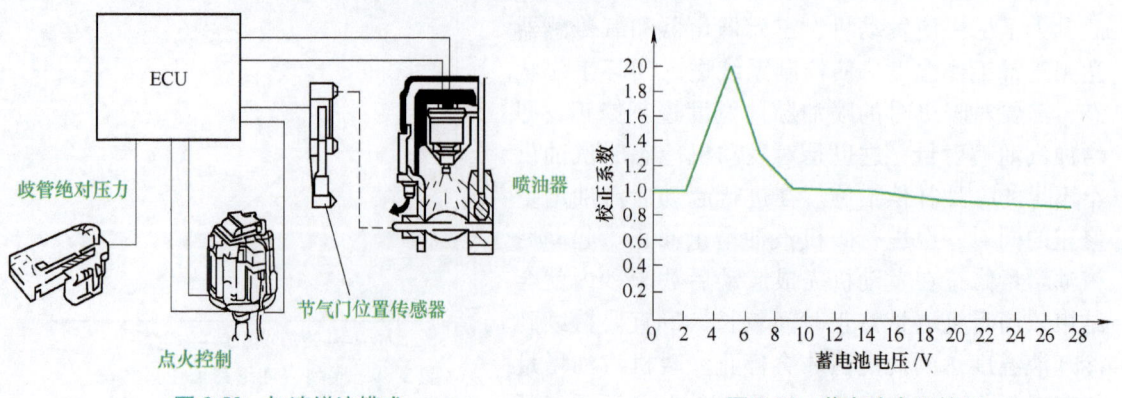

图 2-83 加速增油模式

图 2-84 蓄电池电压校正

发动机 ECU 也可提高怠速以补偿蓄电池电压。在电控点火（EI）系统中，ECU 可通过延长电流流过初级绕组（绕组饱和）的时间补偿初级点火电流，这可以保证充足的火花。

六、发动机特殊工况汽油控制过程

发动机特殊工况汽油控制是在一些特殊的发动机工况下，发动机 ECU 根据发动机实际工况，增加、减少或者停止汽油的供给，保证发动机的平稳运转和工作安全。汽油停供是指发动机 ECU 停止向喷油器发送汽油喷射信号，喷油器停止喷油。汽油停供大致分为两种情况：第一种是减速时以降低汽油消耗和改善排气净化为目的的汽油停供；第二种是发动机超速时以防止发动机损坏为目的的汽油停供。还有一些特殊工况需要 ECU 增加供油。

1. 减速断油控制

减速断油控制是指当发动机在高速运转过程中突然减速时，ECU 自动控制喷油器中断汽油喷射。当汽车高速行驶，驾驶员突然松开加速踏板时，发动机仍在汽车惯性力的作用下高速旋转，由于节气门已经关闭，进入气缸的空气很少，如不停止喷油，混合气将会很浓而导致燃烧不完全，有害气体的排放量将急剧增加。减速断油的目的就是节约汽油，降低空燃比，以减少碳氢化合物（HC）及一氧化碳（CO）的排放量并防止减速回火。

减速分为部分减速或完全减速。也就是说，驾驶人可简单地放松加速踏板，或使节气门返回至怠速位置。重要的问题是要弄清其间的区别，因为 ECU 对这些条件的反应是不一样的。

在放松加速踏板减速的条件下，ECU 通过减少喷油器工作时间（减速减油）降低汽油流量。

在关闭节气门减速时，ECU 测知驾驶员想使发动机返回至怠速状态。这时可能完全停止供给汽油（减速切断汽油）。随着理想怠速的出现，汽油输送及怠速空气控制装置发挥作用，从而保持理想的怠速状态。

超速断油与减速断油控制示意图如图 2-85 所示。ECU 根据曲轴位置传感器、节气门位置传感器和冷却液温度传感器等传感器信号，判断是否满足以下三个减速断油条件：

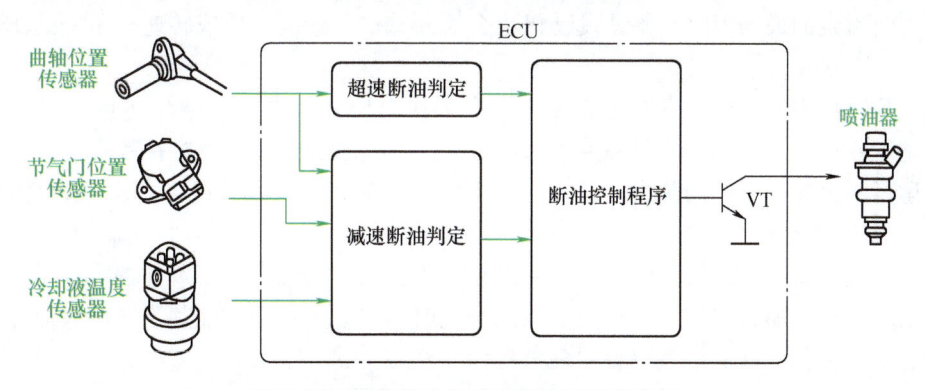

图 2-85 超速断油与减速断油控制示意图

1）节气门位置传感器信号表示节气门关闭。
2）发动机冷却液温度达到正常工作温度（80℃）。
3）发动机转速高于汽油停供转速。

当三个条件全部满足时，ECU 立即发出停止喷油指令，控制喷油器停止喷油。当喷油停止、发动机转速降低到汽油复供转速或节气门开启（怠速触点断开）时，ECU 再发出指令控制喷油器恢复喷油。

汽油停供转速和复供转速由 ECU 根据发动机冷却液温度、负荷等参数确定。冷却液温度越低，发动机负荷越大（如空调接通），汽油停供转速和复供转速就越高。所谓复供转速，就是汽车在持续惯性行驶时，开始恢复喷射汽油的转速。

2. 超速断油控制

为了防止发动机转速过高而引起发动机损坏，要对发动机的最高转速进行限制。过去为了防止发动机转速过高或飞车，常采用在发动机达到最高转速时切断点火瞬间延迟的办法，这种办法对排放净化和节约汽油都十分不利，其技术已明显落后。目前，电子控制汽油喷射发动机多采用切断汽油的电子转速限制装置。

发动机工作时，转速越高，曲柄连杆机构的离心力也就越大。当离心力过大时，发动机就有"飞车"而损坏的危险。因此，每种发动机都有一个极限转速值，一般为 6000~7000r/min。

在发动机运行过程中，ECU 随时将曲轴位置传感器测得的发动机实际转速与储存器中存储的极限转速进行比较。如图 2-86 所示，当实际转速超过极限转速（80r/min）时，ECU 就会发出停止喷油指令，使喷油器停止喷油，限制发动机转速进一步升高。喷油器停止喷油后，发动机转速将降低。当发动机转速低于极限转速（80r/min）时，ECU 将控制喷油器恢复喷油。由此可见，极限转速值实际上是一个平均转速值。

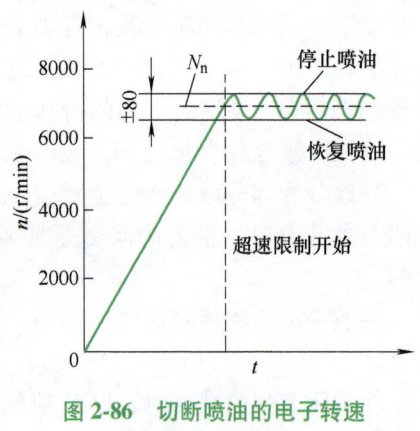

图 2-86　切断喷油的电子转速限制装置工作特性

在车辆达到最大预定速度时，因为安全的原因 ECU 也设有切断汽油的程序。如果车速或转速达到预定的最高值时，某些发动机也会切断汽油。最高车速或转速，不同的车型不一定相同。

点火装置熄火时也会出现断油现象。没有工作电压和点火参照脉冲（点火确认信号），ECU 不能起动喷油器，也就不能提供汽油了。这可防止在歧管或气缸中有蒸气时避免供油或继续运行。另外，车辆的防盗（防起动）系统工作时，通常也会指令 ECU 切断喷油控制。

3. 清除溢油控制

起动电控发动机时，汽油喷射系统向发动机供给较浓的混合气，以便顺利起动。如果多次起动未能成功，那么淤积在气缸内的浓混合气就会浸湿火花塞，使其不能跳火而导致发动机不能起动。火花塞被混合气浸湿的现象称为"溢油"或"淹缸"。

清除溢油控制是指将加速踏板踩到底，同时接通起动开关起动发动机，此时，ECU 自动控制喷油器中断汽油喷射，以便排出气缸内的汽油蒸气，使火花塞干燥而能够跳火。断油控制系统清除溢油的条件是：

1) 点火开关处于起动位置。
2) 节气门全开。

3）发动机转速低于300r/min。

只有在三个条件同时满足时，断油控制系统才能进入清除溢油状态工作。目前，许多汽油喷射发动机起动时，如节气门开度超过80%后，就完全不喷油，其目的也是清除溢油。有的称它为"无溢油"操作模式。在正常情况下起动时，驾驶员不应踩加速踏板。只有当发动机起动，驾驶员怀疑混合气非常浓时，才可踩下加速踏板，使节气门处于大开位置，以使进入"无溢油"操作模式。若起动时踩下加速踏板，则有可能进入溢油消除状态而使发动机无法起动，清除溢油控制模式如图2-87所示。

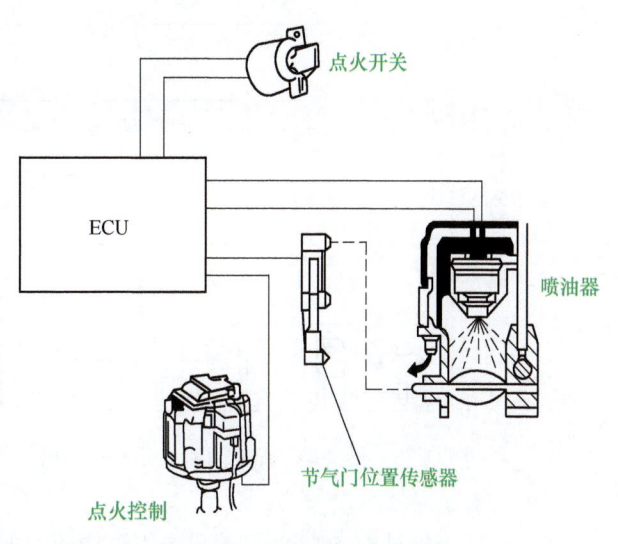

图2-87 清除溢油控制模式

4. 加速增油模式

当节气门突然打开或汽车加速时，节气门打开的同时会增加歧管的绝对压力并加大节气门角度，这时需要增加油量以补偿过多的空气量。随着节气门角度及歧管绝对压力信号的改变，ECU在基本同步脉冲之间提供喷油器加长脉冲及附加脉冲。因为增加的脉冲与起动位置不同步，故称为异步脉冲，其结果将会提供更多的汽油以保证发动机不致因混合气过稀而导致不稳定，加速增油模式如图2-88所示。

七、缸内直喷系统

传统的电控汽油喷射系统是将汽油喷入进气管，并在进气管内与空气混合，然后进入气缸燃烧。由于喷油位置距离燃烧室较远，混合气的形成受进气气流和气门开关影响较大，而且会有部分微小油粒吸附在进气管管壁上，这使得参与燃烧的混合气浓度很难实现更精确的控制。为解决这一难题，世界各大汽车生产公司纷纷研制了汽油直喷系统（即缸内直喷系统），如大众汽车公司的汽油分层喷射系统、奔驰汽车公司的分层进气汽油喷射系统等。目前，这项技术已经得到普遍采用。汽油分层喷射技术是电控喷油发动机利用电子芯片经过计算分析，精确控制汽油喷射量进入气缸燃烧，以提高发动机混合汽油比例，进而提高发动机效率的一种技术。其动态响应好，功率和扭矩可以同时提升，汽油消耗降低。传统的汽油发动机上使用空气和汽油均质混合的方式，而缸内直喷发动机可以在部分负荷范围内采用专门的分层充气法来工作，这种方法使用过量的空气，所以其混合气较稀。缸内直喷发动机主要有部分负荷的分层充气模式和全负荷时的均质模式两种充气模式。

缸内直喷技术是伴随着稀燃技术而产生的。当今发动机主要向环保与节能发展，除了尽可能地减少NO_x、CO、HC等有害气体之外，还应尽量减少能形成温室效应的CO_2，减少能源的浪费。缸内直喷发动机在过量空气系数$\lambda=3$时仍可以正常工作，因此采用缸内直喷技术不但环保而且其节油效果最高可达20%。图2-88所示为缸内直喷技术节油效果与其他节油技术的比较，图中浅色区域表示采用节油技术后所能达到最基本的节油效果；深色区域表

71

示不同发动机、不同工况等因素所造成的差异。

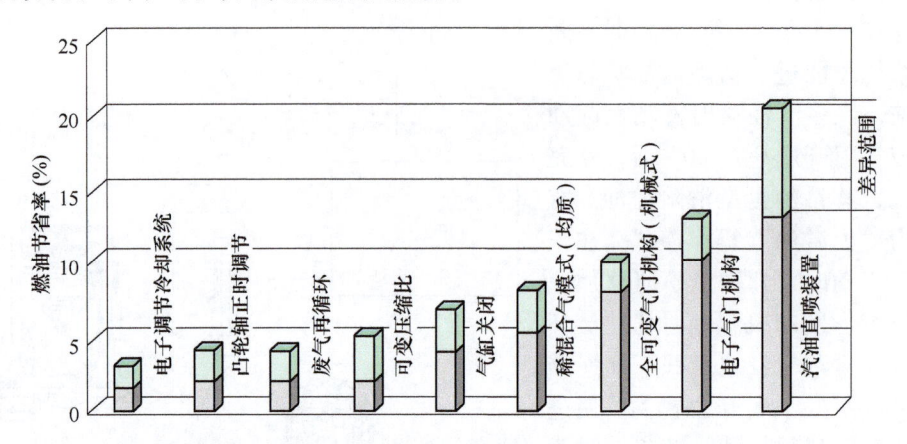

图 2-88　缸内直喷技术节油效果与其他节油技术的比较

1. 缸内直喷技术的优点

（1）**降低废气排放和汽油消耗**　采用缸内直喷技术的电控汽油喷射系统，喷油器安装在气缸盖上，汽油直接喷入发动机气缸内与空气混合形成可燃混合气，如图 2-89 所示。采用缸内直喷方式，通过合理设计使缸内的气体流动可以实现分层燃烧和稀薄燃烧，降低废气排放，降低汽油消耗。

（2）**缸壁热损耗小，热效率高**　由于分层燃烧模式的燃烧只发生在火花塞附近，如图 2-90 所示，因此缸壁上的热损耗很少，提高了热效率。在分层燃烧模式下，可燃混合气燃烧后在其周围有空气和回流气体形成的隔热层，使得向缸壁传导的热量减少，能量转化率高。

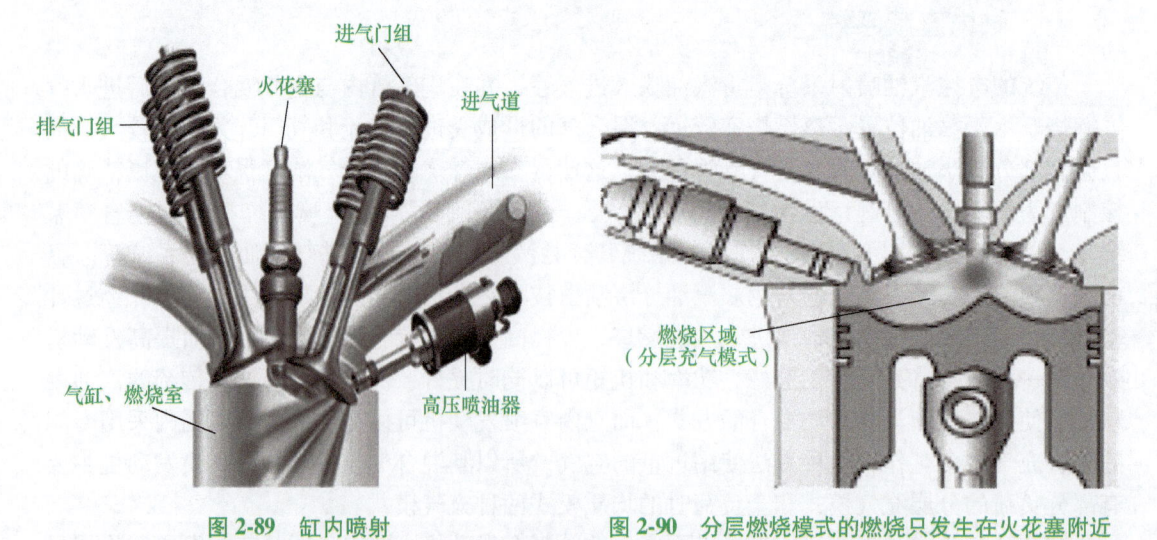

图 2-89　缸内喷射

图 2-90　分层燃烧模式的燃烧只发生在火花塞附近

（3）**废气再循环率高**　废气再循环在分层燃烧模式和均质稀薄燃烧模式（转速低于 4000r/min 且中等负荷）时工作。在小负荷特别是怠速和全负荷时废气再循环不工作，因为在小负荷特别是怠速时废气再循环工作时会使燃烧不稳定，甚至导致缺火；在全负荷时废气再循环工作会使最大功率降低。分层燃烧可使废气再循环率高达 35%，进气系统发生的变化,使得废气再循环率在分层燃烧模式以外的模式最多可达 25%。

(4) **压缩比高** 在喷入过程中由于可吸收进气中的热量,所以减少了爆震的倾向,可适当提高压缩比,相当于提高了热效率。

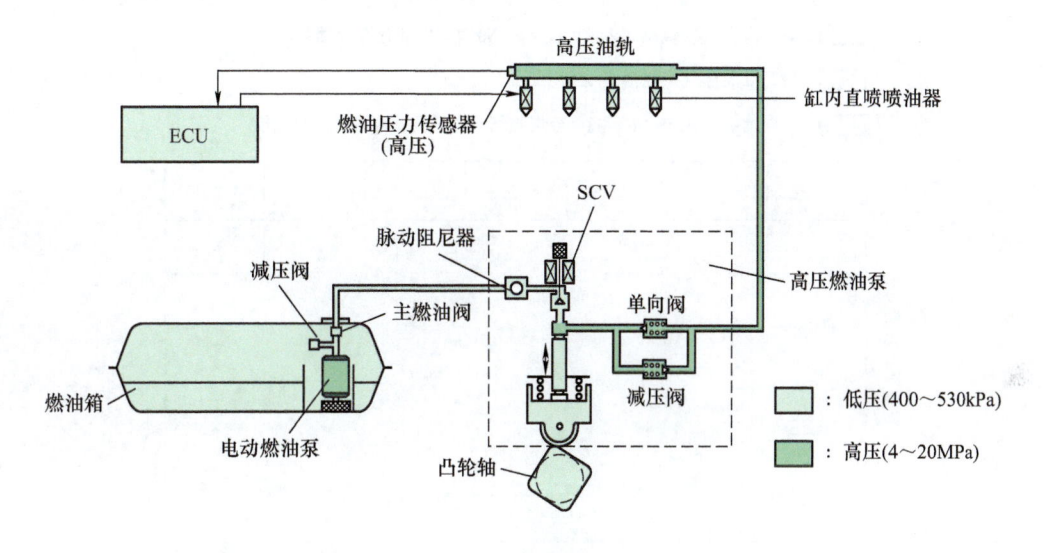

2. 缸内直喷系统的组成

缸内直喷系统的组成如图 2-91 所示,它主要有电动燃油泵、高压燃油泵、高压油轨、燃油压力传感器和缸内直喷喷油器等组成。

图 2-91 缸内直喷系统的组成

电动燃油泵安装在燃油箱内,是一个电动泵,负责将燃油从燃油箱内泵出,并输送给高压燃油泵,其结构与工作原理与缸外喷射电动燃油泵基本相同。

高压燃油泵将电动燃油泵输送过来的压力燃油继续加压变成 4~20MPa 的超高压燃油,并能根据发动机工况要求动态调整燃油的压力。

高压油轨将高压燃油泵输送过来的超高压燃油分配给各缸喷油器。

燃油压力传感器一般安装在高压油轨上,用于检测高压油轨内的燃油压力,并将压力信号转变为电信号输出给 ECU。燃油压力传感器内部有半导体压敏元件和芯片,其输出电压随着燃油压力的升高而增大。

缸内直喷喷油器直接安装在气缸盖上,喷油器喷嘴伸入到燃烧室内,其作用是在 ECU 的控制下使燃油形成细雾并准确地喷到燃烧室内相应区域,保证燃油在正确的时刻被直接压入燃烧室。不同车型的缸内直喷发动机,安装的喷油器也不相同,可以按针阀控制方式不同进行分类,分为电磁阀控制式和压电控制式。

电磁阀控制式缸内直喷喷油器可使高压燃油高速喷出,在气缸内气流的作用下,雾化程度进一步加强,燃油呈极细微状,其颗粒直径只有 0.16~0.20μm 以下,大大改善混合气形成条件。此外,为克服较高的喷油压力,喷油器的驱动电压高达 100~110V,比传统喷油器的 12V 驱动电压要高出 8 倍以上,瞬时驱动电流可达 17~20A,这使得喷油器的喷油滞后时间大大缩短,从而使喷油器的控制精度和响应性更优越。

压电控制式缸内直喷喷油器是利用压电元件直接控制针阀升程的喷油器。由于压电元件响应速度快，通过压电元件能通、断电多次切换，更容易实现分段喷射，以满足最佳喷油规律要求。

3. 缸内直喷技术的工作模式

以奥迪 A4 2.0L TFSI 发动机为例，共有三种工作模式：分层燃烧模式（$\lambda=1.6\sim3.0$）、均质稀混合气燃烧模式（$\lambda\approx1.55$）和均质混合气燃烧模式（$\lambda=1$）。这三种工作模式对发动机转速及可燃混合气充气压力都有相应的要求。图 2-92 所示为缸内直喷技术的三种工作模式。

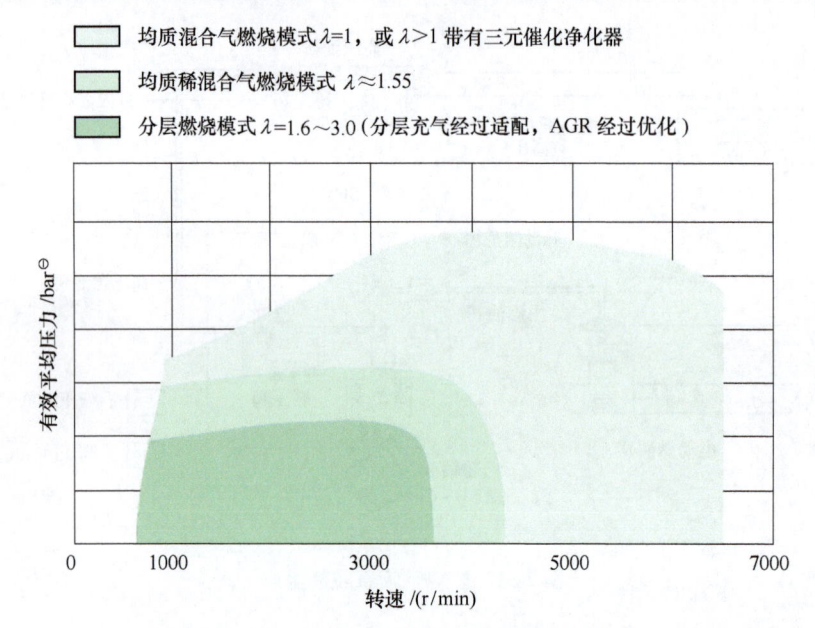

图 2-92 缸内直喷技术的三种工作模式

（1）分层燃烧模式

1）进气。如图 2-93 所示，节气门打开，减少节流损失，进气歧管翻板完全关闭下部进气通道，被吸进来的空气以涡流形式通过上进气道加速进入气缸，活塞的扰流槽加剧了紊流效应，如图 2-94 所示。

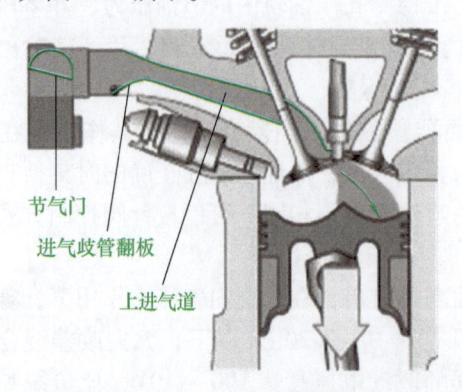

图 2-93 分层燃烧模式时的进气过程

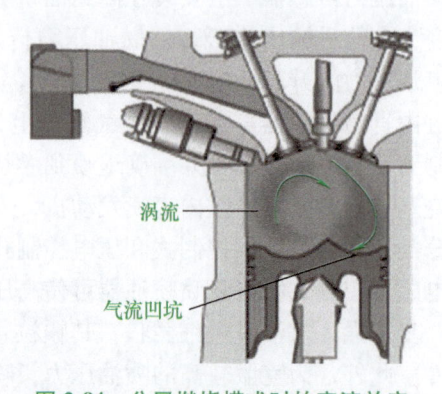

图 2-94 分层燃烧模式时的紊流效应

─── bar 为非法定计量单位，$1\text{bar}=10^5\text{Pa}$。

2）喷油。如图 2-95 所示，喷油开始于上止点前约 60°，喷油结束于上止点前约 45°。汽油被喷射到汽油凹坑内，喷油时刻对混合气的形成有很大影响，在到达点火时间之前的很短时间里，以 5～10MPa 的压力向火花塞附近喷射汽油，汽油喷射角非常小（平），如图 2-96 所示，汽油雾气不与活塞顶部接触，能够扩大分层燃烧模式的转速和功率范围。

3）混合气形成。如图 2-97 所示，混合气形成只发生在 40°～50° 曲轴之间。如果曲轴角小于这个范围，就无法点燃混合气；如果曲轴角大于这个范围，混合气就变成均质燃烧。

4）燃烧。如图 2-98 所示，点火时刻范围窄，只有混合好的气雾态混合气才被燃烧，混合好的气雾与周围的气体起隔离作用，缸壁热损耗小，提高了热效率。

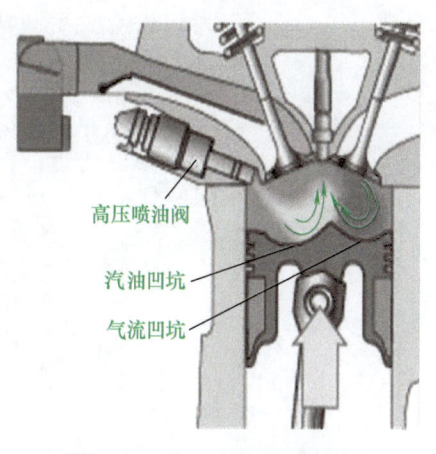

图 2-95　分层燃烧模式的喷油

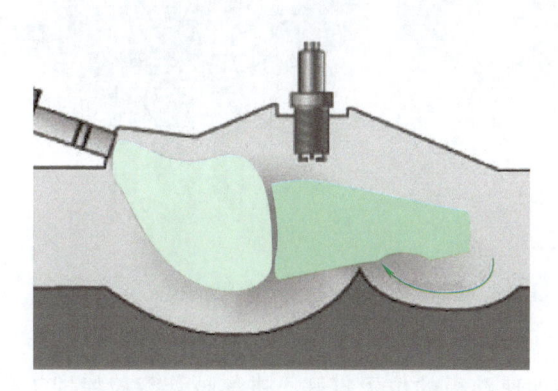

图 2-96　分层燃烧模式中很小的汽油喷射角

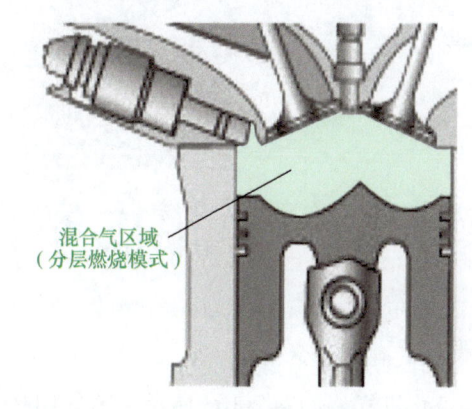

图 2-97　分层燃烧模式中混合气形成的区域

5）分层燃烧工作的条件
① 发动机处于相应的转速和载荷范围。
② 系统没有存储排放相关故障。
③ 冷却液温度高于 50℃。
④ 催化器温度处于 250～500℃。
⑤ 进气歧管翻板关闭。

(2) 均质稀混合气燃烧模式

1）进气。如图 2-99 所示，与分层燃烧相同，节气门打开，进气歧管翻板关闭。

2）喷油。如图 2-100 所示，汽油在点火上止点前 300° 时喷入（吸气行程），$\lambda \approx 1.55$。

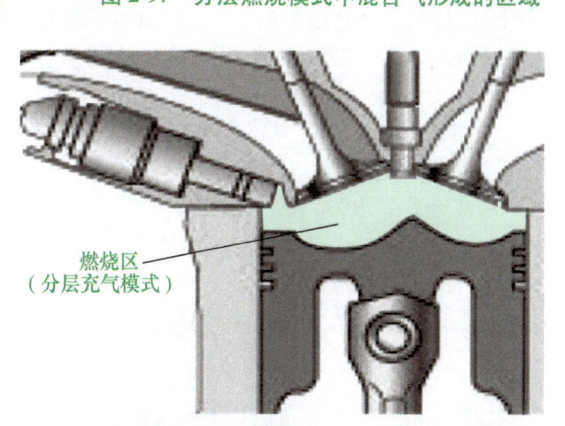

图 2-98　分层燃烧模式中的燃烧区

3）混合气形成。如图 2-101 所示，可用时间较长，均质稀混合气分配。

4）燃烧。如图 2-102 所示，燃烧发生在整个燃烧室内，点火时刻可自由选择。

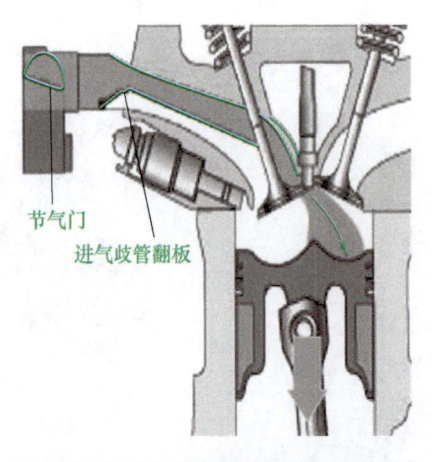

图 2-99 均质稀混合气燃烧模式中的进气 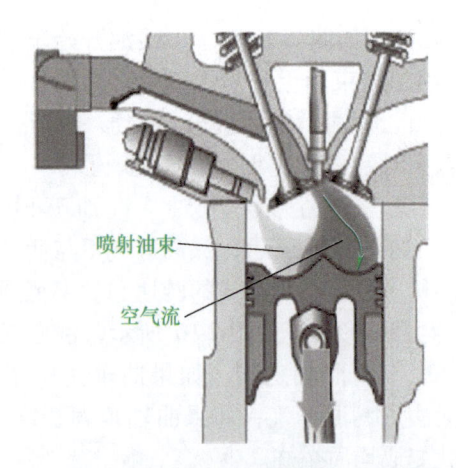　　图 2-100 均质稀混合气燃烧模式中的喷油

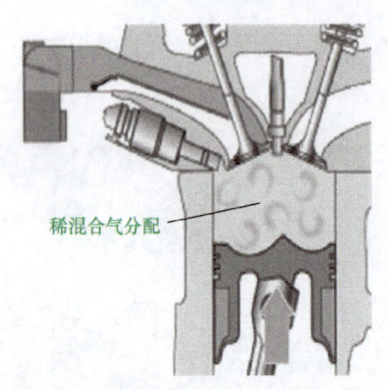

图 2-101 均质稀混合气燃烧模式中混合气形成的区域 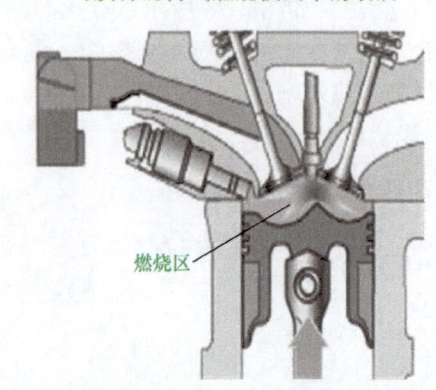　　图 2-102 均质稀混合气燃烧模式中的燃烧区

(3) 均质混合气燃烧模式

1) 进气。如图 2-103 所示，节气门按照加速踏板的位置打开，进气歧管翻板根据工作点打开或关闭，在中等负荷和转速范围时是关闭的，汽油在进气行程喷入燃烧室。

2) 喷油。如图 2-104 所示，汽油在点火上止点前约 300° 时喷入（吸气行程），$\lambda = 1$。

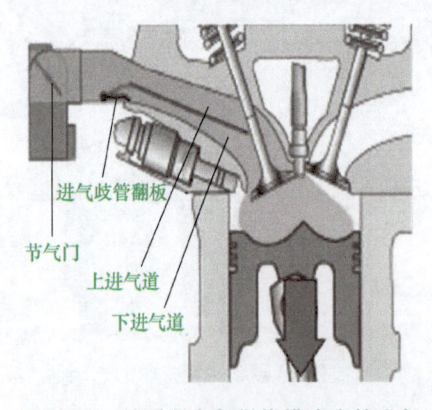

图 2-103 均质混合气燃烧模式中的进气 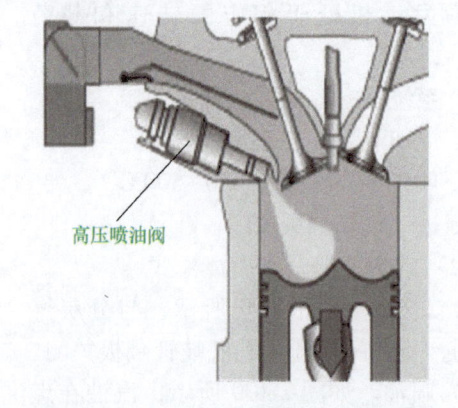　　图 2-104 均质混合气燃烧模式中的喷油

3) 混合气形成。如图 2-105 所示，可用时间较长。

4) 燃烧。如图 2-106 所示，燃烧发生在整个燃烧室内，点火时刻可自由选择。喷油、混合气形成和燃烧与均质稀混合气燃烧模式是一样的。

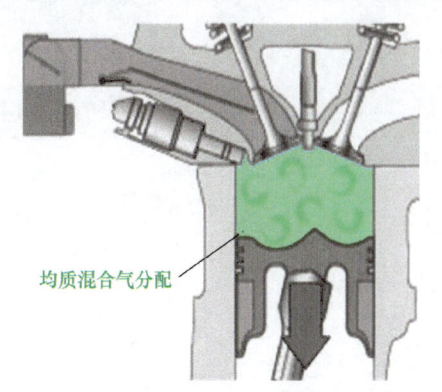

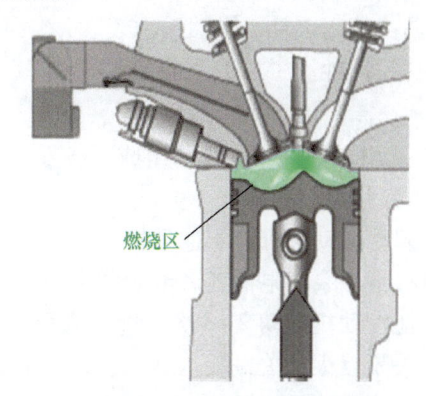

图 2-105 均质混合气燃烧模式中混合气形成的区域　　图 2-106 均质混合气燃烧模式中的燃烧区

情智提升

没有一项事业的成功是一蹴而就的，要想成为一名合格的汽修工匠，系统的理论知识学习和安全规范的实践操作经验都是必不可少的。要在心中崇尚劳动、热爱劳动。

习近平总书记在党的二十大报告中指出，在全社会弘扬劳动精神、奋斗精神、奉献精神、创造精神、勤俭节约精神，培育时代新风新貌。

我们要将习总书记寄予我们的希望牢记于心、内化于行，争做新时代"德技双修"的汽车医生。

实训四　燃油供给系统压力的检测

一、实训指导

（一）实训目标

1）熟悉电控燃油供给系统的组成。
2）掌握燃油压力表的使用方法。
3）掌握燃油系统压力的检测方法。

（二）安全要求及注意事项

1）遵守实训场地的安全制度。
2）注意通风、防止出现火源、准备好消防设备。
3）拆卸燃油供给系统前要卸压，防止高压燃油飞溅，造成事故。
4）严禁拆卸油管时起动发动机。
5）拆卸油管时，要用棉纱擦净油滴。
6）实训结束前要检查燃油系统是否泄漏。

（三）设备/工具/耗材要求

设备：电喷整车或电喷发动机台架（本实训使用大众车型 AJR 发动机，如使用其他发动机，则检测数据应对应维修手册）。

工具：常用工具，燃油压力表。

耗材：棉纱。

（四）实训操作指导

1）认识燃油供给系统的组成、各零部件的结构及安装位置。

2）燃油系统卸压

① 起动发动机维持怠速运转。

② 拔下油泵继电器或者电源线束，使发动机自行熄火。

③ 使发动机起动2~3次，即完成系统卸压。

④ 关闭点火开关，装上继电器或线束。

3）安装燃油压力表

① 将燃油压力表串接在进油管中，拆卸油管时注意使用棉纱垫在接口处，防止泄漏在他处。

② 检测油压，包括静态油压、怠速油压、最大油压、剩余油压。

静态油压：不起动发动机，将油泵短接，点火开关置于"ON"，令油泵工作，读取压力表数值，一般为280~300kPa。

怠速油压：装复油泵，起动发动机使其怠速运转，读取压力表数值，一般为280~300kPa。

最大油压：用钳子（包软布）夹住回油管，读取压力表数值，一般为正常油压的2~3倍。

剩余油压：松开钳子，使发动机熄火，在燃油泵停止运转10min后读取压力表数值，油管保持压力应在200kPa（多点喷射系统，单点喷射时为50kPa）以上。

怠速工况下拔下真空管，燃油压力应上升50kPa左右。

二、工作单

1）查找燃油供给系统各零部件并观察其结构，记录所在位置。

2）记录所测得的数据，分析数据，判断燃油供给系统工作状态。

（单位：kPa）

	静态油压	怠速油压	最大油压	剩余油压	真空管拔出油压
标准数据	280~300	280~300	560~900	200	350
实测数据					

分析结果（如发动机异常，记录故障现象，压力为"0"/压力过高/压力过低，分析故障原因）：

燃油供给系统压力检测任务评价表

任务名称		燃油供给系统压力检测			日期：				
姓名：		班级：			学号：				
自评：□熟练 □不熟练		互评：□熟练 □不熟练			师评：□合格 □不合格				
序号	评分项	得分条件	配分	评分标准	小计	自评	互评	师评
1	安全/8S/态度	□1. 能进行工位8S操作 □2. 能进行设备和工具安全检查 □3. 能进行安全防护操作 □4. 能进行工具清洁校准存放操作 □5. 能进行作业过程规范操作	15	未完成一项扣3分，扣分不得超15分		□熟练 □不熟练	□熟练 □不熟练	□合格 □不合格
2	专业技能能力	□1. 能正确给燃油供给系统卸压 □2. 能正确用燃油压力表检测燃油静态压力 □3. 能正确用燃油压力表检测燃油怠速压力 □4. 能正确用燃油压力表检测燃油最大压力 □5. 能正确用燃油压力表检测燃油剩余压力 □6. 能正确检测喷油器 □7. 能正确检测电动燃油泵	50	未完成一项扣8分，扣分不得超50分		□熟练 □不熟练	□熟练 □不熟练	□合格 □不合格
3	工具及设备的使用能力	□1. 能正确选用维修手册工具 □2. 能正确使用维修工具拆装喷油器 □3. 能正确使用检测工具检测电动燃油泵	10	未完成一项扣4分，扣分不得超10分		□熟练 □不熟练	□熟练 □不熟练	□合格 □不合格

（续）

序号	评分项	得分条件	配分	评分标准	小计	自评	互评	师评
4	资料、信息查询能力	□1. 能正确使用维修手册查询资料 □2. 能正确使用用户手册查询资料 □3. 能在规定时间内查询所需资料 □4. 能正确记录所需资料章节页码 □5. 能正确记录所需维修信息	10	未完成一项扣 2 分，扣分不得超 10 分		□熟练 □不熟练	□熟练 □不熟练	□合格 □不合格
5	数据判读和分析能力	□1. 能判断燃油的静态压力、怠速压力、最大压力、剩余压力是否正常 □2. 能判断喷油器是否正常 □3. 能判断电动燃油泵是否正常	10	未完成一项扣 4 分，扣分不得超 10 分		□熟练 □不熟练	□熟练 □不熟练	□合格 □不合格
6	表单填写与报告的撰写能力	□1. 字迹清顺 □2. 语句通顺 □3. 无错别字 □4. 无涂改 □5. 无抄袭	5	未完成一项扣 1 分，扣分不得超 5 分		□熟练 □不熟练	□熟练 □不熟练	□合格 □不合格

总分：

实训五　缸内直喷系统的检修

一、实训指导

（一）实训目标

1）会使用汽车故障诊断仪读取 ECU 故障码和数据流。
2）掌握缸内直喷系统的主要部件的检修方法。

（二）安全要求及注意事项

1）遵守实训场地的安全制度。
2）注意通风、防止出现火源、准备好消防设备。
3）一切行动听从指导老师指挥。
4）点火开关接通时不准连接或拔下插接器。

5）注意各部件的锁扣形式，不要盲目硬拉。

6）禁止使用起动电源辅助起动发动机，防止损坏电控部件。

7）正确使用仪器设备。使用万用表时注意档位选择，万用表不能测高压侧电压。

（三）设备/工具要求

设备：缸内直喷发动机整车或缸内直喷发动机实训台架、汽车故障诊断仪。

工具：常用工具、万用表。

（四）实训操作指导

1. 使用汽车故障诊断仪读取系统故障码和数据流

1）读取系统故障码。

① 检查变速器档位是否处于 P 位，驻车制动器是否处于制动状态。

② 打开位于仪表板左下方的车辆诊断接口盖，将汽车故障诊断仪连接到车辆故障诊断接口。

③ 起动发动机。

④ 打开汽车故障诊断仪，按菜单指示操作，进入发动机系统。

⑤ 选择读取系统故障码，可能的故障码如下：

故障码	含义
P0171	混合气过稀异常
P0087	燃油压力过低异常
P0088	燃油压力过高异常

2）选择读取系统数据流。

起动发动机，并打开汽车故障诊断仪；选择读取系统数据流；主要读取发动机怠速和转速 2000r/min 时的燃油压力数据流，并将以上数据值与维修手册标准数据进行对比，可以判断燃油供给系统是否有故障。

2. 高压燃油泵的检测

1）燃油压力调节电磁阀的检测。

① 关闭点火开关，拔下燃油压力调节电磁阀的插接器。

② 用万用表测量燃油压力调节电磁阀两个引脚的电阻，阻值应在 1.09~1.21Ω 之间。

③ 用万用表测量燃油压力调节电磁阀引脚与高压燃油泵壳体的电阻，阻值应为无穷大。若测量值不在以上范围内，则应更换高压燃油泵总成。

2）高压燃油泵的拆卸。

① 卸去燃油供给系统压力。

② 拆下前燃油供油管。

③ 拆下高压燃油泵供油管的两个螺母，并取下供油管。

④ 每次拧 1/2 圈，交替拧松高压燃油泵的两个固定螺栓。

⑤ 取下高压燃油泵。

3）高压燃油泵的安装。

① 检查驱动高压燃油泵的凸轮是否存在异常磨损或损坏。

② 安装前检查驱动高压燃油泵的凸轮，应位于基圆位置。

③ 按照与拆卸相反的顺序安装高压燃油泵，并将所有螺栓按维修手册规定的力矩拧紧。

3. 喷油器的检测

① 关闭点火开关，拔下故障气缸喷油器的插接器。
② 用万用表测量喷油器两个引脚的电阻，阻值应在 1.35~1.65Ω 之间。
③ 用万用表测量喷油器引脚与壳体的电阻，阻值应为无穷大。

若测量值不在以上范围内，则应更换该缸喷油器；若测量值在以上范围内，则应进一步测量喷油器至 ECU 的连接电路是否存在短路或短路故障。

二、工作单

1. 相关数据流分析

1) 故障码读取与分析。

故障指示灯	故障码	故障码说明
常亮□ 正常□		

2) 与故障码相关数据流读取与分析。

序号	项目名称	数据	判定
1			异常□ 正常□
2			异常□ 正常□
3			异常□ 正常□
4			异常□ 正常□

2. 故障诊断步骤

1) 部件检测。

元件名称	条件	标准值	测量值	判定
燃油压力调节电磁阀	电阻测量			异常□ 正常□
	短路测量			异常□ 正常□
喷油器	电阻测量			异常□ 正常□
	短路测量			异常□ 正常□

2) 高压燃油泵的检测。

部件名称	检查情况	判定
高压燃油泵的外壳	破损□ 裂纹□ 泄漏□	异常□ 正常□
高压燃油泵驱动凸轮	破损□ 裂纹□ 泄漏□	异常□ 正常□
高压燃油泵的柱塞	破损□ 裂纹□ 泄漏□	异常□ 正常□
密封胶圈	破损□ 裂纹□ 泄漏□	异常□ 正常□

3) 部件/电路故障点确认及分析。

维修措施：维修□ 更换□ 调整□

缸内直喷系统的检修任务评价表

任务名称		缸内直喷系统的检修			日期：		
姓名：		班级：			学号：		
自评：□熟练 □不熟练		互评：□熟练 □不熟练			师评：□合格 □不合格		
序号	评分项	得分条件	配分	评分标准	小计	自评	互评	师评
---	---	---	---	---	---	---	---	---
1	安全/8S/态度	□1. 能进行工位8S操作 □2. 能进行设备和工具安全检查 □3. 能进行安全防护操作 □4. 能进行工具清洁校准存放操作 □5. 能进行作业过程规范操作	15	未完成一项扣3分，扣分不得超15分		□熟练 □不熟练	□熟练 □不熟练	□合格 □不合格
2	专业技能能力	□1. 能正确读取与分析系统故障码 □2. 能正确读取与分析系统数据流 □3. 能正确检测燃油压力调节电磁阀 □4. 能正确卸去燃油供给系统压力 □5. 能正确拆卸高压燃油泵 □6. 能正确检测高压燃油泵的柱塞 □7. 能正确检测高压燃油泵驱动凸轮 □8. 能正确安装高压燃油泵 □9. 能正确检测喷油器 □10. 能正确检测喷油器连接电路	50	未完成一项扣5分，扣分不得超50分		□熟练 □不熟练	□熟练 □不熟练	□合格 □不合格
3	工具及设备的使用能力	□1. 能正确选用维修工具 □2. 能正确使用万用表 □3. 能正确使用汽车故障诊断仪	10	未完成一项扣4分，扣分不得超10分		□熟练 □不熟练	□熟练 □不熟练	□合格 □不合格
4	资料、信息查询能力	□1. 能正确使用维修手册查询资料 □2. 能正确记录查询资料的章节及页码 □3. 能正确记录所需维修信息	10	未完成一项扣4分，扣分不得超10分		□熟练 □不熟练	□熟练 □不熟练	□合格 □不合格

(续)

序号	评分项	得分条件	配分	评分标准	小计	自评	互评	师评
5	数据判读和分析能力	□1. 能分析系统故障码 □2. 能分析系统数据流 □3. 能判断燃油压力调节电磁阀是否正常 □4. 能判断高压燃油泵是否正常 □5. 能判断喷油器是否正常	10	未完成一项扣2分，扣分不得超10分		□熟练 □不熟练	□熟练 □不熟练	□合格 □不合格
6	表单填写与报告的撰写能力	□1. 字迹清晰 □2. 语句通顺 □3. 无错别字 □4. 无涂改 □5. 无抄袭	5	未完成一项扣1分，扣分不得超5分		□熟练 □不熟练	□熟练 □不熟练	□合格 □不合格

总分：

案例解析

如果你是接待师傅，你会认定是燃油喷射系统的故障吗？根据所学知识也会检查相关零部件传感器和燃油系统压力。这样也可以找到故障点。但是对于一种车型，通常有一些常见的典型故障，知道这些典型故障可以又快又好地解决问题，这需要大量工作经验的积累。情景导入的这款2016款奔驰GLE300汽车就是这种典型故障。

在学习和工作中注意积累典型案例，对于以后的提高十分必要。

情智提升

如今汽车发生自燃的案例屡见不鲜，人们可能更多认为是由环境或者发动机本身温度过高所引起的。殊不知，由于汽车改装而引发的自燃事故占到汽车火灾的60%。一些车主或汽修从业人员为了追求车辆更高的动力性，擅自改装汽车，如加装外挂计算机。要知道，原车电路是经过精确计算和实际使用验证后确定的，私自加装外挂计算机后会造成电路（如电动燃油泵控制电路）负荷过大，长时间行驶后线路温度过高，出现短路故障，从而引发汽车自燃。由此可知，汽车改装是具有一定风险的，不能为了提升汽车的动力性而忽略其安全性，万事安全在先。

任何事物都不是孤立存在的，做事情需要树立全局观。作为汽修从业人员，倘若贪恋一时之财，又或是为了满足个别车主一时之快，急功近利、投机取巧，则可能造成无法挽回的损失。

不忘初心，方得始终。相信同学们在工作生活中，一定会树立全局观，强化质量观，在平凡的岗位成就不凡的事业。

课后作业

一、判断题

（　　）1. 在发动机运转期间燃油间歇喷射，喷油量大小取决于喷油器开启持续时间，即 ECU 指令的喷油脉冲宽度。

（　　）2. 由于间歇喷射式燃油喷射采用控制喷油器的开启持续时间来调节燃油量，因此通常要把燃油喷射压力设定成与相应于喷射位置的进气管压力保持一定的压力差。

（　　）3. 速度密度方式是利用发动机的转速和进气管压力推算出吸入发动机的空气量，再根据推算出的空气量计算燃油的喷射量。

（　　）4. 质量流量方式是利用空气流量传感器直接测量吸入的空气量，ECU 根据测得的空气流量和发动机转速计算出需要喷射的汽油量并控制喷油器工作。

（　　）5. 电动汽油泵安全阀的作用是防止在工作中出油口下游因某些原因出现堵塞时，发生管路破损和汽油泄漏事故。

（　　）6. 电动汽油泵本身最常见的事故是滤网堵塞、泵内阀泄漏和电动机故障，电动燃油泵因磨损而使泵油压力不足的故障则较少见。

（　　）7. 电动汽油泵本身最常见的故障是因磨损而使泵油压力不足。

（　　）8. 喷油器性能不良，会导致发动机怠速不稳、起动困难、加速性能变差等症状。

（　　）9. 由喷油器的工作特性可知喷油器的开启时间受电池电压影响较大，而关闭时间受蓄电池电压的影响很小。

（　　）10. 喷油器堵塞后，发动机起动困难、运转不稳、怠速熄火、加速性能变差，甚至造成发动机喘抖，导致机件异常磨损，情况恶化。

（　　）11. 电磁式喷油器是一次性使用件，只允许清洗而不能拆开修理。

（　　）12. 要求每个电磁式喷油器的喷油量与标准喷油量相差不得超过10%。

（　　）13. 在保持油路系统正常油压的情况下，要求电磁式喷油器每分钟漏油不得多于两滴。

（　　）14. 用超声波正向、反向清洗喷油器时，正向可以彻底清洗电磁式喷油器阀和阀座，反向则可以彻底清洗电磁式喷油器滤网上的杂质。

（　　）15. 喷油器堵塞后会导致尾气中 HC 浓度发生变化，检测尾气中 HC 浓度的变化量，可以帮助诊断喷油器堵塞故障。

（　　）16. 在拆卸燃油管路、进行检修或更换燃油滤清器、电动燃油泵和喷油器等部件时，应先释放掉燃油管路内的油压。

（　　）17. 在拆卸燃油管路进行检修之后，为避免首次起动发动机时因油路内尚未建立起燃油压力而使起动时间过长，应将点火开关反复打开、关闭数次以预置燃油系统的油压。

（　　）18. 电控燃油喷射器式发动机为了便于再次起动，在发动机熄火后，燃油管路中仍保持着较高的燃油压力。

（　　）19. 通常电子控制燃油喷射器式发动机的起动控制系统要求在起动时踩下加速踏板。

（　　）20. 如果在起动时将加速踏板完全踩下或反复踩下加速踏板以求增加供油量，往往会使控制系统的溢油消除功能起作用，从而导致喷油器不喷油，造成发动机不能起动。

（　　）21. 蓄电池电压过低，会引起喷油器油量过少，造成发动机动力不足，加速迟缓。

（　　）22. 不可在脱开 ECU 导线插接器的状态下直接测量 ECU 各端子的电阻，以免损坏 ECU。

（　　）23. 在检测 ECU 端子的电压时，必须在 ECU 和导线插接器处于连接的状态时进行测量。

（　　）24. 喷油器堵塞后会导致尾气中 CO_2 浓度发生变化。检测尾气中 CO_2 浓度的变化量，可以帮助诊断喷油器堵塞故障。

（　　）25. 高电阻喷油器与电压驱动方式配合使用。

（　　）26. 为了减小电源电压变化对喷油量的影响，在电源电压变化时，常采用改变通电时间的方法予以修正。

（　　）27. 燃油压力脉动减振器的作用是控制喷油器的喷油压力和进气歧管的绝对压力的压差保持恒定（即保持喷油压力与喷油环境压力的压差一定）。

（　　）28. 发动机在无负荷情况下以最低稳定转速运转，称为发动机怠速。

（　　）29. 闭环控制只适合于车辆的部分工况。

（　　）30. 在 ECU 电动汽油泵驱动回路中采用电动燃油泵继电器是出于安全的原因。

（　　）31. 在供油压力不变的情况下，每一活塞行程的喷油量是通过喷油器开启的喷油持续时间来控制的。

（　　）32. 喷油器堵塞会导致车辆出现轻微怠速不良、严重怠速不良以及有负载时失火等现象。

（　　）33. 在用万用表检测线路搭铁短路故障时，应拆开线路两端的插接器，然后测量插接器被测端子与车身（搭铁）之间的电阻。

（　　）34. 拔下电控汽油喷射发动机燃油压力调节器的真空管，喷油压力会变小。

二、单选题

1. 在多点电控燃油喷射系统中，喷油器的喷油量主要取决于喷油器的（　　）。
　　A. 针阀升程　　B. 喷孔大小　　C. 内外压力差　　D. 针阀开启的持续时间
2. 高阻值喷油器的阻值一般为（　　）。
　　A. 5～6Ω　　B. 2～3Ω　　C. 6～9Ω　　D. 11～18Ω
3. 燃油分配器的作用是将汽油均匀、等压地输送给各缸（　　）。
　　A. 火花塞　　B. 喷油器　　C. 气缸　　D. 进气管
4. 用万用表电阻档测量电动汽油泵两端子间的电阻，一般为（　　）。
　　A. 0.2～3Ω　　B. 5～6Ω　　C. 6～9Ω　　D. 13～18Ω
5. 电控汽油喷射系统采用的喷射器是由发动机（　　）直接控制的电磁控制式喷油器。
　　A. 节气门　　B. 转速　　C. ECU　　D. Ne
6. 测量燃油管路中的油压时，如果油压偏高，则一般为（　　）不良。

A. 燃油泵　　　　　　B. 燃油滤清器　　　C. 燃油压力调节器　D. 燃油分配管

7. 检查喷油器的喷油量时，喷油量应在 50～80mL/15s 范围内（不同的发动机标准不同），要求各缸喷油器的喷油量与标准喷油量相差不得超过（　　）。

A. 3%　　　　　　　B. 5%　　　　　　C. 7%　　　　　　D. 10%

8. 发动机各正常工况的喷油器是由安装在进气门附近的各喷油器（MPI 系统）或位于节气门体位置的喷油器（SPI 系统）喷入的，其喷油量由喷油器的（　　）决定。

A. 通电时间长短　　B. 打开时间　　　　C. 喷油压力

9. 电动汽油泵中的（　　）可以使发动机熄火后油路内的汽油保持一定压力，减少了气阻现象，使发动机在高温下容易起动。

A. 安全阀　　　　　B. 止回阀　　　　　C. 涡轮泵

10. 在一些发动机中对燃油泵设置了（　　）控制机构。

A. 转速　　　　　　B. 负荷　　　　　　C. 电压

11. 电动汽油泵（　　）会导致供油压力偏低，供油量不足。

A. 安全阀漏油或弹簧失效　　　　　　B. 止回阀漏油　　　C. 电动机烧坏

12. 电动汽油泵（　　）会导致输油管路不能建立残压。

A. 安全阀漏油或弹簧失效　　　　　　B. 止回阀漏油　　　C. 电动机烧坏

13. 使电动汽油泵工作，测量输油管路中的油压，如果过高，则一般为（　　）。

A. 燃油压力调节器不良　　　　　　　B. 电动汽油泵止回阀不良
C. 电动汽油泵安全阀或电动汽油泵本身不良

14. 使电动汽油泵工作，测量输油管路中的油压，如果偏低，则将燃油压力调节器回油管拆下并将接口堵住，再使电动汽油泵工作，测量输油管路中的油压，如果此时油压能到正常值，则说明（　　）。

A. 燃油压力调节器不良　　　　　　　B. 电动汽油泵止回阀不良
C. 电动汽油泵安全阀或电动汽油泵本身不良

15. 使电动汽油泵工作，测量输油管路中的油压，如果偏低，则将燃油压力调节器回油管拆下并将接口堵住，再使电动汽油泵工作，测量输油管路中的油压，如果仍然偏低，则为（　　）。

A. 燃油压力调节器不良　　　　　　　B. 电动汽油泵止回阀不良
C. 电动汽油泵安全阀或电动燃油泵本身不良

16. 燃油压力调节器的作用是（　　）。

A. 控制喷油器的喷油压力保持恒定　　B. 控制电动汽油泵供油压力保持恒定
C. 控制喷油器的喷油压力与进气歧管绝对压力的压差保持恒定

17. 由喷油器的工作特性可知，喷油器的（　　）时间受蓄电池电压的影响较大。

A. 开启　　　　　　B. 关闭　　　　　　C. 通电

18. 可与电压驱动式或电流驱动式配合使用的喷油器为（　　）。

A. 高电阻喷油器　　　　　　　　　　B. 低电阻喷油器
C. 高电阻喷油器和低电阻喷油器

19. 产生喷油黏滞的主要原因是（　　）。

A. 蓄电池电压偏低　　B. 使用了劣质燃油　　C. 燃油压力偏低

20. 喷油器发生（　　）故障后，发动机起动困难、运转不稳、怠速熄火、加速性能变差，甚至造成发动机喘抖，导致机件异常磨损，情况恶化。

　　A. 黏滞　　　　　　　　B. 堵塞　　　　　　　　C. 泄漏

21. 喷油器发生（　　）故障后，发动机耗油量明显增加，而且发动机动力性变差，甚至造成发动机喘抖，导致机件异常磨损，情况恶化。

　　A. 黏滞　　　　　　　　B. 外部泄漏　　　　　　C. 内部泄漏

22. 电磁式喷油器应用超声波（　　）清洗。

　　A. 正向、反向　　　　　B. 正向　　　　　　　　C. 反向

23. 检测汽油压力时，应准备一个量程为（　　）左右的油压表及专用的油管接头。

　　A. 1MPa　　　　　　　　B. 1kPa　　　　　　　　C. 10MPa

24. 测量电控发动机汽油供给系统的油压时，起动发动机，使其怠速运转，观察油压表上的油压值，若油压过高，应检查（　　）。

　　A. 燃油压力调节器　　　　　　　　　　　　　　B. 燃油滤清器

　　C. 电动汽油泵安全阀或电动燃油泵本身

25. 在测量发动机运转时的汽油压力时，按下燃油压力调节器上的真空软管后，汽油压力应比发动机怠速运转时的汽油压力（　　）。

　　A. 高　　　　　　　　　B. 低　　　　　　　　　C. 相同

26. 拔下燃油压力调节器上的真空软管并用手堵住，使发动机怠速运转，测量此时的汽油压力，该压力与节气门全开时的汽油压力相比（　　）。

　　A. 基本相同　　　　　　B. 明显高很多　　　　　C. 明显低很多

27. 当汽油供给系统的保持压力不符合标准值时，将油压表接入燃油管路，直接给电动汽油泵接上蓄电池电压，并保持10s，使电动汽油泵运转，用包上软布的钳子将燃油压力调节器的回油管夹紧，使回路停止回油，5min后观察其压力，该压力称为燃油压力调节器保持压力。如果该压力仍然低于其系统保持压力的标准值，则说明燃油供给系统保持压力过低的故障（　　）。

　　A. 不在燃油压力调节器　　B. 不在电动汽油泵　　C. 在燃油压力调节器

28. 当汽油供给系统的保持压力不符合标准值时，将油压表接入燃油管路，直接给电动汽油泵接上蓄电池电压，并保持10s，使电动汽油泵运转，用包上软布的钳子将燃油压力调节器的回油管夹紧，使回路停止回油，5min后观察其压力，该压力称为燃油压力调节器保持压力。如果该压力大于标准值，则说明（　　）。

　　A. 燃油压力调节器泄漏　　B. 喷油器泄漏　　　　C. 电动汽油泵损坏

29. 在拆卸汽油发动机的汽油管时，为防止油液溅出，卸去汽油压力的正确操作顺序是（　　）。

（1）起动发动机　（2）将点火开关转到LOCK位置　（3）拆开汽油泵上的线束插接器，使汽油泵停止运转　（4）发动机自动停止以后，再次起动发动机并且确保其不会重新起动

　　A.（3）→（1）→（4）→（2）　　　　　B.（1）→（3）→（4）→（2）

　　C.（2）→（3）→（4）→（1）

30. 下列关于燃油的说法，正确的是（　　）。

A. 辛烷值高的汽油比辛烷值低的汽油引起发动机爆燃的可能性小

B. 各种不同型号的汽油可以混合使用，并可达到不同标号的汽油

C. 柴油的标号是根据柴油的十六烷值来确定的

三、多选题

1. 按喷射时序，多点间歇燃油喷射系统可分为（　　）。

   A. 同时喷射　　　B. 分组喷射　　　C. 顺序喷射　　　D. 单独喷射

2. 电动汽油泵止回阀的作用是（　　）。

   A. 可防止汽油倒流，保持管路残余压力，便于发动机热起动

   B. 可以使发动机熄火后油路内仍保持一定的压力，减少气阻现象，使发动机在高温下容易起动

   C. 防止管路内油压过高

   D. 防止在工作中出油口下游因某些原因出现堵塞时，发生管路破损和燃油泄漏事故

3. 电控燃油喷射发动机喷油器的喷油量取决于（　　）等因素。

   A. 针阀行程　　　B. 喷口面积　　　C. 喷射环境压力与汽油压力的压差

   D. 针阀的开启时间，即电磁线圈的通电时间

4. 测量电控汽油发电机汽油供给系统的油压时，起动发电机，使之怠速运转；观察油压表上的油压值，若油压过低，则应检查（　　）。

   A. 燃油压力调节器　　　　　　　B. 电动汽油泵

   C. 燃油滤清器　　　　　　　　　D. 燃油压力调节器的真空软件

5. 发动机喷油量取决于喷油器的喷油时间，最终的喷油时间由（　　）构成。

   A. 基本喷油脉冲时间　　　　　　B. 根据操作状况进行时间修正

   C. 蓄电池电压修正　　　　　　　D. 燃油压力修正

6. 测试喷油器波形时应该（　　）。

   A. 起动发动机，以 2500r/min 的转速保持 2~3min，直至发动机完全热机

   B. 使空燃比反馈控制系统进入闭环控制状态

   C. 关掉空调和所有电器附属设备

   D. 将变速杆置于停车位或空位，缓慢加速

7. ECU 将（　　）作为主要参与信号，确定基本喷油量。

   A. 发动机转速　　B. 车速　　　　C. 进气量　　　D. 冷却液温度

8. 电控汽油喷射系统的控制内容主要包括（　　）。

   A. 喷油量　　　　B. 喷油定时　　C. 汽油停供　　D. 电动汽油泵

四、简答题

1. 简述电动汽油泵的功用。
2. 简述由 ECU 控制的汽油泵控制电路的工作原理。
3. 简述燃油压力调节器密封性的检测方法。
4. 简述喷油器的工作原理。

项目三 电控点火系统的检修

项目目标

知识目标

(1) 简单叙述电控点火系统的功用、分类和组成。

(2) 正确描述电控点火系统各部件的结构与工作原理。

(3) 正确描述电控点火控制及爆燃控制的原理。

能力目标

(1) 能认识电控点火系统各组成部件及其安装位置。

(2) 掌握电控点火系统主要元器件的基本检修方法。

(3) 能够简单分析和检修电控点火控制系统的控制电路。

素养目标

(1) 培养安全规范检修电控点火系统的意识。

(2) 逐步培养爱岗敬业、诚实守信的职业素养。

(3) 逐步养成不怕苦、不怕累的劳动习惯。

情境导入

2019年4月14日,车主赵先生把他的新款宝来轿车拖到4S店,说是发动机起动时无着火迹象,经初步诊断为电控点火系统故障。因此,维修人员必须掌握汽车电控点火系统的组成、结构和原理,以及电控点火系统的诊断方法,才能对电控点火系统故障进行排除。

知识准备

任务一 认识点火系统的功用和发展历程

汽油发动机的点火系统用来在气缸活塞压缩行程终了时产生电火花,点燃混合气,混合气迅速燃烧时产生的强大动力推动活塞向下运动,使曲轴旋转,发动机做功。点火系统是发动机的重要组成部分。其工作状态的好坏对发动机的工作有十分重要的影响,为此要求点火系统在各种工况下都能准确可靠地点燃混合气。

一、点火系统的功用

点火系统的基本功用是在发动机各种工况和使用条件下,在气缸内适时、准确、可靠地产生电火花，以点燃可燃混合气，使发动机做功。

二、对点火系统的基本要求

为了保证汽油发动机在各种工况下都能可靠并适时点火，点火系统必须满足以下基本要求。

1. 能产生足够高的次级电压

汽油发动机气缸中点燃混合气的电火花是由高压电击穿火花塞间隙而产生的，击穿火花塞电极间隙的电压，称为击穿电压。击穿电压的大小与火花塞电极间隙和形状、气缸内气体的压力和温度、电极的温度和极性、发动机的工况等因素有关。点火系统所能产生的电压称为最高次级电压。要使发动机在任何工况、状态下火花塞都能可靠跳火，点火系统的次级电压必须高于击穿电压，为此通常要求点火系统所能产生的最高次级电压为 15~20kV。

2. 要有足够的火花能量

发动机正常工作时，由于混合气压缩终了的温度接近其自燃温度，因此仅需要 1~5mJ 的火花能量。但若混合气过浓或者过稀，当发动机起动、怠速或节气门急剧打开时，则需要较高的火花能量。另外，随着现代发动机对经济性和排气净化要求的提高，都迫切需要提高火花能量。因此，为了保证可靠点火，高能电子点火系统一般应具有 80~100mJ 的火花能量，起动时应产生高于 100mJ 的火花能量。

3. 点火时刻应适应发动机的工况

点火系统应按照发动机的工作顺序进行点火，如四缸发动机的点火顺序为 1—3—4—2，六缸发动机的点火顺序为 1—5—3—6—2—4，且必须在最佳时刻点火，使发动机的功率最大、油耗最低、排放污染最小。

要使发动机气缸内的燃烧最高压力出现在压缩终了上止点后 10°~15°，使混合气的燃烧功率达到最大，就必须在压缩终了前的某个适当时刻点火。某缸火花塞开始跳火到活塞运行至上止点时的曲轴转角称为点火提前角。点火提前角过大时，压缩行程活塞上行的阻力增大，会导致发动机功率下降、油耗增加，且发动机容易产生爆燃；点火提前角过小时，混合气燃烧产生的最高压力和温度下降，也会导致发动机功率下降、油耗增加，且容易引起发动机过热、排气管放炮等故障。发动机在不同的转速和负荷下，其点火提前角应是不同的。电控点火系统应能根据发动机的转速和负荷变化情况，及时调整点火时间，以确保混合气燃烧及时、完全。

三、点火系统的发展历程

汽车点火系统的发展经历了传统点火系统、电子点火系统和电控点火系统三个阶段。

1. 传统点火系统

传统点火系统是指点火线圈初级绕组中电流的通断由断电器触点控制的点火系统。传统点火系统结构简单，价格低，但故障率高，高速性能差，已淘汰。

2. 电子点火系统

电子点火系统是指初级绕组的通断由晶体管控制并且采用机械式提前角调节装置的点火系统，也称"晶体管点火系统"或"半导体点火系统"。它具有高速性能好、结构简单、体积小等优点。

但随着人们对汽油发动机技术指标要求的不断提高，在提高动力性、安全性、降低油耗和减少排放等方面，它已不能满足高速发动机的点火要求，所以已被电控点火系统取代。

3. 电控点火系统

电控点火系统，（即微机控制点火系统）是指电控单元根据各种传感器输入的信号，经过数学运算和逻辑判断控制初级电路通断的点火系统。

近年来，随着电子技术的迅猛发展，电控点火系统不断完善，并得到广泛的应用。其主要优点如下：

1）发动机在各种工况及环境条件下，均可获得最佳点火提前角，从而使发动机获得最优的动力性、燃油经济性、排放性和工作稳定性等。

2）在发动机整个工作过程中，均可对点火线圈一次电路的通电时间和通电电流进行控制，使得点火线圈中存储的点火能量保持恒定，不仅提高了点火的可靠性，而且可以有效地减少电能消耗，防止点火线圈烧损。

3）采用爆燃控制后，可使点火提前角控制在爆燃的临界状态，以获得最佳的燃烧过程，有利于发动机各种性能的提升。

电控点火系统可分为有分电器和无分电器两种。两者的主要组成和控制原理基本相同。

有分电器式电控点火系统因为机械装置本身的局限性，无法保证在各种状况下均获得最佳点火提前角。此外，由于分电器中运动部件的磨损，又会导致驱动部件松动，影响点火提前角的稳定性和均匀性。

无分电器式电控点火系统是一种全电子化的点火系统。它的突出优点是由于无机械传动，减少了分电器与旁电极这一中间跳火间隙的能量损耗及由此产生的射频干扰，无机构磨损，无须调整，工作可靠。此外，由于无分电器，也使发动机各部件的布置更容易、更合理。

任务二　认识电控点火系统的基本组成与控制原理

一、电控点火系统的基本组成与工作原理

1. 基本组成

目前，电控点火系统在设计和结构上，随着汽车生产厂家、生产年代的不同而有所不同，但基本结构大同小异。电控点火系统主要由信号输入装置、电控单元（ECU）、点火控制器、点火线圈以及火花塞等组成，如图3-1所示。

（1）信号输入装置　信号输入装置包括各种传感器和开关。传感器用来检测与点火有关的发动机工作状况信息，并将检测结果输入ECU，作为计算和控制点火时刻的依据。点火系统的传感器主要有凸轮轴位置传感器、车速传感器、曲轴位置传感器、爆燃传感器、空气流量传感器、节气门位置传感器、冷却液温度传感器、进气温度传感器。其中，除爆燃传感器之外的传感器大多与燃油喷射系统、怠速控制系统等共用。

凸轮轴位置传感器的功用是采集配气凸轮轴的位置信号，并输入ECU，以便ECU识别气缸1压缩上止点，从而进行顺序喷油控制、点火时刻控制和爆燃控制。此外，凸轮轴的位置信号还用于发动机起动时识别出第一次点火时刻。因为凸轮轴位置传感器能够识别哪一个

项目三 电控点火系统的检修

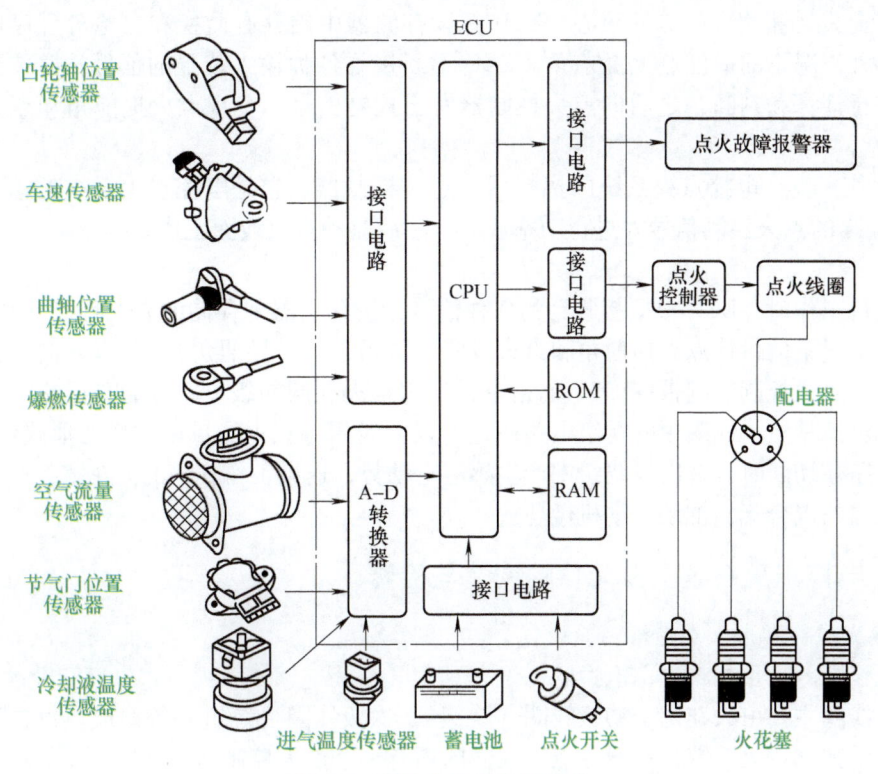

图 3-1 电控点火系统的组成

气缸活塞即将到达上止点,所以它也被称为气缸识别传感器。

曲轴位置传感器的功用是检测发动机的转速和转角,并把此信号输给 ECU,用来计算点火时刻和点火提前角。

爆燃传感器的功用是将发动机爆燃信号转化为电信号输入 ECU,以便修正点火提前角来消除爆燃。

空气流量传感器是用于确定进气量大小的传感器。空气流量信号输入 ECU,除了用于计算基本喷油量以外,还用来计算和确定基本点火提前角。

节气门位置传感器将节气门开启角度转化为电信号输给 ECU,利用该信号和车速传感器信号来综合判断发动机所处的工况,并对点火提前角进行修正。

冷却液温度传感器用来检测冷却液温度,并输送给 ECU,利用该信号对基本点火提前角进行修正。

进气温度传感器用来检测进气温度,并输送给 ECU,利用该信号对基本点火提前角进行修正。

各种开关信号用于修正点火提前角。起动开关信号用于起动时修正点火提前角;空调开关信号用于怠速工况下使用空调时修正点火提前角;空位起动开关只用于自动变速器汽车,ECU 利用该信号判断发动机是处于空位停车状态还是行驶状态,然后对点火提前角进行必要的修正。

(2) 电控单元(ECU) 电控点火系统是发动机集中控制系统的一个子系

统，ECU是发动机集中控制的核心。ECU只读存储器中储存有监控和自检等程序以及该发动机在各种工况下的最佳点火提前角。ECU不断接收各种输入装置的信号，并按预先编制的程序进行计算和判断，之后向点火控制器发出控制信号，实现点火提前角和点火时刻的控制。

（3）执行器　电控点火系统的执行器为点火控制器。它是电控点火系统的输出端，接收ECU输出的点火控制信号并进行功率放大，然后驱动点火线圈工作。

2. 工作原理

发动机工作时，ECU根据接收到的各种信号，按存储器中存储的有关程序和相关数据，确定出该工况下的最佳点火提前角和点火线圈一次闭合角（导通角），并以此向点火控制器发出指令。点火控制器则根据ECU的指令，控制点火线圈初级电路导通与截止。当电路导通时，有电流从点火线圈中的初级电路通过，点火线圈将点火能量以磁场的形式储存起来；当初级电路被切断时，在次级绕组中产生感应电动势，送给工作气缸的火花塞，产生电火花点燃气缸内的混合气，推动发动机做功。

二、电控点火系统主要元件的构造与检修

1. 点火线圈和点火控制器

点火线圈的功用是将汽车电源的12V低压电转变为能够击穿火花塞电极间隙的高压电。

点火线圈主要由火花塞、初级线圈（绕组）、次级线圈（绕组）等组成。每缸配备一个点火线圈的独立点火系统，一般在点火线圈内还有一个点火控制器，如图3-2所示。在无分电器式电控点火系统中，点火控制器除需根据ECU的指令控制点火线圈一次电路的通断、向ECU发回点火确认信号外，还必须根据ECU的指令控制各点火线圈的工作顺序，以保证点火顺序与各缸做功顺序一致。

4缸发动机电控点火系统的工作原理如图3-3所示，ECU根据凸轮轴位置信号、发动机转速信号及发动机做功顺序控制VT1、VT2、VT3、VT4的导通与截止，当点火线圈初级线圈被切断时，通过次级线圈的磁通量发生变化，从而在次级线圈中产生高压电，导入火花塞跳火。

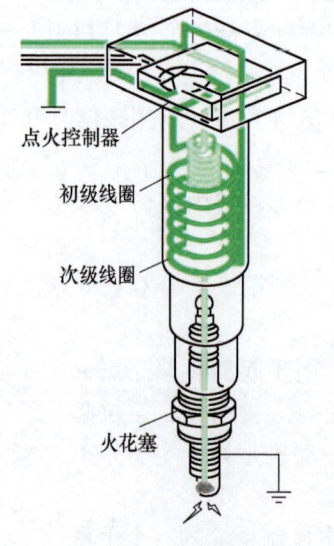

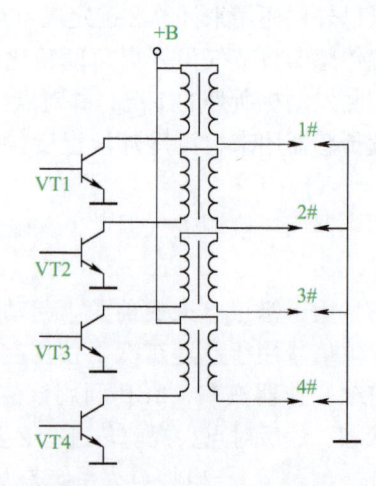

图3-2　点火线圈的组成　　　　图3-3　4缸发动机电控点火系统的工作原理

项目三　电控点火系统的检修

科鲁兹 LDE 发动机点火线圈及线束插接器如图 3-4 所示，插接器上有七个端子，端子 A 为点火线圈供电，端子 B 为初级线圈搭铁，端子 C 为屏蔽线或空脚，端子 D 为 1 缸点火控制信号，端子 E 为 2 缸点火控制信号，端子 F 为 3 缸点火控制信号，端子 G 为 4 缸点火控制信号。

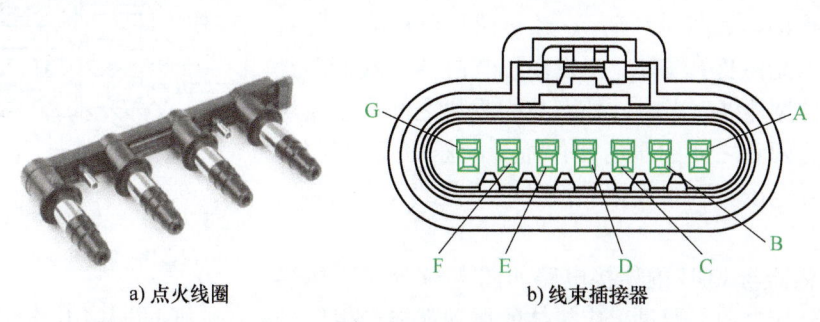

a) 点火线圈　　b) 线束插接器

图 3-4　科鲁兹 LDE 发动机点火线圈及线束插接器

2. 火花塞

火花塞的功用是利用点火线圈产生的高压电，在其电极间隙中形成电火花，点燃可燃混合气体。

火花塞的结构如图 3-5 所示，主要由中心电极、侧电极、绝缘体、接线柱等组成。金属壳体的螺纹将火花塞固定到气缸体上。火花塞的最上端是接线柱，将高压电引入火花塞。火花塞的中心电极与侧电极之间有 1.0~1.2mm 的间隙，高压电利用该间隙就可以产生电火花。

通常火花塞电极为铜镍合金单极式。目前一些高端配置的车辆采用铂金四极式火花塞（图 3-6），使得火花塞的使用寿命延长，点火能量增加，可燃混合气燃烧更完全，提升发动机动力的同时，达到节能减排的目的。

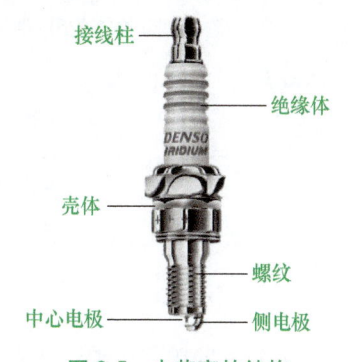

图 3-5　火花塞的结构　　图 3-6　铂金四极式火花塞

3. 爆燃传感器

汽车发动机产生爆燃的原因有点火时间过于提前、燃烧室过度积碳、发动机温度过高、空燃比不正确、汽油辛烷值过低等。

电控汽油发动机一般有一到两个爆燃传感器，安装在发动机气缸壁上。其功用是将发动机由于爆燃产生的振动信号转换成电压信号输送到发动机 ECU，ECU 对该信号进行滤波处理并判定有无爆燃，实现对发动机点火提前角的闭环控制。

95

爆燃传感器按原理不同可分为电感式（磁致伸缩式）和压电式两种，压电式爆燃传感器结构简单，工作可靠，被广泛使用。

压电式爆燃传感器是利用结晶或陶瓷多晶体的压电效应（即某些晶体的薄片受到压力或机械振动后产生电荷的现象）而工作的。如图3-7所示，该传感器的外壳内装有配重块、压电元件及引线等。当发动机气缸体出现振动且振动传递到传感器外壳上时，外壳与配重块之间产生相对运动，夹在这两者之间的压电元件所受的压力发生变化，从而产生信号电压。ECU根据其信号电压值的大小判断爆燃的强度。

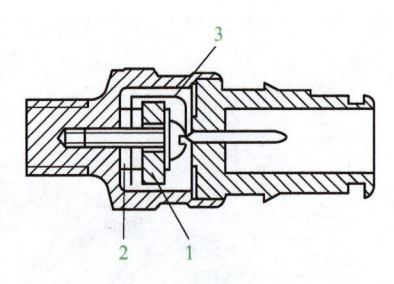

图3-7 压电式爆燃传感器的结构
1—配重块 2—压电元件 3—引线

爆燃传感器与ECU的连接电路如图3-8a所示。爆燃传感器无须外接电源，通过感应机体的振动就能产生信号电压，通过连接电路输送给ECU，因此爆燃传感器的插接器一般只有两个针脚，如图3-8b所示，其中1号针脚为爆燃传感器低电平参考电压（搭铁），2号针脚为爆燃传感器信号。为了防止外界信号的干扰，它一般还安装有屏蔽装置。

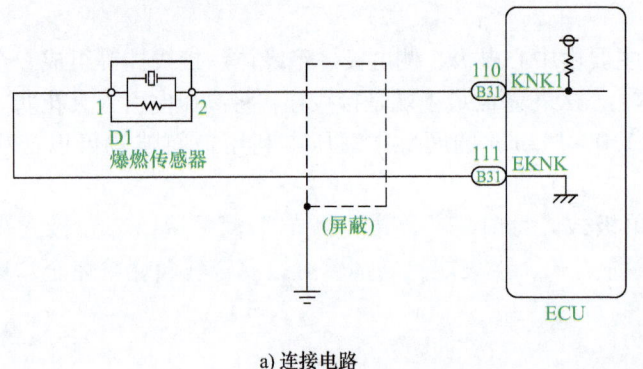

a) 连接电路　　　　　　　　　b) 传感器插接器

图3-8 爆燃传感器的连接电路及插接器

三、电控点火系统高压电的分配方式

电控点火系统按高压电的分配方式可分为有分电器的电控点火系统和无分电器的电控点火系统。

1. 有分电器的电控点火系统

有分电器的电控点火系统的配电是由分火头将高压电分至分电器盖旁电极，再经高压导线输送到各缸火花塞的传统配电方式，如图3-9所示。此种配电方式会损失电能、电磁干扰大、存在机械磨损，所以在现在汽车上采用得较少。

2. 无分电器的电控点火系统

无分电器的电控点火系统常称为DLI系统。它取消了传统的分电器，没有配电器，在点火控制器的控制下，点火线圈的高压电按照一定的点火顺序，直接加到火花塞上。此种配电方式没有了分电器和高压导线，因而电能损失小、漏电损失小、电磁干扰也小，同时点火线

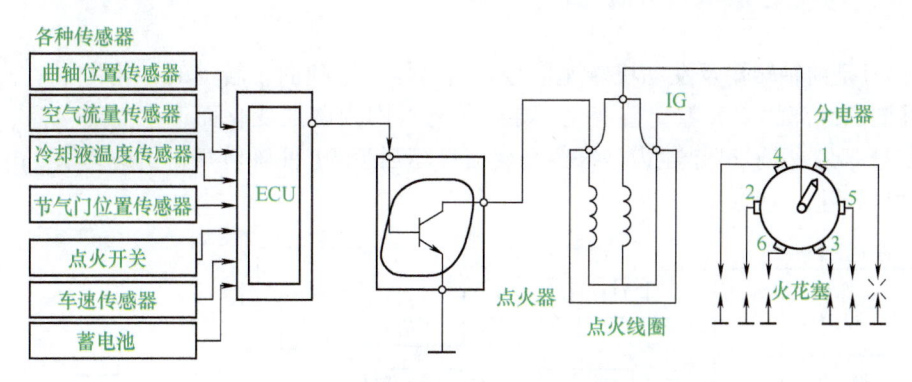

图 3-9 有分电器的电控点火系统配电示意图

圈充放电的时间极短，节省空间。因此，越来越多的汽车采用无分电器的电控点火系统。

常用的无分电器的电控点火系统可分为同时点火和独立点火两种配电方式，分别如图 3-10、图 3-11 所示。

（1）同时点火配电方式　同时点火配电方式是一个点火线圈的两端分别与两个火花塞相连，负责对两个缸点火，即两个缸共用一个点火线圈。其特点是：点火线圈的个数等于气缸数的 1/2，比如四缸发动机用两个点火线圈。

气缸的组合原则是：当两同步气缸中的活塞同时到达上止点时，火花塞跳火，其中一缸接近压缩行程上止点，为有效点火，另一缸接近排气行程上止点，为无效点火。当曲轴旋转 360°后，两缸活塞所处的位置正好相反。由此可见，六缸发动机点火的组合方式为：1、6 缸一组，2、5 缸一组，3、4 缸一组，如图 3-12 所示。

图 3-10 同时点火

图 3-11 独立点火

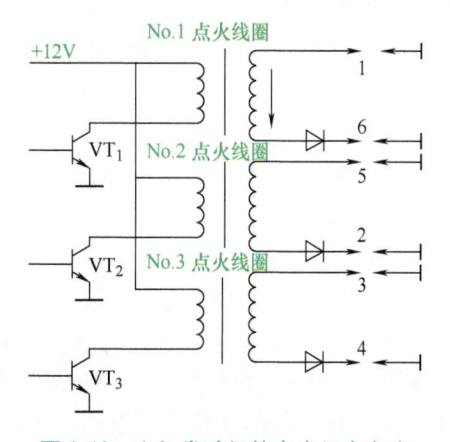

图 3-12 六缸发动机的点火组合方式

下面以丰田（TOYOTA）皇冠汽车为例来分析无分电器同时点火系统的基本控制原理，其控制电路如图 3-13 所示。曲轴位置传感器由下部的 G 信号发生器和上部的 Ne 信号发生器

97

组成。

Ne 信号是曲轴转角及发动机转速信号。当信号转子随曲轴转动时，轮齿与传感线圈凸缘部的空气隙交替变化，导致传感线圈内磁通变化而产生交变电动势信号 Ne。因有 24 个轮齿，每个交变信号相当于 30°曲轴转角，由此计算出发动机转速。

点火系统同时点火动画

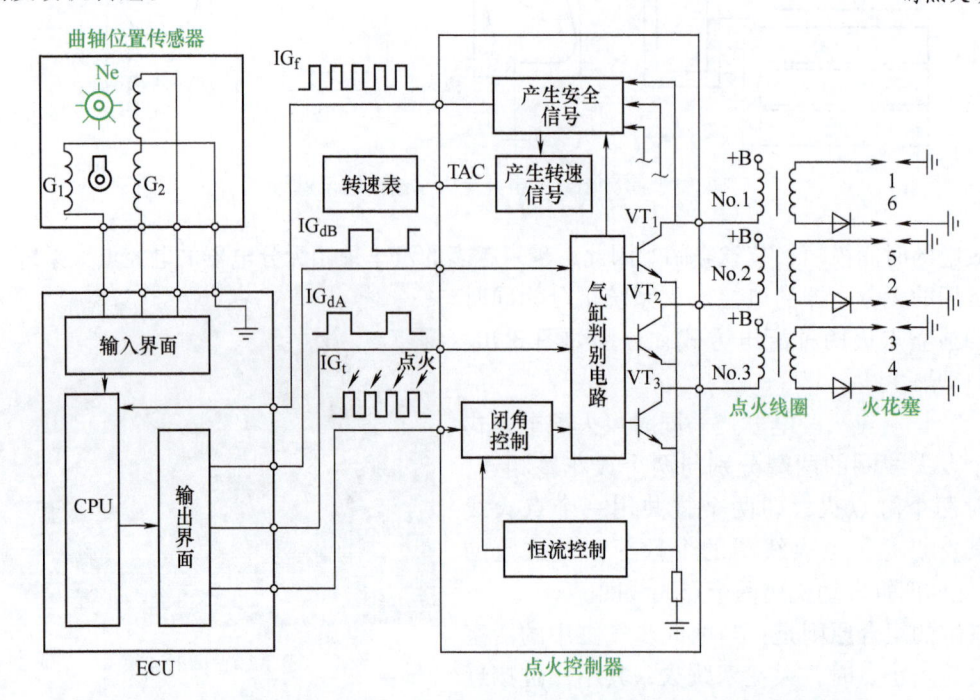

图 3-13 丰田（TOYOTA）皇冠汽车无分电器同时点火系统的控制电路

G 信号是测试曲轴转角的基准信号，用来判别气缸及检测活塞上止点的位置。G 信号发生器由带有凸缘的信号转子 G_1、G_2 两个传感线圈组成。当 G 信号转子上的凸缘通过 G_1 传感线圈凸缘时，产生 G_1 信号，检测 6 缸上止点位置；当 G 信号转子上的凸缘通过 G_2 传感线圈凸缘时，产生 G_2 信号，检测 1 缸上止点位置。G_1、G_2 相差 180°，信号转子转一圈，分别出现一次。

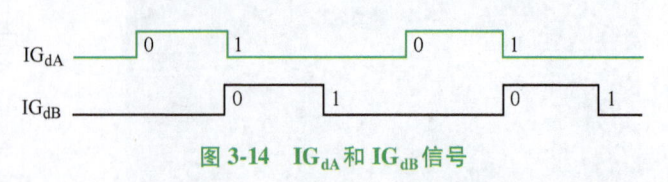

发动机工作时，ECU 通过曲轴位置传感器接收到 G_1、G_2 和 Ne 信号后，经计算、处理，转化成点火 IG_t 和 IG_{dA}、IG_{dB} 三个信号，送至点火控制器，实现对点火系统的控

图 3-14 IG_{dA} 和 IG_{dB} 信号

制。其中，IG_t 信号是点火正时信号，IG_{dA} 和 IG_{dB} 信号是 ECU 送给点火器的判缸信号，它存于 ECU 的 ROM 储存器中，如图 3-14 所示。ECU 根据 G_1、G_2 和 Ne 信号查表（见表 3-1）选择 IG_{dA}、IG_{dB} 的信号状态，以确定各缸的点火顺序。点火控制器从 ECU 接收到 IG_{dA}、IG_{dB} 和 IG_t 信号后，根据输入的 IG_{dA}、IG_{dB} 信号状态，判别出接通哪条驱动电路，并将点火正时信号 IG_t 送往与此相连接的点火线圈，由点火线圈产生高压电，完成该缸的点火。例如，当输入的 IG_{dA}、IG_{dB} 信号状态分别为 0 和 1 时，气缸判别电路使 VT_1 导通，ECU 将点火正时

信号送往 1、6 缸的点火线圈；当输入的 IG_{dA}、IG_{dB} 信号状态分别为 0 和 0 时，气缸判别电路使 VT_2 导通，ECU 将点火正时信号送往 5、2 缸的点火线圈；当输入的 IG_{dA}、IG_{dB} 信号状态分别为 1 和 0 时，气缸判别电路使 VT_3 导通，ECU 将点火正时信号送往 3、4 缸的点火线圈。

表 3-1 IG_{dA}、IG_{dB} 的信号状态

点火线圈	信号状态		结果
	IG_{dA}	IG_{dB}	
1、6	0	1	点火
5、2	0	0	点火
3、4	1	0	点火

点火系统完成正常点火的同时，向 ECU 反馈 IG_f 点火确认信号。在发动机工作过程中，当 IG_f 点火确认信号 3~5 次无反馈时，ECU 则判断点火系统有故障，发出指令使喷油器停止工作。

每组点火线圈给两缸同时供电，当初级绕组电流被切断时，两个气缸中都有跳火现象发生。在能量分配上，压缩行程的气缸压力较高，所需跳火电压高；排气行程气缸压力接近大气压，所需跳火电压低，因此能保证压缩行程气缸有足够的点火能量。

高压二极管的作用：在点火控制器大功率晶体管导通瞬间，初级绕组产生反向的感应电动势，次级绕组也产生 1500V 左右的电压。由于此时气缸中气压低，火花塞间隙容易被击穿，若火花塞在此时产生电火花，则发动机不能正常运转并产生回火现象。为避免此现象产生，电路中装了高压二极管。当初级电路接通时，次级绕组产生的高压电反向加在二极管上，如图 3-15 所示，二极管不导通，高压电无法使火花塞跳火。当大功率晶体管截止时，次级绕组产生的高压电正向加在二极管上，二极管导通，火花塞跳火。

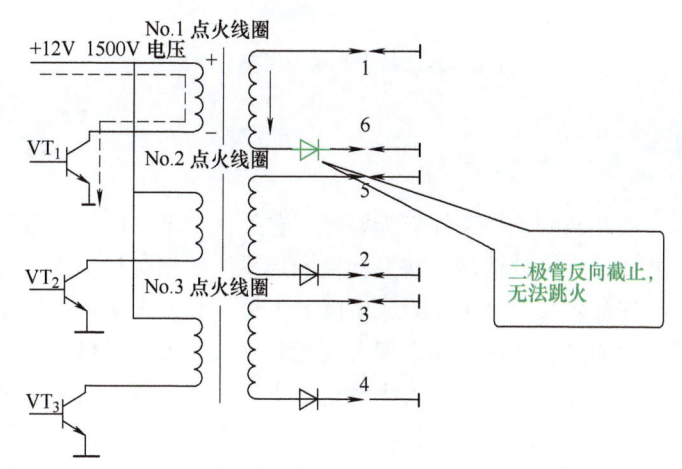

图 3-15 高压二极管反向截止

（2）独立点火配电方式 采用独立点火配电方式的发动机，每个气缸配用一个点火线圈单独进行点火。该系统中点火线圈上的高压线直接与火花塞相连，工作时，点火线圈产生的高压电直接送至各火花塞，由 ECU 根据各传感器输入的信息，依照发动机的点火顺序，适时控制各缸火花塞点火。

独立点火配电方式的电路基本相同，但随车型不同也存在差异。图 3-16 所示为日产汽车公司无分电器电控点火系统的独立点火配电方式。该系统由各缸独立的点火线圈、点火控

制器、电控单元（ECU）等组成。发动机工作时，ECU 根据曲轴位置传感器、空气流量传感器、点火基准信号传感器、冷却液温度传感器及开关输入信号，依据 ROM 中存储的数据，计算后适时地输出点火信号至点火器，由点火器中的功率管分别接通、切断各缸点火线圈初级电路，从而在次级绕组中产生高压，击穿火花塞间隙，产生电火花，点燃混合气。

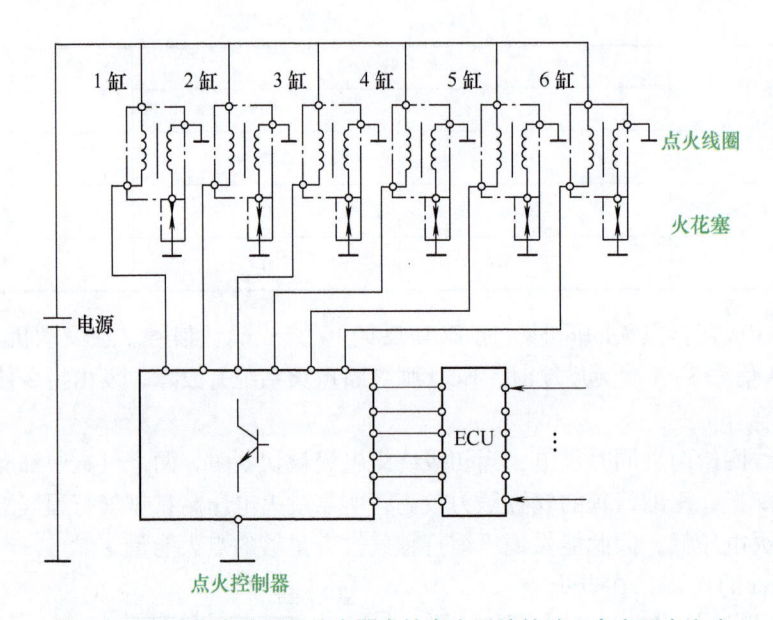

图 3-16 日产汽车公司无分电器电控点火系统的独立点火配电方式

情智提升

火花塞的工作条件极为恶劣，它处在高温、高压以及燃烧产物的强腐蚀环境中，但是它仍然保持自身的清洁，在发动机电控系统的精确控制下准确点火，确保发动机正常工作。

正如新冠疫情来袭时，由医务人员、公安干警、社区工作者、志愿者等组成的最美逆行者，他们默默无闻，为全国人民无私奉献，他们的敬业精神值得我们赞扬和学习。

其实在我们的社会大家庭里，也有很多人在非常恶劣的工作环境中工作，可是他们依然忠于自己的岗位。同学们作为未来汽车维修行业的从业人员，要坚守初心、锲而不舍、攻坚克难、任劳任怨，与各行各业的从业人员共同汇聚起中华民族奋勇前行的不竭动力。

任务三　认识电控点火系统的控制过程

电控点火系统的控制过程主要包括点火提前角的控制、点火导通角的控制和爆燃的控制。

一、点火提前角的控制

汽油发动机的可燃混合气在气缸内燃烧不是瞬时完成的，需要先经过诱导期，然后才能进入猛烈的明显燃烧期。因此，要使发动机输出功率最大，混合气应在压缩行程上止点前点燃。通常把发动机输出功率最大和油耗最低的点火提前角称为最佳点火提前角。点火提前角直接影响发动机的输出功率、油耗、排放等。发动机的工况不同，需要的最佳点火提前角也不同。急速时，控制最佳点火提前角，能使急速运转平稳，降低有害气体排放量和燃油消耗量；部分负荷时，控制最佳点火提前角，能减少燃油的消耗量和有害气体排放量，提高经济性和排放性能；大负荷时，控制最佳点火提前角，能增大发动机的输出功率，提高动力性能。

电控点火系统的点火提前角 θ 由发动机起动时的初始点火提前角 θ_i 和起动后的基本点火提前角 θ_b、修正点火提前角 θ_c 三部分组成，即

$$\theta = \theta_i + \theta_b + \theta_c$$

1. 起动时初始点火提前角的控制

发动机起动时，由于转速变化大，空气流量传感器或进气歧管绝对压力传感器信号不稳定，ECU 无法计算点火提前角，而是根据转速信号和起动开关信号，参照只读存储器（ROM）的初始点火提前角进行控制。

初始点火提前角也称为固定点火提前角，其值取决于发动机类型，并由曲轴位置传感器的初始位置确定，一般为上止点前 6°~12°。例如，丰田 IG-GEU 发动机的初始点火提前角为上止点前（BTDC）10°。在以下三种情况下，实际点火提前角等于初始点火提前角。

1）发动机起动时和发动机转速在 400r/min 以下时。
2）检查点火初始角时。
3）发动机电子控制器的后备系统工作时。

2. 起动后点火提前角的控制

起动后实际点火提前角由初始点火提前角、基本点火提前角和修正点火提前角三部分组成。

（1）基本点火提前角　基本点火提前角是发动机主要的点火提前角。发动机工作时，ECU 根据进气量和发动机的转速，从 ROM 的三维 MAP 数据图（图 3-17）中查询得到相应的基本点火提前角。

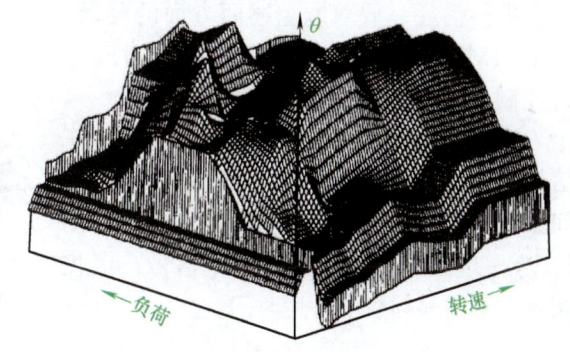

图 3-17　不同转速和负荷条件下点火提前角的三维 MAP 数据图

（2）修正点火提前角　修正点火提前角为使实际点火提前角更符合发动机实际运转状况，在"初始提前角+基本点火提前角"的基础上，根据相关因素加以修正。修正点火提前角因发动机不同而异。一般发动机的修正项目有暖机修正和怠速稳定性修正。

1）暖机修正指节气门位置传感器的怠速触点闭合、发动机冷却液温度变化时，对点火提前角进行的修正，如图 3-18 所示。当冷却液温度降低时，应当增大点火提前角，保证发动机快速暖机；当冷却液温度升高时，点火提前角应减小。

2）急速稳定性修正是为了保持急速稳定运转而对点火提前角进行的修正。当发动机急速运转时，负荷变化会促使 ECU 将急速转速调整到目标转速。例如，当空调开关接通，发动机实际转速低于目标转速时，ECU 将根据转速之差，相应地减小点火提前角，使急速转速平稳，防止发动机急速熄火。

现代发动机的修正点火提前角还包括过热修正、空燃比反馈修正、爆震修正等。

发动机的实际点火提前角是初始点火提前角、基本点火提前角和修正点火提前角之和。发动机曲轴每转一圈，ECU 计算处理后就输出一个点火提前角信号。因此，当传感器检测到发动机转速、负荷、冷却液温度发生变化时，ECU 就会自动调节点火提前角。若 ECU 计算出的实际点火提前角超出规定范围，则发动机很难正常运行，此时 ECU 将以最大点火提前角或最小点火提前角作为实际点火提前角。

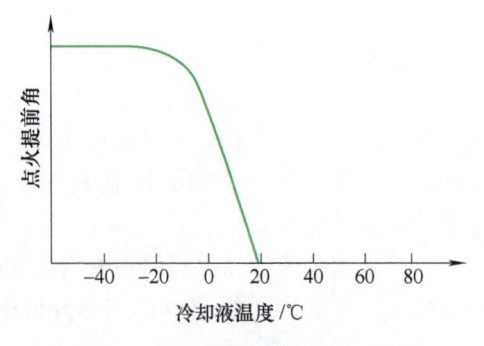

图 3-18 暖机修正时冷却液温度与点火提前角的修正关系

二、点火导通角的控制

点火导通角（点火闭合角），是指点火线圈初级电路功率晶体管导通期间发动机曲轴转过的角度。在发动机工作时，必须保证点火线圈的初级电路有足够的通电时间，这样才能确保点火系统有足够的点火能量。但如果通电时间过长，点火线圈又会发热并增大电能消耗。要兼顾上述两方面的要求，就必须对点火线圈初级电路的通电时间进行控制，即对点火导通角进行控制。

ECU 根据发动机的转速信号和电源电压信号，从预先试验存储在 ROM 中的导通时间数据 MAP 中查询出最佳点火导通角（图 3-19），并控制点火器输出指令信号，以控制点火器中晶体管的导通时间。

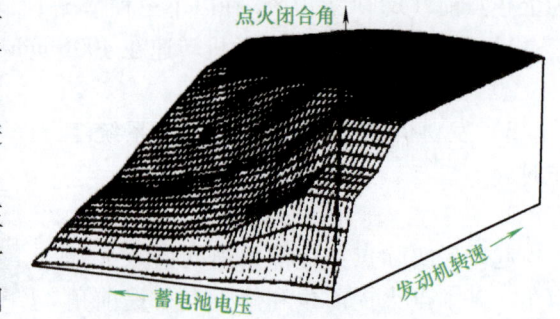

图 3-19 点火闭合角的控制特性

三、爆燃的控制

爆燃是指气缸内的可燃混合气在火焰还未到达之前自行燃烧，导致压力急剧上升而引起缸体振动的现象。爆燃是一种不正常燃烧，它的主要危害：一是发动机的功率下降，油耗升高；二是导致发动机的使用寿命缩短甚至损坏。发动机在大负荷工作时，产生爆燃的可能性更大。消除爆燃最经济、最有效的方法是减小点火提前角。

(1) 爆燃的判断　发动机爆燃一般在大负荷、中低转速（小于 300r/min）时产生。由于爆燃传感器输出电压的振幅随发动机转速的高低不同而变化很大，因此，发动机是否产生爆燃不能根据爆燃传感器输出电压的绝对值进行判断，通常是将发动机无爆燃时爆燃传感器输出的波形和产生爆燃时输出的波形进行比较，从而做出判断。在发动机工作过程中，不同频率的振动，传感器输出不同的电压信号。当发动机产生爆燃时，爆燃传感器的感应性能最好，产生的信号电压最大，爆燃检测频率与输出电压如图 3-20 所示。ECU 对爆燃现象的判断原理如图 3-21 所示。

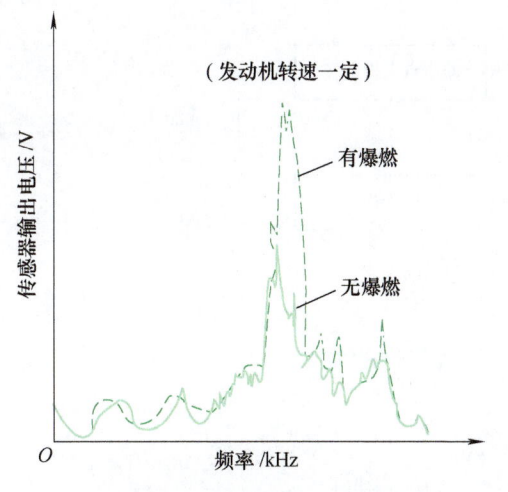

图 3-20　爆燃检测频率与输出电压

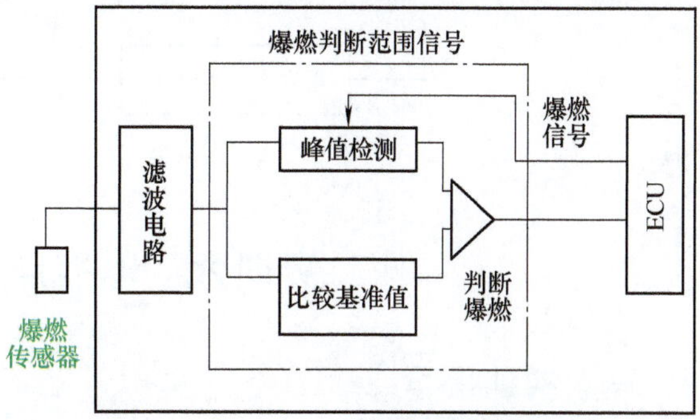

图 3-21　ECU 对爆燃现象的判断原理

（2）基准电压的确定　判断爆燃的基准电压，通常利用发动机即将爆燃时的传感器输出信号电压来确定，如图 3-22 所示。首先对传感器输出信号进行滤波和半波整流，利用平均电路求得信号电压的平均值，然后再乘以常数倍即可得到基准电压。因为发动机转速升高时，爆燃传感器输出电压的幅值增大，所以基准电压并不是一个固定值，其值随发动机转速升高而增大。

（3）爆燃强度的判断　发动机爆燃的强度取决于传感器输出信号电压的振幅和持续时间。爆燃信号电压值超过基准电压值的次数越多，说明发动机产生爆燃的强度越大；反之，超过基准电压值的次数越少，说明爆燃的强度越小。ECU 对爆燃强度的判断如图 3-23 所示。

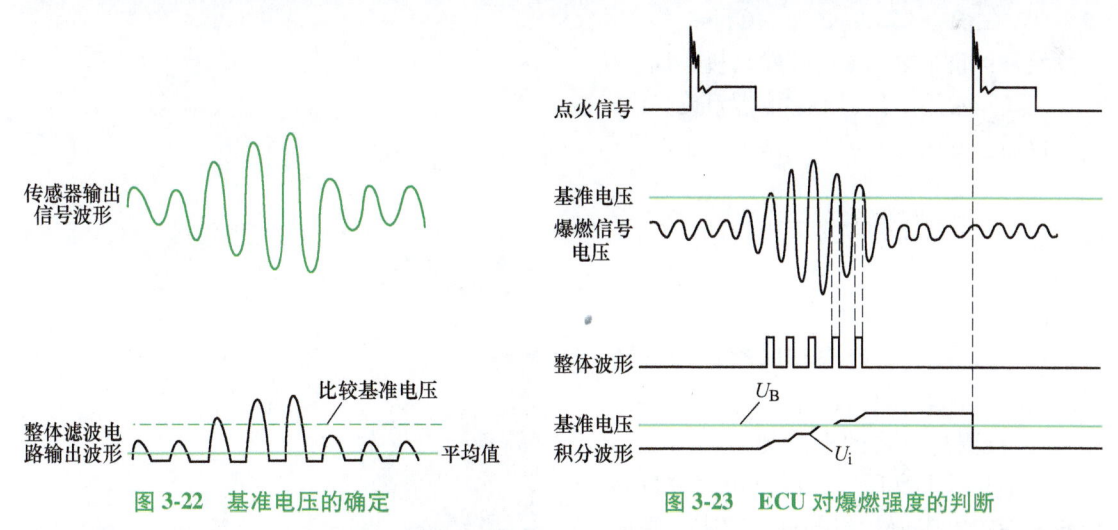

图 3-22　基准电压的确定

图 3-23　ECU 对爆燃强度的判断

（4）爆燃的控制　爆燃的控制系统是一个闭环控制系统，发动机工作时，ECU 根据各传感器输入的信号从存储器中查到相应的点火提前角和闭合角。控制结果有爆燃传感器反馈给 ECU，ECU 再对点火提前角进行修正，控制过程如图 3-24 所示。当发动机发生爆燃时，ECU 通过爆燃传感器输入信号和比较电路确定发动机的爆燃，并根据爆燃强度输入信号，由 ECU 控制点火提前角逐渐减小，直至无爆燃产生。随后，又逐渐增大点火提前角，直到有爆燃产生时,又恢复前述的反馈控制。

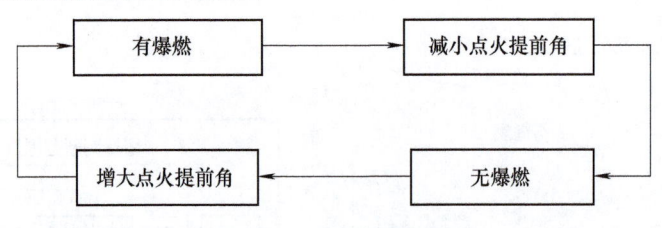

图 3-24 爆燃控制过程

实训六　电控点火系统的检修

一、实训指导

(一) 实训目标

1) 熟悉电控点火系统的组成及控制过程。
2) 掌握点火系统故障诊断的一般方法。
3) 熟悉点火系统主要元器件的检测与维修方法。

(二) 安全要求及注意事项

1) 点火开关接通时,不能连接或拔下检测仪的诊断插头,以防损坏检测仪器。
2) 发动机运转时,不要触摸或拔下点火线。
3) 连接或拔下点火系统接线前应关闭点火开关。
4) 安装接线必须正确,特别注意电源极性不可接反,否则极易损坏点火控制器。

(三) 设备/工具/仪器/耗材要求

设备:轿车整车或电控发动机实训台架。
工具:常用工具、十字槽螺钉旋具。
仪器:万用表、试灯、塞尺、示波器。
耗材:抹布。

(四) 实训操作指导

1. 电控点火系统主要部件的检修

(1) 高压线的检测

1) 外观检查:检查高压线是否有破裂、损坏等不良现象,若有,应予以更换。
2) 检测高压线的电阻值。如图 3-25 所示,小心拔下高压线,用万用表测量高压线两端的电阻值。若电阻值超限,则应更换高压线。

(2) 点火线圈的检测

1) 外观检查:检查点火线圈的外表,若绝缘盖破裂或外壳破裂,则应予以更换。

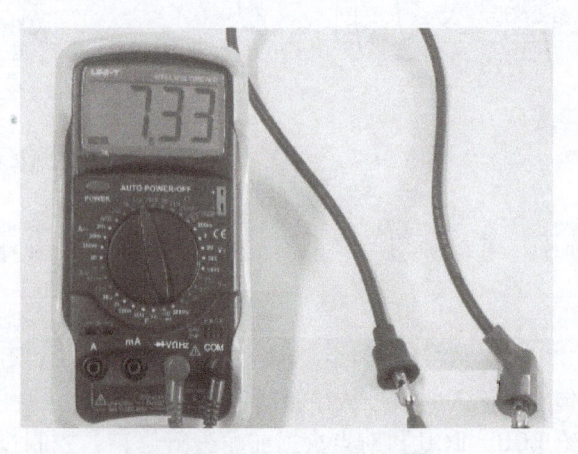

图 3-25 高压线电阻值的检测

2）初级绕组、次级绕组断路、短路和搭铁的检查：用万用表测量点火线圈的初级绕组、次级绕组以及附加电阻的电阻值，应符合技术标准，否则说明有故障，应予以更换。检查初级绕组电阻的方法：用万用表电阻档测量"+"和"-"端子间的电阻，如图 3-26 所示。检查次级绕组电阻的方法：用万用表电阻档测量"+"与中央高压端子间的电阻，如图 3-27 所示。

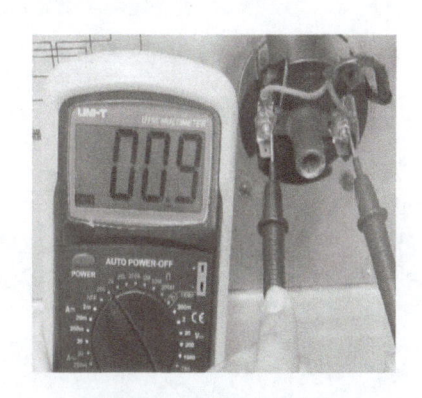

图 3-26 初级绕组的检查　　图 3-27 次级绕组的检查

（3）火花塞的检测

1）积炭的检查：火花塞在工作过程中产生微量的积炭是正常的，如图 3-28 所示。当火花塞积炭严重时，如图 3-29 所示，应认真分析积炭产生的原因，并排除故障，同时对火花塞积炭进行清除。清除积炭时可将火花塞放入汽油或煤油中浸泡，待炭渣软化后，再用小刀细心地刮除。注意：切不可损坏电极和绝缘体。如果积炭严重，则需要更换新的火花塞。

2）绝缘体损坏情况检查：仔细检查火花塞的瓷质绝缘体是否被击穿或破损，如图 3-30、图3-31 所示。若绝缘体不良，则应更换火花塞。

图 3-28 微量的火花塞积炭　　图 3-29 严重的火花塞积炭　　图 3-30 绝缘体被击穿

3）火花塞间隙的检查：首先检查电极是否有烧熔的现象，如图 3-32 所示。若有，则应更换火花塞，然后用塞尺测量火花塞的间隙，其标准值为 1.0~1.2mm，如图 3-33 所示，因车型的不同而不同。若间隙值不符合要求，则应扳动侧电极进行调整或更换，如图 3-34 所示。

105

图 3-31　绝缘体破损

图 3-32　火花塞电极烧熔

10min 学会检测汽车火花塞

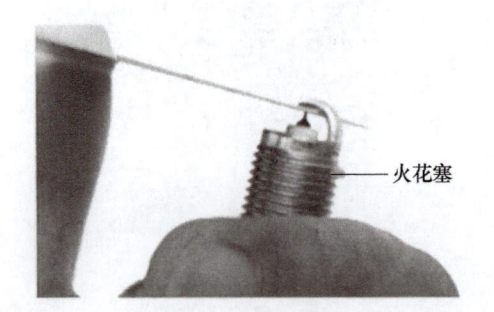

图 3-33　火花塞间隙的检查

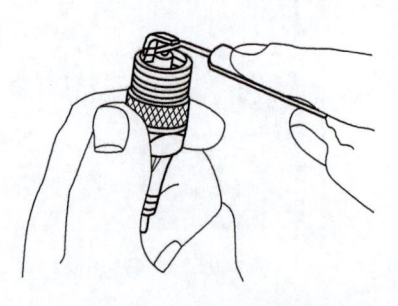

图 3-34　火花塞间隙的调整

2. 电控点火系统的检修

（1）独立点火系统的检修

1) 认知独立点火系统的组成与电路。单缸独立点火系统由传感器、发动机电控单元（ECU）、点火控制器、点火线圈、火花塞等组成，如图 3-35 所示。点火线圈和点火控制器组成一个点火模块，4 缸有四个点火模块，各缸的点火模块独立控制各缸的火花塞。

2) 点火模块的检修。如果发动机出现缺缸现象，怀疑某缸工作不良或不工作的故障原因是该缸点火模块损坏，可用互换法检查。把怀疑损坏的点火模块与其他任意一个点火模块对换，若互换后该缸运行良好，则该缸的点火模块损坏。

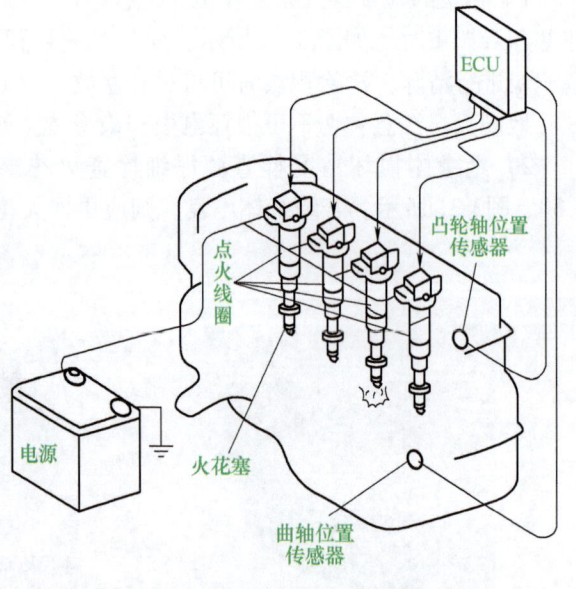

图 3-35　单缸独立点火系统的组成

点火模块的插接器有四个端子，分别为：12V 电源、点火控制端、点火控制器接地、高压回路接地。拔下插接器，依次检查四个端子是否正常。

（2）双缸同时点火系统的组成与检修

1) 认知双缸同时点火系统的组成与电路。双缸同时点火系统由传感器、电控单元（ECU）、点火器、点火线圈、火花塞等组成。每个点火线圈连接两个火花塞，如图 3-36 所示。

图 3-36 双缸同时点火系统的点火线圈　　图 3-37 大众时代超人 M 3.8.2 点火系统电路

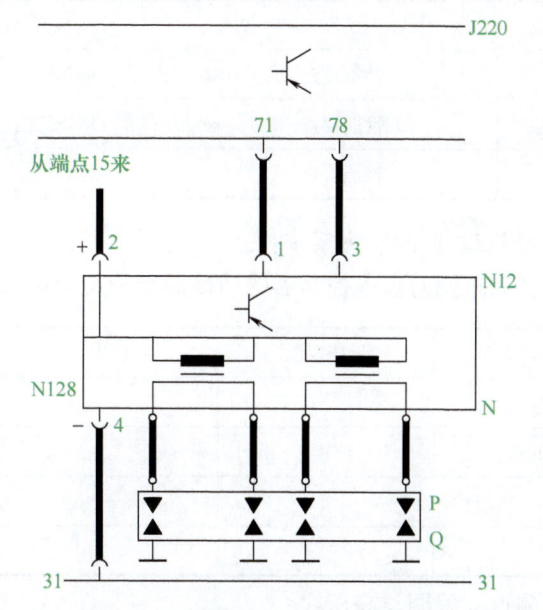

2）双缸同时点火系统的检修。以大众时代超人 M 3.8.2 发动机管理系统为例，其采用的无分电器点火系统有两个点火线圈，1、4 缸共用一个点火线圈，2、3 缸共用一个点火线圈，其电路如图 3-37 所示。

① 测量输出极接地。拔下点火控制器插接器，用万用表测量蓄电池正极和插头上触点 4 之间的电压，应为蓄电池电压（约 12V），否则应检查插头触点 4 和接地点的线路是否开路。

② 测量点火线圈的供电电压。拔下点火控制器插接器，用万用表测量插头上触点 2 和发动机接地点间的电压，应为蓄电池电压（约 12V），否则应检查点火开关与触点 2 之间的线路是否开路。

③ 测量点火线圈的工作情况。拔下点火控制器插接器和四个喷油器的插头，打开点火开关，用万用表分别测量点火线圈插头上触点 1 和 3 与发动机接地点间的电压，起动发动机数秒钟，应有 0.4V 左右电压出现。

用二极管试灯接点火控制器 1 和 4 端子，3 和 4 端子，起动时二极管试灯应闪烁。

④ 用万用表测量点火控制器插接器和 ECU 线束插头之间的电阻，电阻应小于 1Ω。

⑤ 从点火控制器上拔下插接器，从火花塞端拔下点火高压线，用万用表从点火高压线测量高压线和点火线圈次级绕组的电阻值，规定为 4~6kΩ。用这种方法测量点火线的抗干扰电阻。

⑥ 高压跳火试验能检测有无高压火及点火能量。

二、工作单

1）部件检查：

部件名称	条件	检查结果	判定
高压线	性能检查	损坏□ 正常□	异常□ 正常□
点火线圈	性能检查	损坏□ 正常□	异常□ 正常□
火花塞	性能检查	损坏□ 烧蚀□ 正常□	异常□ 正常□

2）检测双缸同时点火系统：

①检测双缸同时点火控制器的插接器端子，分析其作用。

端子编号	导线颜色	作用	KEY ON 时电压/V	检测分析
1				
2				
3				
4				

②检测点火线圈与高压线。

检测项目	检测电阻/kΩ	检测分析
1、4 缸高压线端		
2、3 缸高压线端		
1 缸高压线		
2 缸高压线		
3 缸高压线		
4 缸高压线		

③检测点火控制器的工作状态。

检测端子	KEY ON 时电压/V	起动时二极管试灯状态	检测分析
1—4			
3—4			

3）检测单缸独立点火系统：

①检测单缸独立点火控制器端子，分析其作用。

端子编号	导线颜色	作用	KEY ON 时电压/V	检测分析
1				
2				
3				
4				

②检测点火控制器控制端的工作状态。

检测	KEY ON 时电压/V	起动时二极管试灯状态
第1缸		
第2缸		
第3缸		
第4缸		

三、分析思考

1. 双缸同时点火系统中的第1缸高压线断路，第4缸是否有火（实践检验）？为什么？
2. 二极管试灯接双缸同时点火控制器的第2缸控制端，起动时试灯不闪烁，如何检测判断故障原因？
3. 德尔福双缸同时点火控制器的底部直接紧贴安装在缸体上，插接器是三个端子，试分析三个端子的功能。
4. 能否检测单缸独立点火系统点火线圈的初级绕组电阻值？为什么？

附：

1. 时代超人点火系统技术数据

发动机代号	AJR
点火系统形式	双缸同时点火系统
火花塞拧紧力矩	30N·m
火花塞间隙	0.9~1.1mm
火花塞插头	电阻约为 0.5kΩ
点火次序	1—3—4—2
由ECU控制切断的最高极限转速	6400r/min
点火提前角不能调整，由发动机ECU决定	

2. 通用车系 C3I/DIS 和 IDI 点火系统点火线圈电阻值

型号	初级绕组电阻/Ω	次级绕组电阻/kΩ
C3I Ⅰ型	0.35~1.5	10~14
C3I Ⅱ型	0.35~1.5	5~7
C3I Ⅲ型	0.35~1.5	10~14
DIS 和 IDI 型	0.35~1.5	5~7

电控点火系统的检修任务评价表

任务名称		电控点火系统的检修			日期：		
姓名：		班级：			学号：		
自评：□熟练 □不熟练		互评：□熟练 □不熟练			师评：□合格 □不合格		
序号	评分项	得分条件	配分	评分标准	小计 自评	互评	师评
1	安全/8S/态度	□1. 能进行工位 8S 操作 □2. 能进行设备和工具安全检查 □3. 能进行安全防护操作 □4. 能进行工具清洁校准存放操作 □5. 能进行作业过程规范操作	15	未完成一项扣 3 分，扣分不得超 15 分	□熟练 □不熟练	□熟练 □不熟练	□合格 □不合格
2	专业技能能力	□1. 能正确拆装电控点火系统各组成部件 □2. 能正确检测点火开关 □3. 能正确检测高压线 □4. 能正确检测点火线圈 □5. 能正确检测火花塞	50	未完成一项扣 10 分，扣分不得超 50 分	□熟练 □不熟练	□熟练 □不熟练	□合格 □不合格
3	工具及设备的使用能力	□1. 能正确选用维修工具并使用其拆装电控点火系统主要部件 □2. 能正确使用检测工具检测电控点火系统主要部件	10	未完成一项扣 5 分，扣分不得超 10 分	□熟练 □不熟练	□熟练 □不熟练	□合格 □不合格
4	资料、信息查询能力	□1. 能正确使用维修手册查询资料 □2. 能正确使用用户手册查询资料 □3. 能在规定时间内查询所需资料 □4. 能正确记录所需资料章节页码 □5. 能正确记录所需维修信息	10	未完成一项扣 2 分，扣分不得超 10 分	□熟练 □不熟练	□熟练 □不熟练	□合格 □不合格
5	数据判读和分析能力	□1. 能判断火花塞是否正常 □2. 能判断点火线圈是否正常 □3. 能正确判断故障点	10	未完成一项扣 4 分，扣分不得超 10 分	□熟练 □不熟练	□熟练 □不熟练	□合格 □不合格

(续)

序号	评分项	得分条件	配分	评分标准	小计	自评	互评	师评
6	表单填写与报告的撰写能力	□1. 字迹清晰 □2. 语句通顺 □3. 无错别字 □4. 无涂改 □5. 无抄袭	5	未完成一项扣1分，扣分不得超5分		□熟练 □不熟练	□熟练 □不熟练	□合格 □不合格

总分：

案例解析

汽车在起动过程中无任何着火征兆，可以肯定是点火系统问题。造成这一现象的原因有很多，比如起动机短路、蓄电池回路短路、高压线接触不良、点火线圈损坏等。根据本项目的学习，你可以使用解码仪读取故障码，确定故障原因，再针对故障点进行处理。这个案例的故障经检查确定是点火控制器损坏造成的，更换点火控制器后故障修复。

情智提升

习近平总书记在党的二十大报告中提出，教育、科技、人才是全面建设社会主义现代化国家的基础性、战略性支撑。必须坚持科技是第一生产力、人才是第一资源、创新是第一动力，深入实施科教兴国战略、人才强国战略、创新驱动发展战略，开辟发展新领域新赛道，不断塑造发展新动能新优势。

从中我们可以受到启发，不管从事哪个行业的工作，会思考、有创新精神的人才会做出更大的贡献并获得更大的成就。思考能使人不断进步，创新能使事业到达新的巅峰。创新精神是人与事业进步的灵魂。我们要在生活、学习、工作中的点点滴滴中不断培养思考和创新的习惯，只有这样才会实现远大目标。

实训七　爆燃传感器的检测

一、实训指导

（一）实训目标

1）熟悉爆燃传感器的安装位置。
2）熟悉爆燃传感器的检测方法。

（二）安全要求及注意事项

1）遵守实训场地的安全制度。

2）注意通风、防止出现火源、准备好消防设备。

3）一切行动听从指导老师指挥。

4）点火开关接通时不准连接或拔下插接器。

5）注意传感器的安装形式，不要盲目硬拉。

6）禁止使用起动电源辅助起动发动机，防止损坏电控元件。

7）正确使用仪器设备，使用万用表时注意档位选择，万用表不能测高压侧电压。

（三）设备/工具要求

设备：轿车整车或电控发动机实训台架。

工具：常用工具、万用表、汽车故障诊断仪。

（四）实训操作指导

1. 用汽车故障诊断仪读取 ECU 故障码

1）检查变速器档位是否处于 P 位，驻车制动器是否处于制动状态。

2）打开位于仪表板左下方的车辆诊断接口盖，将汽车故障诊断仪连接到车辆故障诊断接口。

3）起动发动机。

4）打开汽车故障诊断仪，按菜单指示操作，进入发动机系统。

5）选择读取故障码，可能的故障码见表 3-2。

表 3-2 读取故障码

故障码	含 义
P0327	爆燃传感器电路低输入
P0328	爆燃传感器电路高输入

2. 就车检查爆燃传感器

1）起动发动机，使发动机怠速运转。

2）用扳手或其他金属物体敲击一下发动机缸体，发动机转速应该马上出现轻微下降然后又马上恢复，此现象说明爆燃传感器在起作用，爆燃传感器及其电路基本没有问题；反之，则说明爆燃传感器或其电路出现故障，应检查爆燃传感器或其电路是否存在问题。

3）检查爆燃传感器连接电路是否松动或连接是否异常等。

3. 检测爆燃传感器

1）断开爆燃传感器插接器。

2）选用合适的工具（10mm 套筒、活扳手），正确组合工具拆下固定螺栓，然后拆下爆燃传感器。

3）选用万用表，调整到欧姆档，将红、黑表笔互测，检查万用表的测量误差；将红、黑表笔分别连接到爆燃传感器的两个端子上，读取并记录万用表数据。若测得的数据与标准不符合，则更换爆燃传感器。

4）按照与拆卸相反的顺序安装爆燃传感器，按照规定的拧紧力矩紧固螺栓。

4. 检测爆燃传感器电路

1）断开爆燃传感器插接器。

2）断开蓄电池负极端头，并断开 ECU 插接器。

3）按表3-3标准电阻（断路检查）和表3-4标准电阻（短路检查）测量爆燃传感器到ECU的连接电路。

表3-3 标准电阻（断路检查）

检测仪连接	条件	规定状态
D1-2 或 B31-110（KNK1）	始终	<1Ω
D1-1 或 B31-111（EKNK）	始终	<1Ω

表3-4 标准电阻（短路检查）

检测仪连接	条件	规定状态
D1-2 或 B31-110（KNK1）—车身搭铁	始终	≥10kΩ
D1-1 或 B31-111（EKNK）—车身搭铁	始终	≥10kΩ

二、工作单

1. 相关数据流分析

1）故障码读取及分析：

故障指示灯	故障码	故障码说明
常亮□ 正常□		

2）与故障码相关数据流读取与分析：

序号	项目名称	数据	判定
1			异常□ 正常□
2			异常□ 正常□

2. 故障诊断步骤

1）部件检查：

部件名称	条件	检查结果	判定
爆燃传感器	就车检查	发动机转速变化□ 发动机转速无变化□	异常□ 正常□

2）部件检测：

部件名称	条件	标准值	测量值	判定
爆燃传感器	电阻测量			异常□ 正常□

3）电路检测：

电路端子	条件	标准值	测量值	判定
D1-2—B31-110（KNK1）	断路测量			异常□ 正常□
D1-1—B31-111（EKNK）	断路测量			异常□ 正常□
D1-2 或 B31-110（KNK1）—车身搭铁	短路测量			异常□ 正常□
D1-1 或 B31-111（EKNK）—车身搭铁	短路测量			异常□ 正常□

4）部件/电路故障点确认及分析：

维修措施：维修□ 更换□ 调整□

爆燃传感器的检测任务评价表

任务名称		爆燃传感器的检测			日期		
姓名		班级：			学号：		
	自评：□熟练 □不熟练		互评：□熟练 □不熟练			师评：□合格 □不合格	
序号	评分项	得分条件	配分	评分标准	小计	自评	互评	师评
1	安全/8S/态度	□1. 能进行工位8S操作 □2. 能进行设备和工具安全检查 □3. 能进行安全防护操作 □4. 能进行工具清洁校准存放操作 □5. 能进行作业过程规范操作	15	未完成一项扣3分，扣分不得超15分		□熟练 □不熟练	□熟练 □不熟练	□合格 □不合格
2	专业技能能力	□1. 能正确读取系统故障码 □2. 能正确记录与分析系统故障码 □3. 能正确读取系统数据流 □4. 能正确记录与分析系统数据流 □5. 能正确就车检查爆燃传感器 □6. 能正确拆卸爆燃传感器 □7. 能正确检测爆燃传感器的端子 □8. 能正确安装爆燃传感器 □9. 能正确检查爆燃传感器的电路是否短路 □10. 能正确检查爆燃传感器的电路是否断路	50	未完成一项扣5分，扣分不得超50分		□熟练 □不熟练	□熟练 □不熟练	□合格 □不合格
3	工具及设备的使用能力	□1. 能正确选用维修工具 □2. 能正确使用万用表 □3. 能正确使用汽车故障诊断仪	10	未完成一项扣4分，扣分不得超10分		□熟练 □不熟练	□熟练 □不熟练	□合格 □不合格

项目三 电控点火系统的检修

(续)

序号	评分项	得分条件	配分	评分标准	小计	自评	互评	师评
4	资料、信息查询能力	□1. 能正确使用维修手册查询资料 □2. 能正确使用用户手册查询资料 □3. 能在规定时间内查询所需资料 □4. 能正确记录所需资料章节页码 □5. 能正确记录所需维修信息	10	未完成一项扣2分,扣分不得超10分		□熟练 □不熟练	□熟练 □不熟练	□合格 □不合格
5	数据判读和分析能力	□1. 能分析系统故障码是否正常 □2. 能分析系统数据流是否正常 □3. 能判断爆燃传感器是否正常	10	未完成一项扣4分,扣分不得超10分		□熟练 □不熟练	□熟练 □不熟练	□合格 □不合格
6	表单填写与报告的撰写能力	□1. 字迹清晰 □2. 语句通顺 □3. 无错别字 □4. 无涂改 □5. 无抄袭	5	未完成一项扣1分,扣分不得超5分		□熟练 □不熟练	□熟练 □不熟练	□合格 □不合格

总分：

课后作业

一、填空题

1. 汽车点火系统的发展经历了（　　）、（　　）和（　　）三个阶段，电控点火系统的发展经历了（　　）和（　　）两个阶段。目前，现代乘用车上采用的电控点火系统主要有（　　）和（　　）两种方式。

2. 点火线圈双缸同时点火系统使用一个点火线圈对到达（　　）和（　　）上止点的两个气缸同时实施点火，处于（　　）的气缸，混合气被点燃而做功，而正在（　　）的气缸火花塞点空火。

3. 在电控点火系统中，发动机ECU对点火的控制包括（　　）、（　　）和（　　）三大方面。

4. 爆燃传感器有（　　）和（　　）两种类型。压电式爆燃传感器是利用（　　）原

115

理检测缸体的（　　）。

5. 当发动机出现爆燃时，ECU根据爆燃程度，推迟点火提前角，通常是先（　　）后（　　），直到爆燃消失为止。

二、判断题

（　　）1. 电控点火系统中没有机械式点火提前调节装置。

（　　）2. 发动机转速信号和负荷信号对基本点火提前角起决定性作用。

（　　）3. 在无分电器双缸同时点火系统中，如果其中一个气缸的火花塞无间隙短路，那么另一缸火花塞也将无法跳火。

（　　）4. 通电时间和闭合角是完全不同的两个概念。

（　　）5. 采用爆燃传感器进行反馈控制，可使点火提前角在不发生爆燃的情况下尽可能地增大。

（　　）6. 不要在正在充电的蓄电池附近进行焊接、机械加工等作业。

（　　）7. 随着火花塞电极烧蚀，间隙将增大，燃油经济性将提高，但动力性将下降。

（　　）8. 某些类型的蓄电池检查可以通过蓄电池指示器查看液位和充电状况，若显示红色，则表示正常。

（　　）9. 安装火花塞时，首先应手动轻轻旋入，然后再用专业工具拧至规定力矩。

（　　）10. 蓄电池电解液的密度与蓄电池的充电状态有关，密度越低，蓄电池充电状态越差。

（　　）11. 火花塞在安装到发动机上之前，应先检查其间隙。

（　　）12. 点火线圈的作用是将蓄电池的低电压转化为点火所需的高电压。

（　　）13. 爆燃传感器信号波形的峰值和频率只随发动机负荷的增加而增加。

（　　）14. 冷型火花塞适用于大功率的发动机。

（　　）15. 急加速时爆燃严重，说明点火过迟。

三、单选题

1. 传统点火系统与电子点火系统的最大区别是（　　）。
   A. 点火能量的提高　　　　　　　　B. 断电器触点被点火器取代
   C. 曲轴位置传感器的应用　　　　　D. 点火线圈的改进

2. 一般说来，缺少了（　　）信号，电控点火系统将不能点火。
   A. 进气量　　　　B. 上止点　　　　C. 转速　　　　D. 负荷

3. 电控点火系统由（　　）直接驱动点火线圈进行点火。
   A. 通电电流　　　　B. 曲轴位置传感器　　　　C. 分电器

4. 点火闭合角主要是通过通电（　　）加以控制的。
   A. 电流　　　　B. 时间　　　　C. 电压　　　　D. 速度

5. 发动机起动时因无负荷信号，电控单元不进行最佳点火提前角调整控制，只是根据发动机转速信号和起动开关信号，以（　　）的初始点火提前角点火。
   A. 固定不动　　　　B. 随转速变化

6. 下列关于蓄电池电解液的表述，正确的是（　　）。
   A. 只要电解液沾上皮肤或衣服，就应立即用大量的水进行冲洗
   B. 在正常充电过程中，充电电流必须为蓄电池容量的1/2

C. 在快速充电过程中，充电电流必须为蓄电池容量的 1/3
7. 下列有关蓄电池电解液的表述，正确的是（　　）。
   A. 只要电解液密度正常，即使蓄电池电解液液位较低也没关系
   B. 如果蓄电池电解液液位较低，用自来水将单格填充至高位线
   C. 蓄电池电解液包含可严重烧伤皮肤或腐蚀其他物品的硫酸
8. 下面关于电控电子点火系统的说法中，正确的是（　　）。
   A. 无分电器点火系统即独立点火系统　　B. 在小负荷时提供较大的点火提前角
   C. 不能实现闭环控制　　　　　　　　　D. 取消了分电器

四、多选题

1. 对发动机爆燃传感器信号波形峰值的影响因素有（　　）。
   A. 发动机负荷　　　B. 发动机转速　　　C. 发动机点火时刻　　　D. 混合气状况
2. 点火系统的实际点火提前角包括（　　）。
   A. 基本点火提前角　　　　　　　　　　B. 初始点火提前角
   C. 最小点火提前角　　　　　　　　　　D. 修正点火提前角
3. 发动机运转时，ECU 根据（　　）信号，确定基本点火提前角。
   A. 发动机转速　　　B. 发动机负荷　　　C. 爆燃传感器　　　D. 混合气浓度

五、简答题

1. 简述发动机 ECU 对点火系统的控制。
2. 简述点火线圈同时点火系统的组成和控制电路。
3. 简述点火线圈单独点火系统的组成和控制电路。

项目四 发动机辅助控制系统的检修

项目目标

知识目标

（1）正确描述发动机各辅助控制系统的功用和类型。

（2）正确描述发动机各辅助控制系统的组成与工作原理。

能力目标

（1）能找到发动机各辅助控制系统的组成部件。

（2）能对发动机各辅助控制系统主要部件进行检修更换作业。

（3）能看懂发动机各辅助系统的控制电路图。

素养目标

（1）养成团队合作意识，增强沟通能力。

（2）养成8S工作习惯。

（3）逐步培养"质量第一，服务至上"的汽车维修工匠精神。

情境导入

技术经理让你检查一辆2017款帕萨特尊雅版轿车，说是发动机辅助控制系统发生了故障，需要入厂进行维修。辅助控制系统有很多子系统，你知道该怎么检修吗？

知识准备

任务一 怠速控制系统的检修

怠速是指节气门关闭，加速踏板完全松开，且发动机对外无功率输出并能保持最低转速的稳定运转工况。汽车在交通密度大的城市道路上行驶时，约有30%的燃油消耗在怠速阶段，因此，怠速转速应尽可能降低。但怠速转速过低，会使发动机排放量增加、发动机运转不稳甚至熄火。发动机冷车运转、空调、电器负荷、自动变速器、动力转向伺服机构等因素的介入，都会引起怠速转速变化。

一、怠速控制系统的功用、组成和类型

怠速控制（ISC）系统的功用是在保证发动机排放要求且运转稳定的前提下，尽量使发动机保持最低稳定转速，以降低怠速时的燃油消耗量。怠速控制包括起动后控制、暖机过程控制、负荷变化控制、减速控制等。怠速喷油量由燃油喷射控制系统根据与空气量相匹配的原则进行增减，以达到目标空燃比。

怠速控制系统主要由传感器、ECU 和执行机构组成，如图 4-1 所示。传感器将发动机的运转工况和负载设备的工作状况信息传送给 ECU，ECU 根据其信息所决定的目标转速与发动机的实际转速进行比较，再根据其差值确定相应的控制量，驱动控制空气量的执行机构动作。即通过执行机构对怠速旁通空气量进行控制，从而控制发动机怠速运转。

怠速空气量控制有两种基本类型，即直接控制节气门关闭位置的节气门直动式和旁通空气式，分别如图 4-2、图 4-3 所示。其中，节气门直动式应用更加广泛。

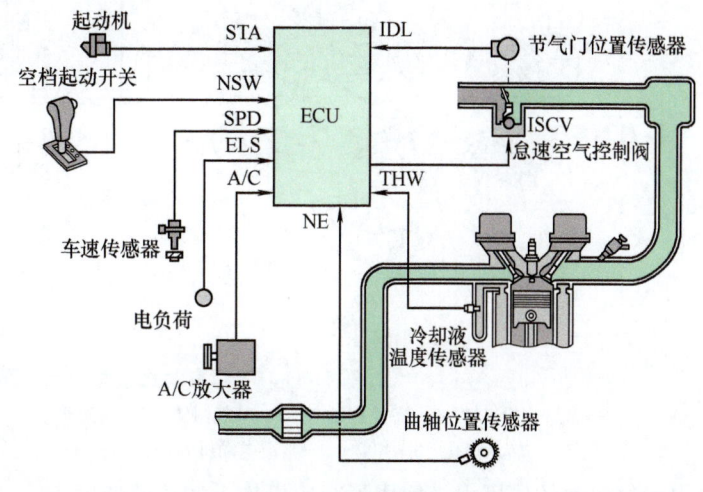

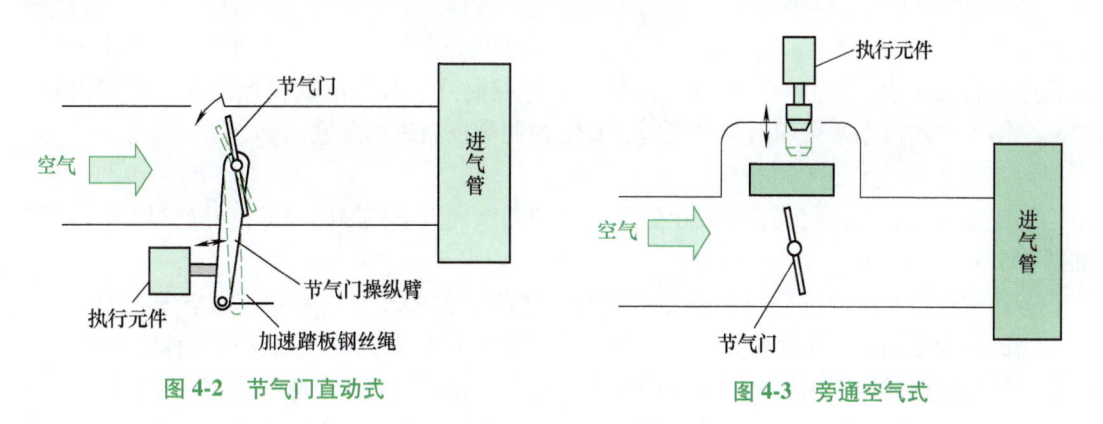

图 4-1 怠速控制系统

图 4-2 节气门直动式

图 4-3 旁通空气式

二、节气门直动式怠速控制装置

节气门直动式怠速控制装置通过直接控制节气门开启程度，调节节气门处空气流通截面积，达到控制进气量，实现怠速控制的目的。节气门直动式怠速控制装置主要由直流电动机、齿轮、丝杠等部件组成，如图 4-4 所示。

怠速控制机构的传动轴与节气门操纵臂的全闭限制器相接触。当 ECU 控制直流电动机通电时，电磁力矩通过齿轮被增大，再通过丝杠机构将角位移转换为传动轴的直流运动。通过传动轴的旋入或旋出，调节节气门全闭限制位置，达到调节节气门处空气流通截面积，进而实现怠速运转控制的目的。

节气门直动式怠速控制机构可以与电子节气门系统相结合，因而具有较强的工作能力，控制稳定性好，而且系统产生泄漏的概率较小。但这种机构在工作时，为了克服节气门关闭

119

a) 外形　　　b) 结构

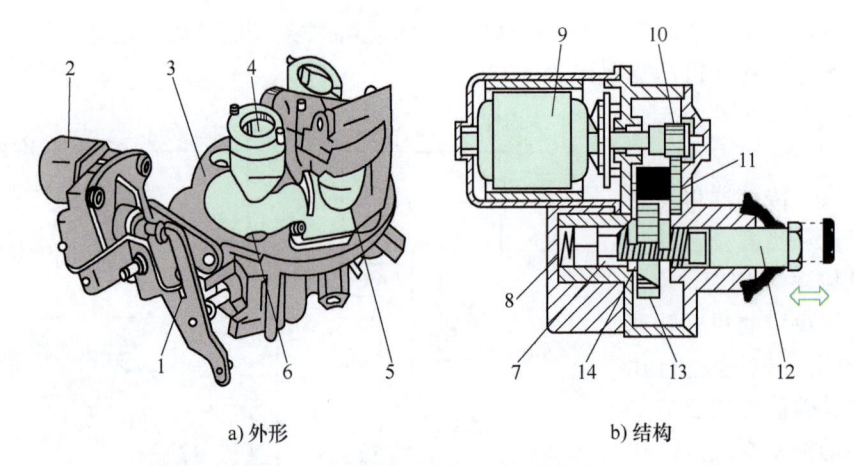

图 4-4　节气门直动式怠速控制装置

1—节气门操纵臂　2—怠速控制器　3—节气门体　4—喷油器　5—燃油压力调节器　6—节气门
7—防转六角孔　8—弹簧　9—直流电动机　10、11、13—齿轮　12—传动轴　14—丝杠

方向回位弹簧的作用力，使用了减速机构，使位移速度下降，使得动态响应性较差。

三、旁通空气式怠速控制装置

旁通空气式怠速控制装置在节气门旁通空气道内设立了一个阀门。阀门开大，旁通空气道流通截面积增大，空气流量增大，则怠速转速提高；反之，则怠速转速降低。在旁通空气式怠速控制装置中，又分为附加空气阀式、真空控制式、步进电动机控制式、旋转滑阀式等。早期生产的汽车常采用附加空气阀、真空控制阀控制汽车怠速。

1. 真空控制式怠速控制装置

真空控制式怠速控制装置主要由旁通空气控制阀和真空控制阀组成，并通过 ECU 控制，如图 4-5 所示。

旁通空气控制阀通过控制旁通空气道的流通截面积来改变怠速时旁通空气道的空气流量，由此改变发动机的怠速转速。日产汽车上该阀称为 AAC 阀（丰田汽车上称为 ACV 阀）。旁通空气控制阀的内部用膜片隔开，膜片下侧与大气相通，膜片上侧称为膜片室，通过管路与真空控制阀相通。通过控制膜片室的真空度（负压），可以改变膜片的上下运动方向，而膜片则可带动阀门运动，进而控制阀门的开启高度，即控制旁通空气道的流通截面积。膜片室的真空度（负压）越大，膜片越吸向上方，阀门的开度越小，旁通空气道流过的空气量越小；反之，当膜片室的真空度（负压）减小时，在膜片弹簧的作用下，膜片下移，阀门开度增大，旁通空气道中流过的空气量增多。因此，控制膜片室的真空度（负压），即可改变阀门的开启程度，进而控制旁通空气道的空气量。

真空控制阀控制通往旁通空气控制阀膜片室内的真空度（负压）。日产汽车上该阀称为 VCM 阀（丰田汽车上称为 VSV 阀）。真空控制阀由 ECU 根据冷却液温度传感器信号控制，主要由定压阀和电磁阀组成，如图 4-6 所示。

定压阀在图 4-6 中的左半部，是一个靠压力差来实现控制的膜片阀。膜片左边与大气相通，右边与进气歧管相通，因此，也称为负压室。当膜片右侧负压室真空度在 -16kPa 以下时，在右侧膜片弹簧的作用下，膜片阀呈开启状态；当负压室的真空度达到 -16kPa 以上时，

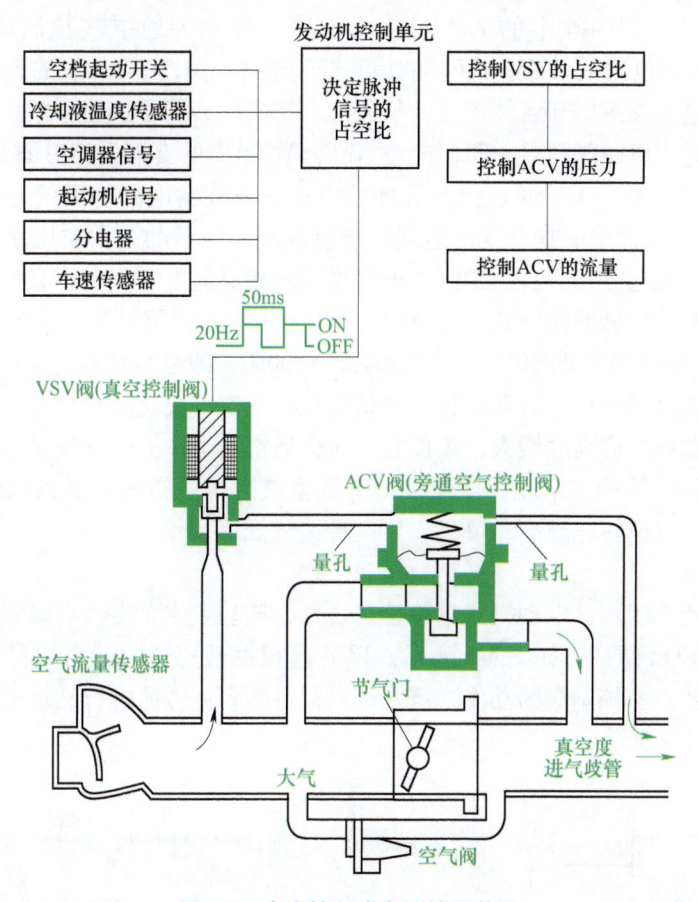

项目四　发动机辅助控制系统的检修

图 4-5　真空控制式急速控制装置

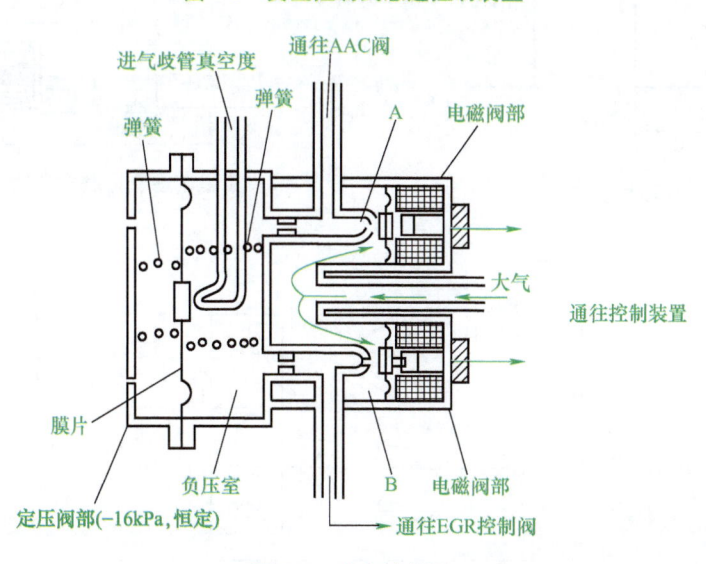

图 4-6　真空控制阀

膜片阀口关闭。即发动机的进气真空度大于-16kPa，负压室的压力也保持在-16kPa。因此，定压阀的作用是使负压室的真空度保持为-16kPa，以提供真空控制阀所需恒定的真空源。

121

电磁阀有两个（图4-6中的A、B），分别用于控制旁通空气控制阀和排气再循环阀（EGR控制阀）。电磁阀A根据ECU的信号控制通往AAC阀膜片室的真空度。当电磁阀的线圈通电时，电磁阀阀门开启并接通大气通道，使通往AAC阀管道内的真空度相应减小；电磁阀线圈断电时，电磁阀阀口关闭，此时AAC阀管道内的真空度相应增大。

在实际控制过程中，ECU通过控制脉冲的占空比来控制电磁线圈的通电相对时间，进而控制通往AAC阀膜片室的真空度，达到控制怠速转速的目的。占空比是指在一个脉冲循环周期里电磁线圈通电时间所占的比值，即电磁阀的相对通电时间。在日产汽车ECCS系统中，加在电磁线圈上的脉冲电压频率为20Hz，即1s内电磁阀阀门开、闭20次。如图4-7所示，脉冲ON状态约占周期的60%，占空比就等于60%，即电磁阀相对通电时间为0.6。占空比越大，电磁阀打开的相对时间越长，结果通往旁通空气控制阀膜片室的真空度越小，从而使旁通空气控制阀开启高度增大，致使怠速时旁通空气道中的空气流量增加。因此，ECU只要控制电磁线圈的脉冲占空比，就能控制旁通空气道中的空气流量，也就能控制怠速转速。占空比越大，怠速转速越高；反之，怠速转速越低。

2. 步进电动机式怠速控制装置

现代汽车广泛采用步进电动机式怠速控制装置，该装置主要由步进电动机控制式怠速控制阀、传感器和ECU组成，如图4-8所示。ECU可根据传感器的输出信号判断发动机的运行状况，进而控制怠速控制阀的动作，使发动机以目标怠速转速运行，步进电动机控制式怠速控制原理如图4-9所示。

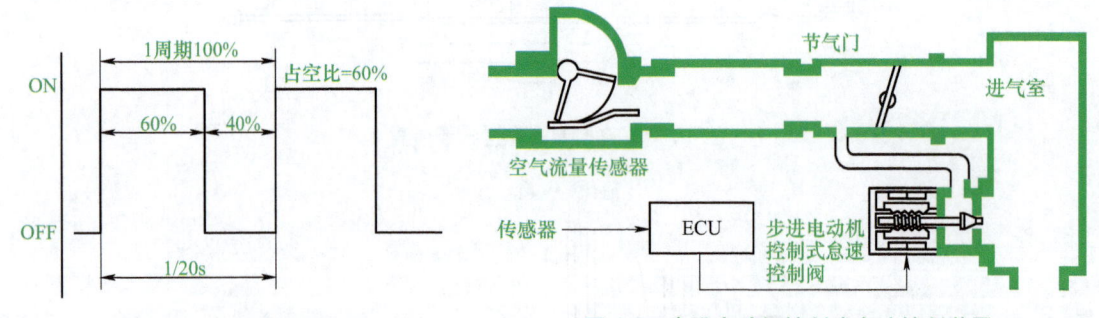

图4-7 脉冲的占空比

图4-8 步进电动机控制式怠速控制装置

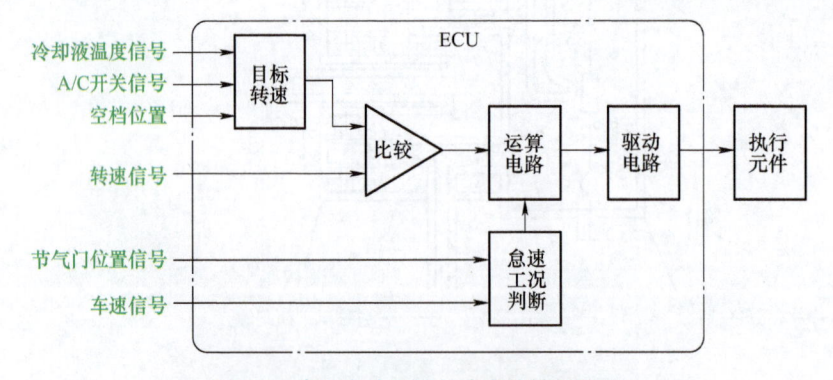

图4-9 步进电动机控制式怠速控制原理

（1）**步进电动机控制式怠速控制阀** 怠速控制阀主要由永久磁铁构成的转子、励磁线圈构成的定子和将旋转运动变成直线运动的进给丝杠机构等组成，如图4-10所示。步进电动机和怠速控制阀做成一体，装在进气总管内。步进电动机顺时针或逆时针旋转，可使阀芯产生轴向移动，以此改变阀门的开启高度，调节流过节气门旁通通道的空气量，步进电动机的结构如图 4-11 所示。

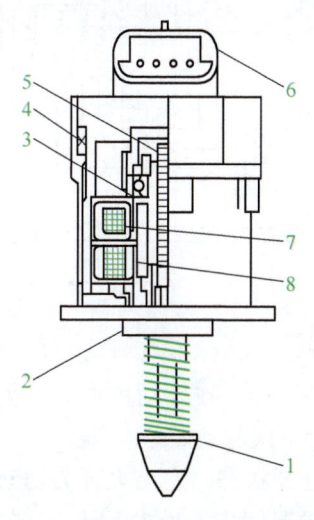

图 4-10　步进电动机控制式怠速控制阀
1—控制阀　2—前轴爪　3—后轴承　4—密封圈
5—进给丝杠机构　6—线束插接器
7—定子　8—转子

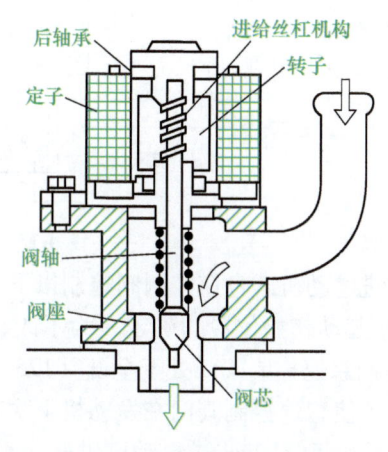

图 4-11　步进电动机的结构

爪极的瞬时极性由相线绕组控制电路决定，如图 4-12 所示，并通过控制四个绕组的通电相序改变步进电动机旋转方向，从而实现阀门开启高度的控制。

当要阀门开启高度增加时，相线绕组控制电路将以 90°的相位差控制绕组按 1—2—3—4 的顺序依次导通 t_1，t_2，t_3，t_4，…，t_1，t_2，t_3，t_4 使定子磁场相应（t_1，t_2，t_3，t_4）顺时针转动，转子随之同步旋转。同理，当相线控制电路以 90°的相位差反序依次（4—3—2—1）导通上述绕组，

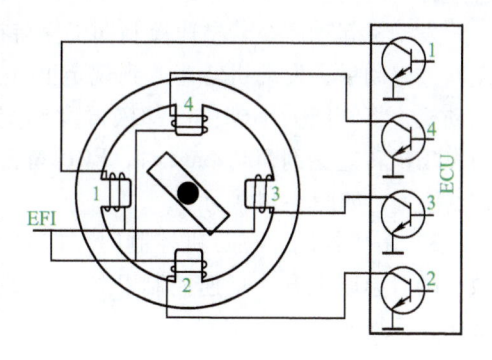

图 4-12　相线绕组控制电路

将使定子磁场逆时针旋转，转子随之同步反转。此外，转子转动一圈分 32 个步进长度，每步转动一个爪极宽度，即 11°15′，步进电动机的工作范围为 0~125 个步进度。

（2）怠速控制原理　当发动机怠速运转时，ECU 首先根据节气门的怠速信号、车速信号确认发动机处于怠速状态，然后再根据发动机冷却液温度传感器、自动变速器、动力转向机构及空调等工作情况，依据 CPU 的 ROM 中的参考数据，确定相应的目标转速。一般在正常的情况下，多采用发动机怠速反馈控制，将发动机的实际转速与目标转速进行比较，根据比较得出的差值确定相应于目标转速的控制量（步数），然后驱动步进电动机。步进电动机的控制电路如图 4-13 所示。ECU 按相序使晶体管 VT_1~VT_4 依次导通，分别给步进电动机定子线圈供电，驱动步进电动机转子旋转，带动前段的阀门轴向移动，以此改变阀门开启高

度，调节旁通空气流量，使发动机怠速达到所要求的目标转速。

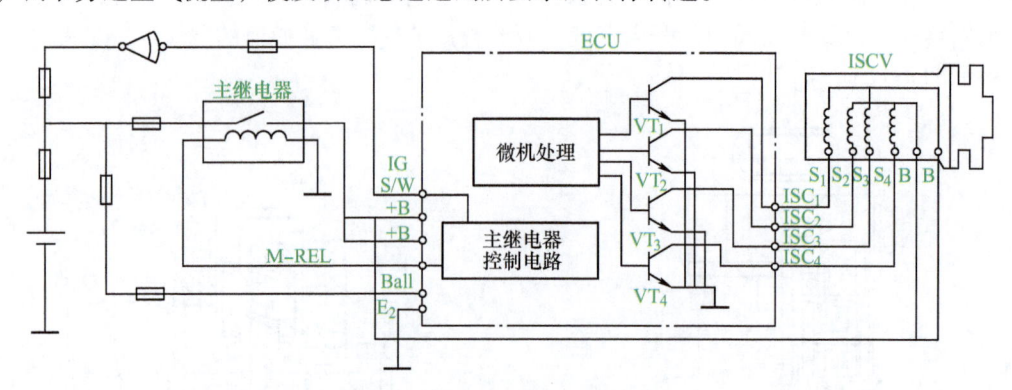

图 4-13 步进电动机的控制电路

步进电动机式怠速控制阀控制以下内容：

1）起动初始位置的确定。为了改善发动机的再起动性能，在发动机点火开关关闭后，ECU 控制怠速控制阀门处于全开（125 步）状态，以便为下次起动做好准备。

为了使怠速控制阀门在发动机下次起动时处于完全打开状态，在点火开关切断电源后，必须继续给 ECU 和步进电动机供电（一般为 2s）。在这段时间内，通过 ECU 内部主继电器控制电路对主继电器进行控制。当点火开关关闭时，主继电器由 ECU 的 M-REL 端子继续供电 2s，保持接通状态，待步进电动机进入初始位置后才断电。

2）起动控制。发动机起动时，由于怠速控制阀预先设定在全开位置，在起动期间经过怠速控制阀的旁通空气量最大，发动机容易起动。

发动机起动后，若怠速控制阀仍保持在全开状态，怠速转速会升得过高。所以，在起动期间或起动后，发动机转速达到规定值（此值由冷却液温度确定）时，ECU 开始控制步进电动机，将阀门关小到由冷却液温度确定的阀门位置。例如，起动时冷却液温度为 20℃，当发动机转速达到 500r/min 时，ECU 将控制怠速控制阀从全开位置（125 步）的 A 点到达 B 点位置，如图 4-14 所示。

3）暖机控制。在暖机控制时，控制系统根据冷却液的温度确定步进电动机的运动步数，随着温度上升，怠速控制开始逐渐关闭。当冷却液达到 70℃ 时，暖机控制过程结束，如图 4-15 所示。

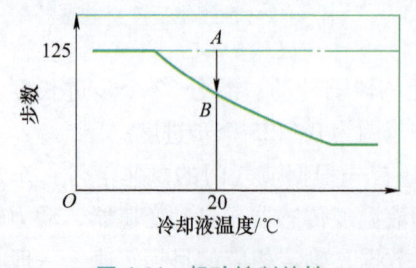

图 4-14 起动控制特性

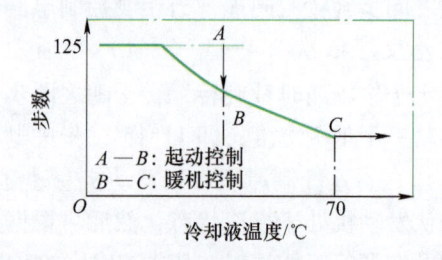

图 4-15 暖机控制特性

4）反馈控制。在怠速运转时，如果发动机的实际转速与 ROM 存储器中的目标转速相差超过一定值（如 20r/min），ECU 将通过步进电动机控制怠速控制阀，增减旁通空气量，使发动机的实际转速与目标转速相同。

5）发动机负荷变化的预控制。发动机在怠速运转时，如空档起动开关、空调开关接通或断开等，都将使发动机的负荷立刻发生变化。为了避免发动机怠速时转速波动或熄火，在发动机转速出现变化前，ECU使怠速控制阀事先开大或关小一个固定数值。

6）电器负载增多时的怠速控制。在怠速运转时，当使用的电器负载增大到一定程度，蓄电池电压将会降低。为了保证ECU的B+端和点火开关IG端具有正常的供电电压，需要控制步进电动机，相应地增加旁通空气量，以提高发动机的怠速转速，从而提高发动机输出功率。

7）学习控制。ECU通过步进电动机的正、反转步数，确定怠速控制阀的位置，以调整发动机的怠速转速。但由于发动机在整个使用期间，其性能会发生改变，虽然步进电动机控制阀门的位置未变，但怠速转速会与初设的数值略有不同。此时ECU利用反馈控制法，可使发动机转速回归到目标值。与此同时，ECU还可将步进电动机转过的步数存储在ROM存储器中，以便在怠速控制过程中出现相同情况时直接调用，以此提高控制精度。

3. 旋转滑阀式怠速控制装置

旋转滑阀式怠速控制装置主要由电磁线圈控制的旋转滑阀式怠速调整装置、传感器及ECU组成。其控制原理与其他的控制装置大同小异，即ECU根据传感器的输出信号判断发动机的怠速运行状况，进而控制怠速旋转滑阀的动作，使发动机保持在最佳怠速转速。

（1）旋转滑阀式怠速调整装置　主要由永磁铁、电枢、旋转滑阀、复位弹簧等组成，如图4-16所示。滑阀固装在电枢轴上，与电枢轴一起转动，用以向电磁线圈L_1和L_2提供磁场电流。永磁铁固定在壳体上，其间形成磁场。电枢位于永久磁场中，电枢的铁心上绕有两组相反的电磁线圈。线圈L_1通电时，电枢带动滑阀顺时针偏转；线圈L_2通电时，电枢带动滑阀逆时针偏转。

旋转滑阀式怠速调整装置的控制原理如图4-17所示，ECU根据各传感器的输入信号采用占空比控制方式控制线圈L_1和L_2导通与截止，进而控制电枢轴（滑阀）的偏转角，以此改变旁通空气量，调整发动机的怠速转速。当占空比为50%时，线圈L_1和L_2的通电时间相当，两者产生的电磁力矩相抵，电枢轴不发生偏转；当占空比大于50%时，由于线圈L_1通电时间相对较长，因此产生的电磁力矩较大，电枢轴顺时针偏转，空气旁通道开大，故怠速提高。占空比越大，线圈L_1的相对通电电流越大，偏转角越大，则怠速转速越高。因此，ECU通过控制脉冲信号的占空比即可改变滑阀的偏转角，以此改变怠速时的空气量。占空比的调整范围为18%（旋转滑阀关闭）~82%（旋转滑阀打开）。滑阀的偏转角限定在90°以内。

虽然旋转滑阀式怠速调整装置采用占空比控制方式，而步进电动机式怠速控制装置采用相位控制方式，但它们的控制原理基本相同。

（2）怠速控制原理　怠速控制电路如图4-17a所示。在整个怠速范围内，ECU根据冷却液温度传感器等输入的信号，确定发动机所处怠速工况的占空比，对怠速转速进行控制。

1）起动控制。在发动机起动时，ECU根据发动机运行情况，从ROM存储器中调用相应的设定数据，以此控制旋转滑阀的偏转角，调整旁通空气量。

2）暖机控制。在发动机起动后，ECU根据冷却液温度，在发动机暖机过程中调整怠速转速。

3）反馈控制。发动机起动后，当满足反馈控制条件（怠速触点闭合，车速低于2km/h，空调开关断开）时，ECU将根据发动机实际转速与存储器中预先设定的目标转速进行比较。

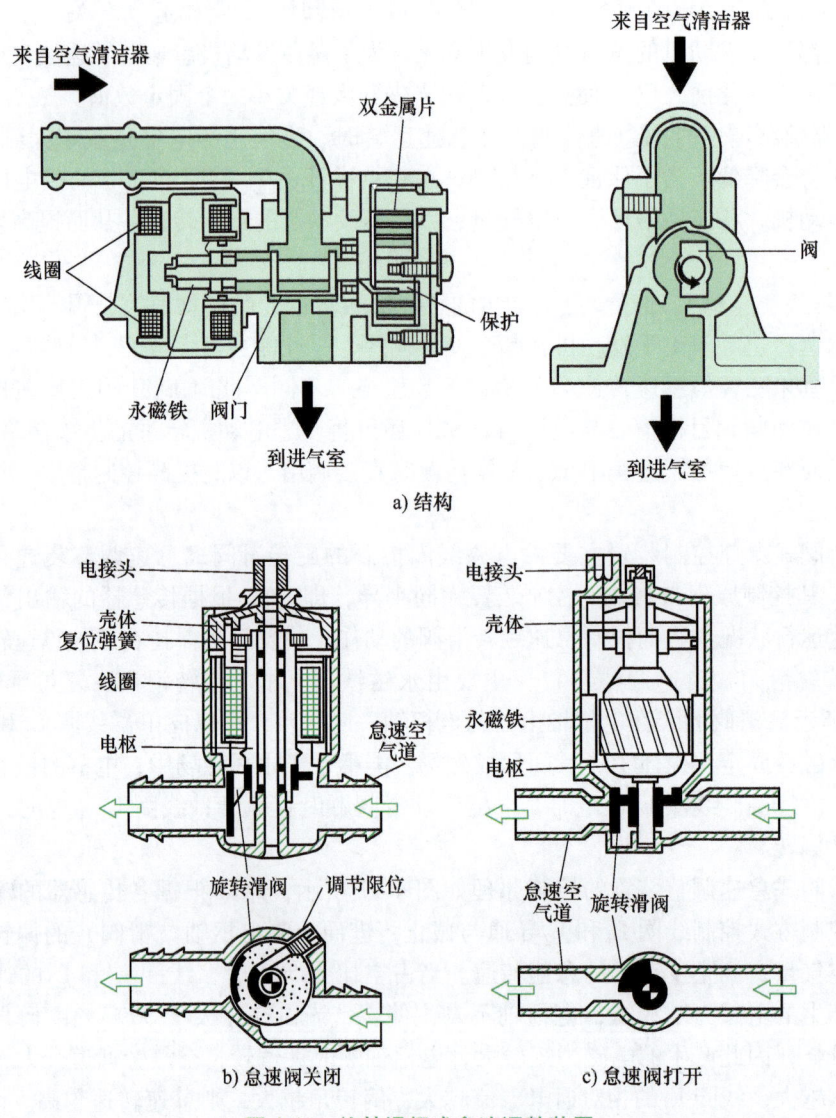

图 4-16 旋转滑阀式怠速调整装置

如果发动机的实际转速低于目标转速，ECU 控制怠速控制阀将阀门开大；反之，如果发动机的实际转速高于目标转速，ECU 控制怠速控制阀将阀门关小。

4）发动机负荷变化时的预控制。在发动机怠速运转时，若空档起动开关接通或某种负载较大的电器立即工作，会使发动机负荷改变。此时，为避免由此引起的转速波动或熄火，在发动机转速出现变化前，ECU 控制怠速控制阀开大或关小一定角度。

5）学习控制。旋转滑阀式怠速控制是根据占空比控制阀门的偏转角，以调节发动机的怠速转速。但由于发动机在整个使用期间，其性能会发生变化，尽管控制的占空比仍保持在某一值，但发动机实际的怠速转速与使用初期数值已不同。此时，ECU 可用反馈控制法进行学习修正，将怠速转速调整到目标值。当达到目标怠速后，ECU 将相应的占空比值存入备用的存储器中，用于以后怠速控制中作为相同工况时占空比的基准值。

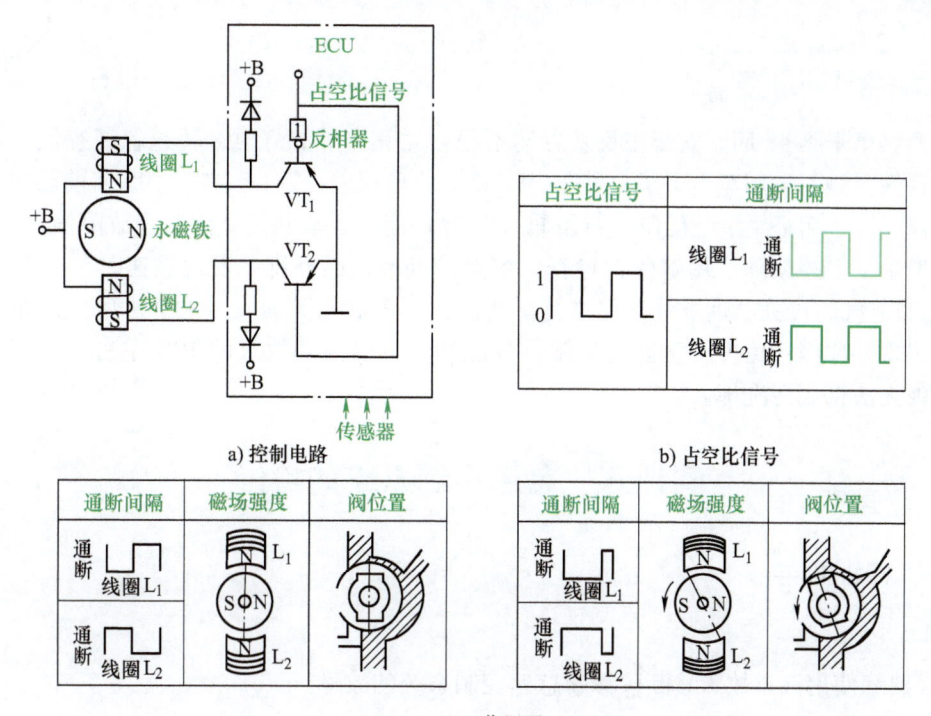

图 4-17 旋转滑阀式怠速调整装置的控制原理

四、智能电子节气门

智能电子节气门的开度范围完全受发动机 ECU 的控制，其控制原理如图 4-18 所示，其主要工作特点是：用节气门控制电动机取代了节气门拉索，在加速踏板处另设一个加速踏板位置传感器，发动机 ECU 则根据该传感器信号控制节气门电动机电流的大小和方向，从而控制节气门的开度，节气门的实际开度则由节气门位置传感器反馈给发动机 ECU。

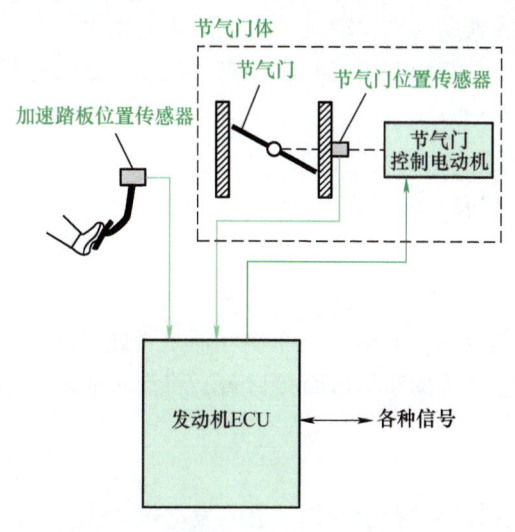

图 4-18 智能电子节气门的控制原理

拓展阅读

一辆汽车来到 4S 店，女车主反映怠速不稳，尤其在等红灯时，转速忽高忽低。与女车主交流得知，她每天用车上下班行驶 2~3km，车辆已行驶 4 万 km，在到 4S 店前已在路边店做过维修，路边店怀疑节气门脏，打吊瓶（免拆）清洗了节气门。清洗完故障消失了两天，后来又发生了上述故障。用解码器检查，重点检查节气门开度，发现怠速时节气门开度为 6%，说明节气门过脏。拆下节气门进行了清洗，装车后故障消失。一个月后回访车主，故障再未出现。原因：免拆清洗能力有限，只能达到拆卸清洗效果的 10% 左右，尤其节气门后边胶泥无法彻底清洗掉。

实训八　怠速控制系统的检修

一、实训指导

（一）实训目标

1）熟练使用汽车故障诊断仪诊断怠速控制系统的故障。
2）掌握怠速控制系统的检修方法。
3）学会分析怠速控制系统常见故障及排除方法。

（二）安全要求及注意事项

1）遵守实训场地的安全制度。
2）注意通风、防止出现火源、准备好消防设备。
3）一切行动听从指导老师指挥。
4）点火开关接通时不准连接或拔下插接器。
5）注意传感器的安装形式，不要盲目硬拉。
6）禁止使用起动电源辅助起动发动机，防止损坏电控元件。
7）正确使用仪器设备，使用万用表时注意档位选择，万用表不能测高压侧电压。

（三）设备/工具要求

设备：轿车整车或电控发动机实训台架。
工具：常用工具、万用表、汽车故障诊断仪。

（四）实训操作指导

1. 用汽车故障诊断仪读取 ECU 故障码和数据流

1）检查变速器档位是否处于 P 位，驻车制动器是否处于制动状态。
2）打开位于仪表板左下方的车辆诊断接口盖，将汽车故障诊断仪连接到车辆故障诊断接口。
3）起动发动机。
4）打开故障诊断仪，按菜单指示操作，进入发动机系统。
5）选择读取故障码（一般车型的怠速控制没有自诊断功能，可能有故障现象而没有故障码），若有故障码，则根据故障码信息先排除相关故障。

6）选择读取数据流。读取节气门位置传感器的数据流，来检查节气门位置传感器是否正常，当确认节气门位置传感器输入的信号正常后，再进行下面的检查。

2. 检修怠速控制阀

（1）旋转滑阀式怠速控制阀的检修

1）首先检查怠速控制阀的外观是否完好，插接器连接是否牢固。

2）拔下怠速控制阀插接器。

3）打开点火开关。

4）用万用表测量怠速控制阀插接器的电源端子（+B）与搭铁的电压是否为12V，若不是12V，则先检查电源电路是否存在断路或短路；若电压正常，则进入下一步。

5）从节气门体上拆下怠速控制阀。

6）用万用表测量怠速控制阀两个线圈之间的电阻：+B端子与ISC_1端子间、+B端子与ISC_2端子间的电阻值都应为17~24.5Ω，否则需更换怠速控制阀。

7）用万用表测量怠速控制阀两个线圈的搭铁情况：测ISC_1端子、ISC_2端子与怠速控制阀外壳之间的电阻，应为无穷大，否则需更换怠速控制阀。

8）分别向怠速控制阀的+B端子与ISC_1端子之间、+B端子与ISC_2端子之间提供12V电压（时间不超过1s），看怠速控制是否动作。若无动作，则更换怠速控制阀；若动作正常，则进行下一步检查。

9）拆下蓄电池的负极插头，拔下ECU的插接器。

10）用万用表检查怠速控制阀插接器线束侧ISC_1端子、ISC_2端子与ECU的电路连接情况，若有断路，则查找断点并进行维修。

11）用万用表检查怠速控制阀插接器线束侧ISC_1端子、ISC_2端子的搭铁情况，测量ISC_1端子、ISC_2端子与搭铁之间的电阻，应为无穷大，否则需维修或更换线束。

12）检查旁通气道有无污物阻塞情况，若有，则应进行清洁。

如果以上情况都正常，但接上ECU后怠速控制阀仍然不工作，则应更换发动机ECU。

（2）步进电动机式怠速控制阀的检修

1）基本检查。

① 检查怠速控制阀的外观是否完好，插接器连接是否牢固。

② 起动发动机，然后再关闭发动机，听怠速控制阀是否有"咔嗒"声（置于完全打开位置，便于下次起动）。若有，则说明怠速控制阀及其控制电路基本正常；若无，则说明怠速控制阀及其控制电路存在故障，需进入下一步检查。

2）检查怠速控制阀的供电电压。打开点火开关，用万用表测怠速控制阀插接器B_1端子和B_2端子搭铁电压，应为12V，否则检查主继电器与怠速控制阀插接器B_1端子和B_2端子之间的电路是否断路或短路。

3）检查怠速控制阀的电阻。

① 拔下怠速控制阀的插接器。

② 选用合适的工具将怠速控制阀从节气门体上拆下。

③ 用万用表测步进电机四个线圈之间的电阻值：B_1 与 S_1 之间、B_1 与 S_2 之间、B_1 与 S_3 之间、B_1 与 S_4 之间的电阻值应均为 10~30Ω。如果有一处不正常，则应更换怠速控制阀。

4）检查怠速控制阀的运行。

① 将蓄电池的正极接在怠速控制阀的 B_1 端子和 B_2 端子上。

② 按照 S_1—S_2—S_3—S_4 的顺序将蓄电池的负极与各个线圈的端子相连，怠速控制阀应逐步伸出；按照 S_4—S_3—S_2—S_1 的顺序将蓄电池的负极与各个线圈的端子相连，怠速控制阀应逐步缩入。若不符合上述要求，则应更换怠速控制阀。

5）怠速旁通气道的检查。检查旁通气道有无污物阻塞情况，若有，则应进行清洁。如果以上情况都正常，但发动机怠速不良的故障现象依然存在，则应更换发动机 ECU。

二、工作单

1. 相关数据流分析

1）故障码读取及分析：

故障指示灯	故障码	故障码说明
常亮□ 正常□		

2）与故障码相关数据流读取与分析：

序号	项目名称	数据	判定
1			异常□ 正常□
2			异常□ 正常□

2. 故障诊断步骤

1）怠速控制阀的检修：

部件名称	条件	检查结果	判定
怠速控制阀	电阻测量	电阻：　　Ω	异常□ 正常□
	短路测量	电阻：　　Ω	异常□ 正常□
	施加电压测试	工作□ 未工作□	异常□ 正常□

2）怠速控制阀电路的检修：

电路端子	条件	标准值	测量值	判定
	电压测量			异常□ 正常□
	断路测量			异常□ 正常□
	断路测量			异常□ 正常□
	短路测量			异常□ 正常□
	短路测量			异常□ 正常□

3）部件/电路故障点确认及分析：

维修措施：维修□ 更换□ 调整□

怠速控制系统的检修任务评价表

任务名称		怠速控制系统的检修			日期：			
姓名：		班级：			学号：			
自评：□熟练 □不熟练		互评：□熟练 □不熟练			师评：□合格 □不合格			
序号	评分项	得分条件	配分	评分标准	小计	自评	互评	师评
1	安全/8S/态度	□1. 能进行工位 8S 操作 □2. 能进行设备和工具安全检查 □3. 能进行安全防护操作 □4. 能进行工具清洁校准存放操作 □5. 能进行作业过程规范操作	15	未完成一项扣 3 分，扣分不得超 15 分		□熟练 □不熟练	□熟练 □不熟练	□合格 □不合格
2	专业技能能力	□1. 能正确读取系统故障码 □2. 能正确记录与分析系统故障码 □3. 能正确读取系统数据流 □4. 能正确记录与分析系统数据流 □5. 能正确测量怠速电磁阀的电阻 □6. 能正确测量怠速电磁阀电路是否短路 □7. 能正确测试怠速电磁阀工作状况	50	未完成一项扣 8 分，扣分不得超 50 分		□熟练 □不熟练	□熟练 □不熟练	□合格 □不合格
3	工具及设备的使用能力	□1. 能正确选用维修工具 □2. 能正确使用万用表 □3. 能正确使用故障诊断仪	10	未完成一项扣 4 分，扣分不得超 10 分		□熟练 □不熟练	□熟练 □不熟练	□合格 □不合格
4	资料、信息查询能力	□1. 能正确使用维修手册查询资料 □2. 能正确使用用户手册查询资料 □3. 能在规定时间内查询所需资料 □4. 能正确记录所需资料章节页码 □5. 能正确记录所需维修信息	10	未完成一项扣 2 分，扣分不得超 10 分		□熟练 □不熟练	□熟练 □不熟练	□合格 □不合格

（续）

序号	评分项	得分条件	配分	评分标准	小计	自评	互评	师评
5	数据判读和分析能力	□1. 能分析系统故障码是否正常 □2. 能分析系统数据流是否正常 □3. 能判断怠速控制阀是否正常 □4. 能判断怠速控制阀电路是否正常	10	未完成一项扣3分，扣分不得超10分		□熟练 □不熟练	□熟练 □不熟练	□合格 □不合格
6	表单填写与报告的撰写能力	□1. 字迹清晰 □2. 语句通顺 □3. 无错别字 □4. 无涂改 □5. 无抄袭	5	未完成一项扣1分，扣分不得超5分		□熟练 □不熟练	□熟练 □不熟练	□合格 □不合格

总分：

任务二　排放控制系统的检修

情智提升

习近平总书记指出，绿水青山就是金山银山。汽车为人们提供出行便利的同时，也带来了大气污染等环境污染问题。为此，汽车研发人员不断研制尾气净化装置，希望在不久的将来，汽车研发人员能研制出更先进、更环保的尾气净化装置。

随着汽车工业的飞速发展，汽车保有量急剧增加，汽车排放问题受到极大的关注。由于汽车排放严重影响着生态环境和人身健康，制约着经济的发展，所以世界上各发达国家相继投入大量的人力、物力和财力控制环境污染，保护生态平衡。为了能更好地治理环境污染，满足越来越严格的排放法规要求，在现代汽车发动机上采用了多种排放控制系统。

一、发动机排放污染物的形成与影响因素

汽车的排放污染物有很多，最主要的有害成分有三种，即CO（一氧化碳）、HC（碳氢化合物）和NO_x（氮氧化合物）。

1. CO 的形成

CO 是可燃混合气在燃烧过程中因氧气不足而生成的产物。CO 的生成量主要取决于空燃比，当使用空燃比小于 14.7 的浓混合气时，因氧气相对不足，生成的 CO 较多。

2. HC 的形成

HC 是燃料没有燃烧或不完全燃烧的产物，还有一部分是来自曲轴箱窜气和燃油箱燃料的蒸发。曲轴箱窜出的气体大部分是未燃烧的气体；燃油箱内的汽油在温度越高时，蒸发量越大。

3. NO_x 的形成

NO_x 是由空气中的氮和氧在燃烧室高温高压作用下发生化学反应生成的，它的生成量取决于燃烧的最高温度和高温持续时间等。

二、废气再循环

废气再循环（Exhaust Gas Recirculation，EGR）是指在发动机工作时将一部分废气引入进气管，并与新鲜空气混合后吸入气缸内再次进行燃烧的过程。废气再循环是降低 NO_x 排放量的一种有效方法，通过降低燃烧室的燃烧温度抑制 NO_x 的生成。通常，废气再循环程度用 EGR 率表示，其定义如下：

$$EGR 率 = EGR 流量 / (吸入空气量 + EGR 流量)$$

当 EGR 率达到 15% 时，NO_x 的排放量即可减少 60%。但 EGR 率增加过多时，会使发动机性能下降，HC 排放量上升。因此，ECU 精确控制 EGR 率，既能使 NO_x 排放量有效降低，又可保证发动机的动力性。

1. 普通废气再循环电子控制系统

普通废气再循环电子控制系统主要由 EGR 电磁阀、EGR 控制阀、曲轴位置传感器、ECU、冷却液温度传感器等组成，如图 4-19 所示。

当发动机工作时，ECU 根据点火开关、曲轴位置传感器、节气门位置传感器和冷却液温度传感器等信号，确定发动机运行工况，并同时输出指令，控制电磁阀电磁线圈的导通与截止，并利用进气管的真空来控制 EGR 控制阀开启或关闭，使废气再循环进行或停止。

废气再循环控制过程见表 4-1。当 ECU 向 EGR 电磁阀发出"接通"信号时，电磁阀接通（ON），其阀门关闭（OFF），切断了控制 EGR 控制阀膜片室的真空通道，使 EGR 控制阀不起作用。反之，当电磁阀关闭（OFF）时，其阀门打开（ON），通往控制 EGR 控制阀膜片室的真空通道打开（ON），EGR 控制阀再次起作用。当 EGR 电磁阀工作时，EGR 率不可调节。

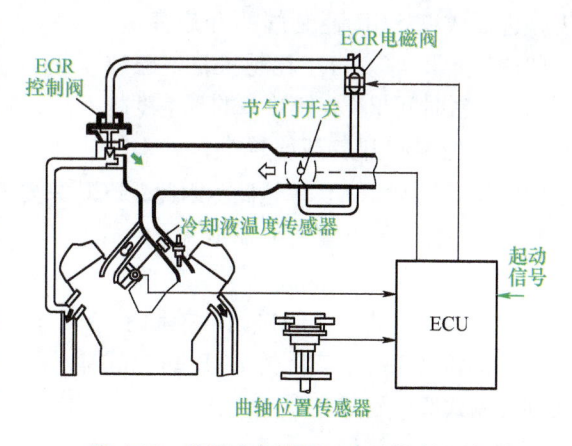

图 4-19 普通废气再循环电子控制系统
（日产 VG30 型发动机）

表 4-1　废气再循环控制过程

工况	EGR 电磁阀	废气再循环
发动机起动时	ON（电磁阀接通，阀门关闭）	不起作用
节气门位置传感器的怠速触点接通		
发动机温度低时		
发动机转速低于 900r/min		
发动机转速高于 3200r/min		
除去以上工况	OFF（电磁阀关闭，阀门打开）	起作用

2. 可变 EGR 率的废气再循环控制系统

可变 EGR 率的废气再循环控制系统主要由 EGR 控制阀、VCM 真空控制阀、ECU 及各种传感器等组成，如图 4-20 所示。

EGR 控制阀内有一个膜片，膜片在弹簧及两侧气压的作用下可上下移动，膜片移动时可带动其下方的锥形阀同时移动，将阀门关闭或打开。当阀门打开时，EGR 控制阀将排气管和进气管连通，有废气从排气管流出。此外，EGR 控制阀阀门的开启高度由 VCM 真空控制阀控制。

ECU 通过控制 VCM 真空控制阀相对通电时间，控制 EGR 控制膜片室的真空度，进而改变 EGR 控制阀的开启高度，以此调节 EGR 率。占空比越大，电磁线圈通电相对时间越长，膜片室的真空度越小，EGR 控制阀开启高度越小，进入气缸中的废气越少，EGR 率越低。因此，ECU 只要控制施加在 VCM 真空控制阀电磁线圈上脉冲电压的占空比，即可实现对 EGR 率的控制。

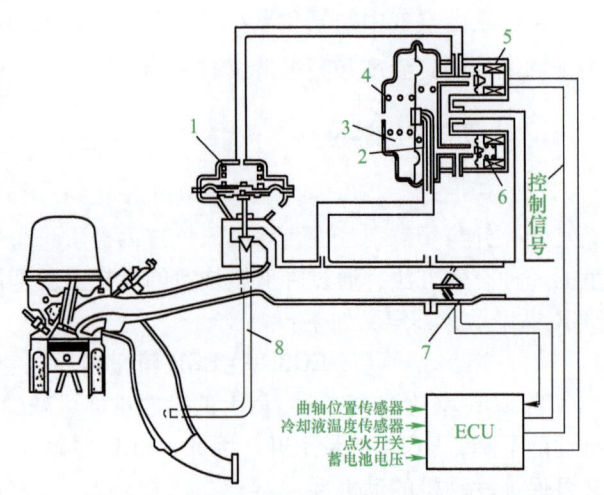

图 4-20　可变 EGR 率的废气再循环控制系统
1—EGR 电磁阀　2—定压阀　3—真空室
4—VCM 真空控制阀　5—EGR 控制阀
6—怠速调节电磁阀　7—节气门位置传感器
8—废气再循环管路

3. 闭环反馈控制式废气再循环系统

上述两种形式的废气再循环控制系统均属于开环控制，EGR 率只能预先设定，不能检测发动机各种工况下实际的 EGR 率。目前，在更为先进的 EGR 控制系统中广泛采用了闭环反馈控制式废气再循环系统，该系统以 EGR 率或 EGR 控制阀的开度作为反馈信号，进行闭环控制。

（1）用 EGR 控制阀开度作为反馈信号　与普通电子控制式 EGR 系统相比，在 EGR 控制阀上增加了一个用于检测其开启高度的 EGR 位置传感器，用 EGR 控制阀开度作为反馈信号的闭环控制系统如图 4-21 所示。电位计式的 EGR 位置传感器可将 EGR 控制阀开启高度转换为相应的电压信号，并反馈给 ECU。ECU 根据反馈信号控制真空电磁阀的动作，进而调节 EGR 控制阀膜片室的真空度，以此改变 EGR 率。

（2）用 EGR 率作为反馈信号　直接用 EGR 率作为反馈信号的废气再循环闭环控制系

统，如图 4-22 所示。EGR 率传感器安装于稳压箱（进气总管）上，可利用测量混合气中的氧气浓度来检测混合气的 EGR 率，并将其检测信号反馈给 ECU。ECU 依据此信号发出控制指令，不断调整 EGR 控制阀的开启高度，以此控制混合气中的 EGR 率，使其始终保持在最佳状态，从而有效地减少 NO_x 的排放量。

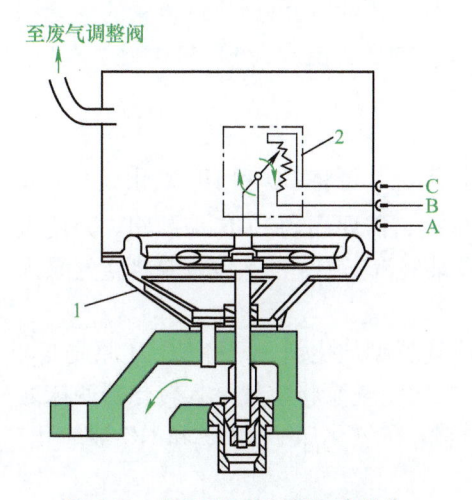

图 4-21 用 EGR 控制阀开度作为反馈信号的闭环控制系统
1—EGR 控制阀　2—EGR 位置传感器
A、B、C—插接器端子

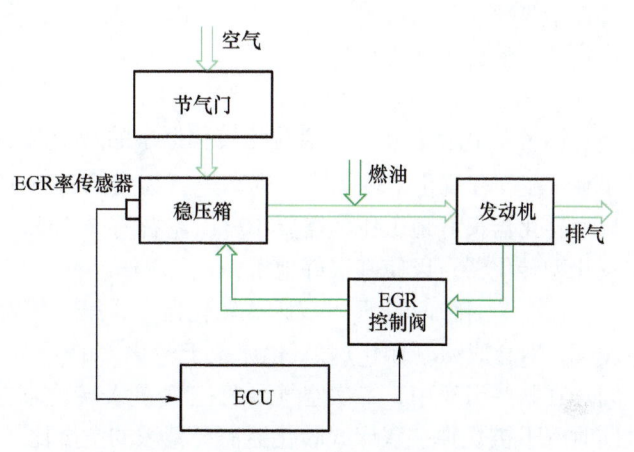

图 4-22 用 EGR 率作为反馈信号的废气再循环闭环控制系统

三、汽油蒸发排放控制

为防止燃油箱向大气中排放汽油蒸气而产生污染，现代轿车普遍采用了由 ECU 控制的汽油蒸发排放控制系统（Evaporative Emission System，EVAP），如图 4-23 所示。

燃油箱中的汽油蒸气通过单向阀进入活性炭罐上部，空气从活性炭罐下部进入清洗活性炭。发动机工作时，ECU 根据发动机的转速、空气流量、温度等信号，控制活性炭罐电磁阀的动作来控制排放控制阀上部的真空度，从而控制排放阀的开闭动作。当排放控制阀打开时，汽油蒸气通过阀中的定量排放小孔吸入进气歧管，然后进入气缸烧掉。

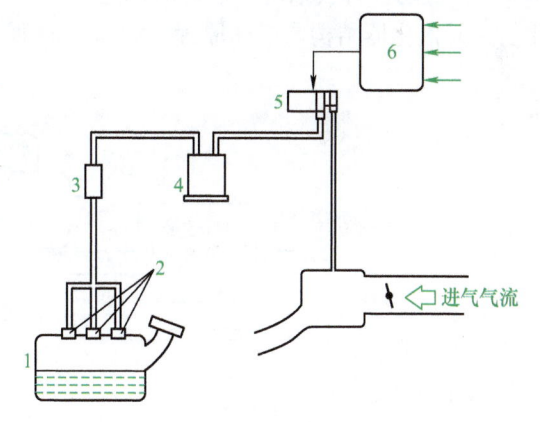

图 4-23 汽油蒸发排放控制系统
1—燃油箱　2—油气分离器　3—双向阀　4—蒸气回收罐
5—控制电磁阀　6—ECU

在某些车型上，EVAP 有利于发动机抑制爆燃。当 ECU 判断出发动机产生爆燃时，即刻使活性炭罐电磁阀关闭，切断真空，关闭排放控制阀，直至爆燃消失后且超过 150ms 时，ECU 才使活性炭罐电磁阀恢复工作。

四、转化器

1. 功能

发动机排放中的 CO、HC 和 NO_x 在温度高于 1000℃ 时，很容易变成无害气体。然而，排气系统很难维持如此高的温度。含有铂（Pt）、钯（Pd）或铑（Rh）等贵金属的催化剂可在不改变自身的情况下加快排气中的化学反应速率，在较低的温度（30~900℃）下将这些排放物转化为无害物质。

2. 类型

（1）**氧化型转化器** 氧化型转化器中的贵金属是铂和钯，可将 CO 和 HC 氧化成 CO_2 和 H_2O。在仅有氧化型转化器的汽车上，为了降低 NO_x 排放，需要用到 EGR 控制阀。为使氧化型转化器很好地工作，需要 16∶1 左右的稀 A/F。在某些汽车中，二次空气泵将空气泵入氧化型转化器，以使其很好地工作。

（2）**双床式转化器** 双床式转化器中，第一床含有还原型催化剂，可将 NO_x 还原成 N_2，HC 和 N_2 合成氨（NH_3）。氧化床位于转化器的后面，二次空气泵将空气泵入转化器两床之间。在某些卡车中，二次空气泵将空气泵入转化器之前。在氧化床中，CO 和 HC 被氧化，同时 NH_3 被烧掉。双床式转化器需要稍浓的空燃比。

（3）**三元催化器** 三元催化器中的贵金属是铂和铑，钯也用于某些三元催化器。为使三元催化器很好地工作，A/F 必须保持理论 A/F（14.7∶1）。三元催化器氧化 HC 和 CO，并且还原 NO_x。

三元催化器通过发动机的改进或 EGR 控制阀将还没有清除掉的有害成分（HC、CO、NO_x）在发动机排气系统中进行氧化还原反应，生成 H_2O、CO_2 和 N_2，从而实现对废气的净化。三元催化器结构与工作原理，如图 4-24 所示。

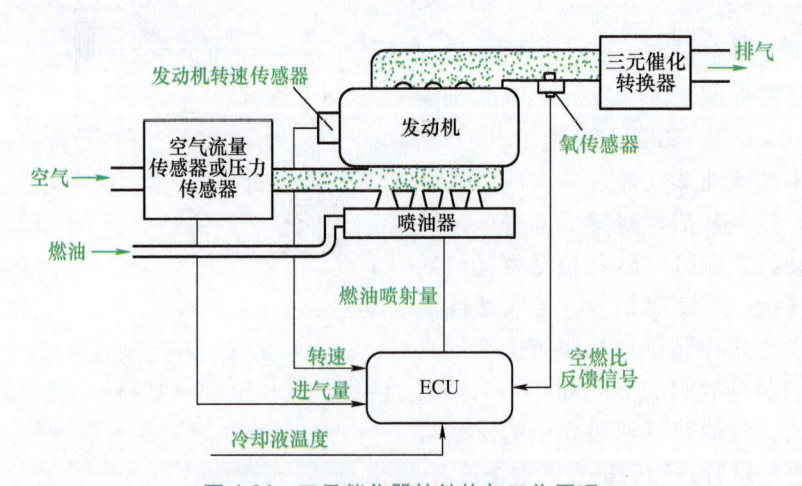

图 4-24 三元催化器的结构与工作原理

在混合气较稀的区域内，混合气燃烧后的排气中未参加燃烧反应的氧气量较多，在氧化催化作用下，HC 和 CO 生成 CO_2 和 H_2O，但 NO_x 并不被还原而随废气排出。在混合气较浓的区域内，混合气燃烧后的排气中几乎没有氧气，而 HC 和 CO 则处于过剩状态。

NO$_x$ 在还原催化作用下，与过剩的 HC、CO 还原生成 H$_2$O 和 N$_2$，剩余的 HC、CO 随废气被排出。

在被称为高效区的理论 A/F 范围内，三元催化和还原的能力很强，能高效率地进行 HC、CO 的氧化和 NO$_x$ 的还原，使三种排放污染物被同时净化。因此，有必要使可燃混合气的空燃比控制在非常狭小的高效净化区域内，并在燃烧后再把排气引到催化器中进行净化。氧传感器能检测进入催化器之前的排气中的氧浓度或脱离高效区域内进行燃烧的程度，并监视吸入的混合气状态。

三元催化器加装在发动机排气总管后面，如图 4-25 所示。其中的三元催化剂是铂和铑的混合物，铂能促使排气中的有害成分 CO、HC 氧化成 CO$_2$ 和 H$_2$O，铑能加速有害气体 NO$_x$ 还原成 N$_2$ 和 O$_2$，从而起到净化排气的作用，如图 4-26 所示。催化剂的表面活性作用是利用排气本身的热量激发的，其使用温度范围以活化开始温度为下限，以过热引起催化器故障的极限温度为上限。一般排气中有害成分开始转化温度需超过 250℃，发动机起动预热 5min 后，才能达到此下限温度。一旦活化开始，催化床便因反应放热而自动地保持高温。保持催化器高净化率、高使用寿命的理想运行条件的使用温度为 400～800℃，使用温度的上限为 1000℃。当超过此温度后，催化剂过热会加速老化，以至于完全丧失催化功能。另外，催化器也经常由排气中铅化物、炭烟、焦油等引起损坏。

三元催化器
的清洗

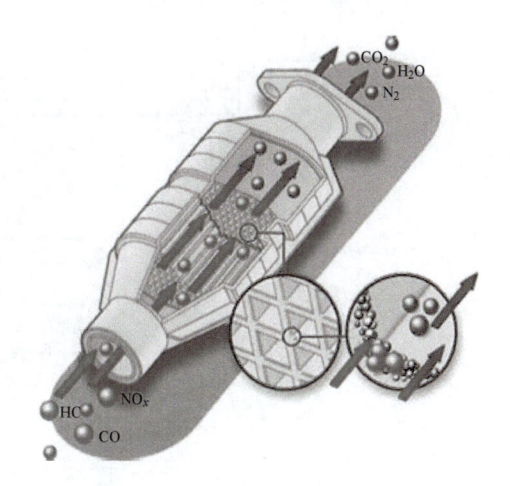

图 4-25 三元催化器　　　　　图 4-26 三元催化器催化剂工作原理

三元催化典型案例及解析：一辆现代新胜达汽车，行驶 5 万 km 来到 4S 店，故障现象为动力不足，将加速踏板踩到底车速也达不到 120km/h，用解码器检测未见异常，检测燃油系统压力正常，判定该车为典型的三元催化器堵塞故障。拆去前氧传感器，用内窥镜（冷车检测，热车会烧坏内窥镜）检查发现三元催化器堵塞 80% 以上，更换三元催化器后故障消失。接排气背压表（接氧传感器口），数值显示排气背压高，说明排气阻力大，间接证明堵塞。借助红外测温仪，照三元催化器前后，温度正常值相差 100℃，温差过大，间接说明堵塞。

新技术链接

颗粒捕捉器

随着排放法规的日渐严格，对发动机及其排放的要求越来越高，国Ⅵ B 标准下，大量车型加装了颗粒捕捉器，以降低颗粒物的排放。柴油发动机的颗粒捕捉器简称 DPF，汽油发动机的颗粒捕捉器简称 GPF。

所谓颗粒捕捉器就是在三元催化器末端增加的过滤装置，用于捕获和储存排气烟尘，以减少柴油车或者汽油车的碳排放。发动机燃油不完全燃烧产生的黑碳颗粒直径一般在 1μm 左右，如果不加以限制会加剧空气中的颗粒物污染，对大气造成污染，损害人体健康。颗粒捕捉器可以捕获 30%～95% 的有害烟尘。

五、二次空气喷射系统

二次空气喷射系统又称为空气管理系统，采用此系统可进一步降低排气中的有害物质，提高催化剂的转化率。二次空气喷射系统是将一定量的空气引入排气管中，使废气中的 CO 和 HC 进一步燃烧，以减少 CO 和 HC 的排放量。

二次空气又分为上游气流及下游气流。上游气流进入排气总管，下游气流流入转换器的空气室中，空气管理系统如图 4-27 所示，ECU 控制空气进入排气总管及转换器中的时间。

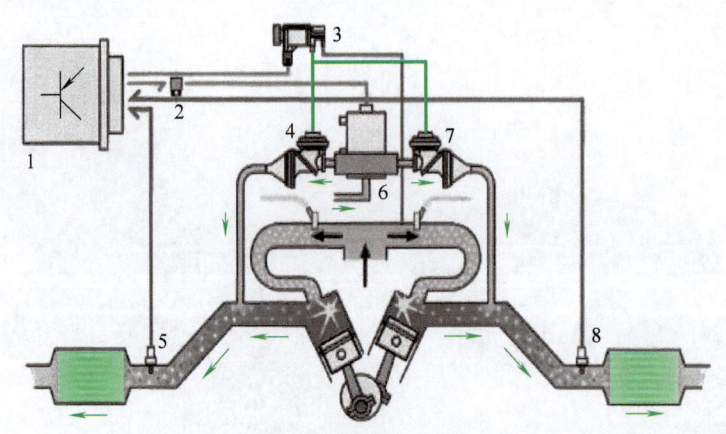

图 4-27　空气管理系统
1—发动机电控单元（ECU）　2—二次空气泵继电器　3—二次空气控制电磁阀
4、7—二次空气分流阀　6—二次空气泵　5、8—氧传感器

目前，二次空气供给系统有两种：有空气泵的空气喷射系统（称为空气泵系统）和利用排气压力将空气导入的装置（称为脉冲空气系统）。

脉冲空气系统与空气泵系统相比，不需动力源注入空气，成本低，功耗小，其工作原理如图 4-28 所示。空气来自空气滤清器，由 ECU 控制电磁阀的开、闭。电磁阀与检查阀相连，检查阀为单向阀。由于排气中压力是正负交替的脉冲压力波，当排气压力为负时，空气进入排气口；压力为正时，检查阀关闭，空气不能返回。其上、下游空气道各有一个电磁阀和一个单向阀，其中电磁阀由 ECU 控制。

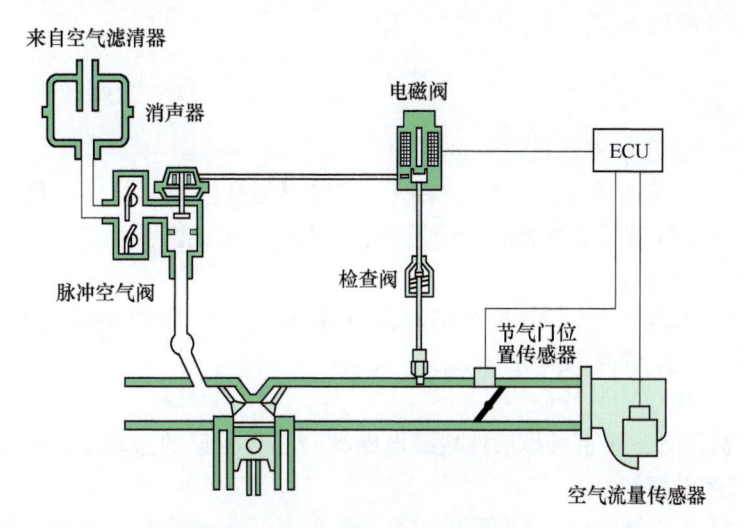

图 4-28　脉冲空气系统的工作原理

实训九　废气排放控制系统的检修

一、实训指导

(一) 实训目标

1) 熟悉电控发动机废气排放控制系统的基本组成及安装位置。
2) 学会使用解码器诊断废气排放控制系统的故障。
3) 学会使用解码器的元件测试功能，对活性炭罐电磁阀以及 EGR 控制阀进行测试。
4) 学会分析废气排放控制系统常见故障的产生原因及排除方法。

(二) 安全要求及注意事项

1) 实训汽车停在实训工位上，没有经过老师批准不准起动。经老师批准起动后，首先应检查车轮的安全顶块是否放好，汽车驻车制动是否拉好，变速杆是否放在 P 位（AT）或空位（MT），并确认车前没有人。
2) 发动机运行时不准用手触碰旋转件及风扇。
3) 点火开关接通时，不能连接或拔下诊断仪的诊断插头，以防损坏检测仪器。
4) 万用表功能档位开关必须旋至正确的位置，以防损坏万用表。

(三) 设备/工具/仪器/耗材要求

设备：帕萨特乘用车或台架，凯越乘用车，其他电控整车或发动机台架。
工具：探针。

仪器：KT600解码器或其他诊断仪，万用表。

耗材：无。

（四）实训操作指导

1. 认知废气排放控制系统的基本组成

废气排放控制系统由汽油蒸发控制系统、废气再循环控制系统、氧传感器、三元催化器（TWC）、二次空气喷射系统和曲轴箱强制通风系统等组成。

2. 汽油蒸发控制系统的检修

（1）活性炭罐的检查　检查管路有无破损或漏气，活性炭罐壳体有无裂纹，每20000km应更换活性炭罐底部的进气滤芯（大众）。

（2）活性炭罐电磁阀的检修

1）发动机运行时，用手触摸活性炭罐电磁阀，应有明显的振动感；关闭点火开关，应能听到电磁阀关闭的声音。

2）动作检测（大众车）。二极管试灯接活性炭罐电磁阀插头的两个端子，诊断仪进入发动机系统，"执行元件诊断"，选择活性炭罐电磁阀（N80），这时二极管试灯应闪亮。

3）电气性能检测。

①检测活性炭罐电磁阀的电阻。关闭点火开关，拔下活性炭罐电磁阀插头，测量电磁阀两端之间的电阻，标准值为22～33Ω。

②检测活性炭罐电磁阀的供电电源。二极管试灯接活性炭罐电磁阀插头的端子1，这时二极管试灯应闪亮，用万用表测量，应显示为12V。

4）密封性检验。给活性炭罐电磁阀供12V电源，对准电磁阀吹气，检查电磁阀开、闭是否良好。

3. 废气再循环控制系统的检修

1）初步检查。检查真空软管有无破损，接头处有无松动、漏气等。

2）EGR控制阀的检查。将点火开关断开，拔下EGR控制阀线束插头，用万用表电阻档测量线圈电阻，一般为20～50Ω。给EGR控制阀通电，检查开关打开和关闭是否正常。

3）诊断仪检测。用诊断仪检测EGR控制系统，应符合维修手册中的规定。

4. 三元催化器的检修

1）外部检视。用举升机将汽车举起，检视汽车底部的三元催化器。

①是否有松脱，表面是否有撞击损伤。

②外壳是否有严重的褐色斑点、青色与紫色斑痕，或防护罩的中央是否有明显的暗灰色斑点，若有，则说明三元催化器曾发生过热状态。

③急加速时听三元催化器内部是否有破碎声，若有，则说明三元催化器内部的催化剂载体已破碎。

2）检测排气管的排气压力是否过小，若排气压力过小，或三元催化器温度过高，则说明三元催化器内部堵塞。

3）诊断仪检测（选做）。用诊断仪读取故障码，读取主氧传感器、副氧传感器的信号，或用示波器检测比较主氧传感器、副氧传感器的信号波形，可判断三元催化器的性能。

5. 二次空气喷射系统（选做）

检查二次空气喷射系统所有的管道和管接头有无漏气；单向阀是否良好，是否有废气倒

项目四　发动机辅助控制系统的检修

流现象；二次空气吸入阀是否损坏；空气泵传动带是否老化磨损等。

二、工作单

1）观察实训中心的各类型实车，认识废气排放控制系统的组成及其安装位置。

车型	废气再循环控制系统	汽油蒸发控制系统	三元催化器	二次空气喷射系统
＿＿＿车	有□　无□	有□　无□	有□　无□	有□　无□
＿＿＿车	有□　无□	有□　无□	有□　无□	有□　无□
＿＿＿车	有□　无□	有□　无□	有□　无□	有□　无□
＿＿＿车	有□　无□	有□　无□	有□　无□	有□　无□
＿＿＿车	有□　无□	有□　无□	有□　无□	有□　无□

2）汽油蒸发控制系统的检修。

车型1：＿＿＿＿＿＿＿＿＿＿

项目	检查1	检查2	检查3	检查4
活性炭罐的检修	管路有无破损或漏气	活性炭罐壳体有无裂纹	活性炭罐电磁阀的电阻	诊断仪检测分析
	良好□　有故障□	良好□　有故障□	良好□　有故障□	良好□　有故障□
废气再循环控制系统检修	真空软管有无破损	接头处有无松动、漏气	EGR控制阀线圈电阻	诊断仪检测分析
	良好□　有故障□	良好□　有故障□	良好□　有故障□	良好□　有故障□
三元催化器的检修	外部检视	是否过热	排气管排气压力	诊断仪检测分析
	良好□　有故障□	良好□　有故障□	良好□　有故障□	良好□　有故障□
二次空气喷射系统检修	管道和管接头	单向阀	二次空气吸入阀	空气泵传动带
	良好□　有故障□	良好□　有故障□	良好□　有故障□	良好□　有故障□

车型2：＿＿＿＿＿＿＿＿＿＿

项目	检查1	检查2	检查3	检查4
活性炭罐的检修	管路有无破损或漏气	活性炭罐壳体有无裂纹	活性炭罐电磁阀的电阻	诊断仪检测分析
	良好□　有故障□	良好□　有故障□	良好□　有故障□	良好□　有故障□
废气再循环控制系统检修	真空软管有无破损	接头处有无松动、漏气	EGR控制阀线圈电阻	诊断仪检测分析
	良好□　有故障□	良好□　有故障□	良好□　有故障□	良好□　有故障□
三元催化器的检修	外部检视	是否过热	排气管排气压力	诊断仪检测分析
	良好□　有故障□	良好□　有故障□	良好□　有故障□	良好□　有故障□
二次空气喷射系统检修	管道和管接头	单向阀	二次空气吸入阀	诊断仪检测分析
	良好□　有故障□	良好□　有故障□	良好□　有故障□	良好□　有故障□

三、分析思考

1. 画出控制原理图并写出工作条件。

141

系统	废气再循环控制系统	汽油蒸发控制系统	二次空气喷射系统
控制原理图			
工作条件			

2. 废气再循环阀关闭不严的故障原因是什么？将造成什么故障？
3. 如何检测汽油蒸发控制阀？
4. 汽油箱左右及下部凹瘪，原因是什么？
5. 三元催化器堵塞有什么故障现象？如何检查判断三元催化器堵塞？

废气排放控制系统的检修任务评价表

任务名称	废气排放控制系统的检修			日期：		
姓名：	班级：			学号：		
自评：□熟练 □不熟练	互评：□熟练 □不熟练			师评：□合格 □不合格		
序号	评分项	得分条件	配分	评分标准	小计	自评	互评	师评
---	---	---	---	---	---	---	---	---
1	安全/8S/态度	□1. 能进行工位 8S 操作 □2. 能进行设备和工具安全检查 □3. 能进行安全防护操作 □4. 能进行工具清洁校准存放操作 □5. 能进行作业过程规范操作	15	未完成一项扣 3 分，扣分不得超 15 分		□熟练 □不熟练	□熟练 □不熟练	□合格 □不合格
2	专业技能能力	□1. 能正确检修汽油蒸发控制系统的管路 □2. 能正确检修汽油蒸发控制系统的电磁阀 □3. 能正确检修废气再循环控制系统的管路 □4. 能正确检修废气再循环控制系统的控制阀 □5. 能正确检查三元催化器的外观 □6. 能正确检修氧传感器	50	未完成一项扣 9 分，扣分不得超 50 分		□熟练 □不熟练	□熟练 □不熟练	□合格 □不合格
3	工具及设备的使用能力	□1. 能正确选用维修工具，并用其拆装排放控制系统的主要部件 □2. 能正确使用检测工具检测排放控制系统的主要部件	10	未完成一项扣 5 分，扣分不得超 10 分		□熟练 □不熟练	□熟练 □不熟练	□合格 □不合格

项目四　发动机辅助控制系统的检修

（续）

序号	评分项	得分条件	配分	评分标准	小计	自评	互评	师评
4	资料、信息查询能力	☐1. 能正确使用维修手册查询资料 ☐2. 能正确使用用户手册查询资料 ☐3. 能在规定时间内查询所需资料 ☐4. 能正确记录所需资料章节页码 ☐5. 能正确记录所需维修信息	10	未完成一项扣 2 分，扣分不得超 10 分		☐熟练 ☐不熟练	☐熟练 ☐不熟练	☐合格 ☐不合格
5	数据判读和分析能力	☐1. 能判断汽油蒸发控制系统的管路是否正常 ☐2. 能判断各发动机 ECU 是否正常 ☐3. 能判断废气再循环控制系统的管路及控制阀否正常 ☐4. 能判断三元催化器是否正常 ☐5. 能判断氧传感器是否正常	10	未完成一项扣 2 分，扣分不得超 10 分		☐熟练 ☐不熟练	☐熟练 ☐不熟练	☐合格 ☐不合格
6	表单填写与报告的撰写能力	☐1. 字迹清晰 ☐2. 语句通顺 ☐3. 无错别字 ☐4. 无涂改 ☐5. 无抄袭	5	未完成一项扣 1 分，扣分不得超 5 分		☐熟练 ☐不熟练	☐熟练 ☐不熟练	☐合格 ☐不合格

总分：

情智提升

习近平总书记在二十大报告中指出，大自然是人类赖以生存发展的基本条件。尊重自然、顺应自然、保护自然，是全面建设社会主义现代化国家的内在要求。必须牢固树立和践行绿水青山就是金山银山的理念，站在人与自然和谐共生的高度谋划发展。

如今，汽车为人们的出行提供了极大的便利，但其排放的尾气也不可避免地带来大气污染。因此，在加强汽车排放控制的同时，也应倡导绿色出行、节能减排，为我们绿色的家园做出贡献，共同保护我们赖以生存的环境。坚持绿水青山就是金山银山的理念，让我们的祖国天更蓝、山更绿、水更清。

任务三　进气与增压控制系统的检修

一、谐波进气增压控制

谐波进气增压控制系统，利用进气气流的惯性产生的压力波提高充气效率。

在发动机进气行程初期，由于活塞的吸入作用，在进气管内产生负的压力波（负压波），这种负压波在进气管内传播，并到达进气管末端。在此末端，若无压力变化，则该负压波就被反射回来，形成逆向位的正压力波。当进气门打开时，正压力波进入气缸内，于是提高了充气效率，即惯性增压原理。由气缸、进气管构成进气系统，由活塞引起压力振动而产生共振，使惯性效应达到最大值。一般通过选择进气管长度、进排气门的开闭定时，在发动机的额定转速下即可获得较好的惯性效应，谐波进气增压控制如图4-29所示。

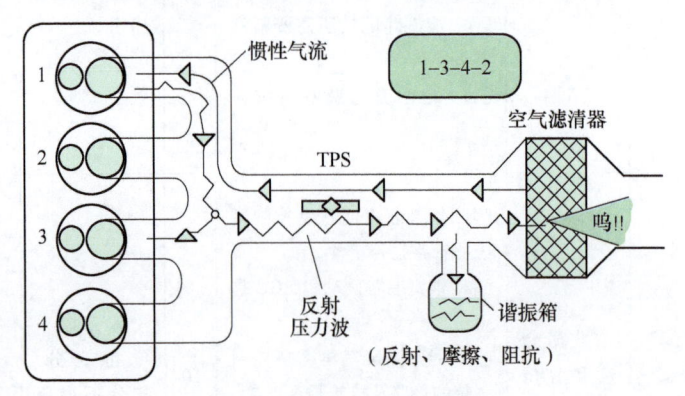

图4-29　谐波进气增压控制

如果使进气压力脉动波与进气门的配气相位配合好，则可使进气管内的空气产生谐振，利用谐振效果在进气门打开时形成增压进气效果，有利于增加发动机的输出功率。

进气管较长时，谐振压力波的波长较长，有利于发动机中低转速区转矩增加；进气管较短时，谐振压力波的波长较短，有利于发动机高速范围内输出功率的增加。若发动机进气管的长度可以随转速改变，则可使发动机在整个转速范围内充分利用进气谐振效应，有效地提高发动机的动力性。但进气管的长度是不能改变的，因此惯性增压通常用最大转矩所对应的转速区域来进行设计。

采用波长可变的谐波进气增压控制系统（ACIS）的发动机，进气管长度虽不能改变，但由于在进气管中部增设了一个大容量的空气室和电控真空阀，从而实现了压力波传播有效长度的改变，同时兼顾了发动机低速和高速的谐波增压效应。

当发动机转速较低时，大容量空气室出口的控制阀关闭，进气管内的脉动压力波传播长度为空气滤清器到进气门的距离。该距离较大，是按发动机中低速进气增压效果要求设计的。当发动机转速较高时，空气室出口的控制阀打开，由于大容量的空气室的参与，在进道控制阀处形成气帘，使进气压力脉动波只能在空气室出口和进气门之间传播，这样就有效地缩短了压力波传播距离，使发动机在高速区也能得到气体动力增压效果，ACIS的工作原理如图4-30所示。

ACIS的控制原理如图4-31所示。ECU根据发动机的转速信号控制电磁真空阀的动作。低速时，电磁真空阀由于不通电而关闭，真空罐无法与真空电动机的管路连通，真空电动机不工作，进气增压控制阀关闭，此时进气压力波传播距离较长，以适应低速区形成气体动力增压效果；高速时，ECU接通电磁真空阀的电路，真空阀打开，真空罐与真空电动机连通，真空电动机动作，将进气增压控制阀打开，缩短了进气压力波传播距离，使发动机在高速区也能得到较好的气体动力增压效果。

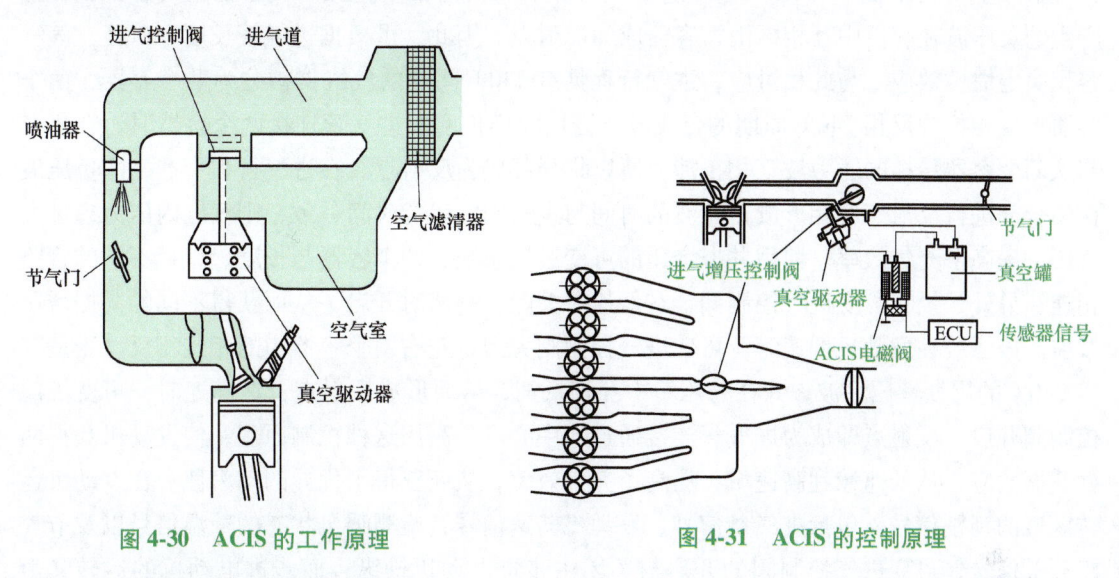

图 4-30　ACIS 的工作原理

图 4-31　ACIS 的控制原理

二、共振增压可变进气

共振增压利用气缸群中的压力振动实现进气系统的调谐共振，而惯性增压则只利用各气缸的压力振动实现调谐。

共振增压可变进气系统（六缸发动机）设有上、下两个集合部的通路，在连接两个集合部的通路上设有可变进气控制阀，如图 4-32 所示。

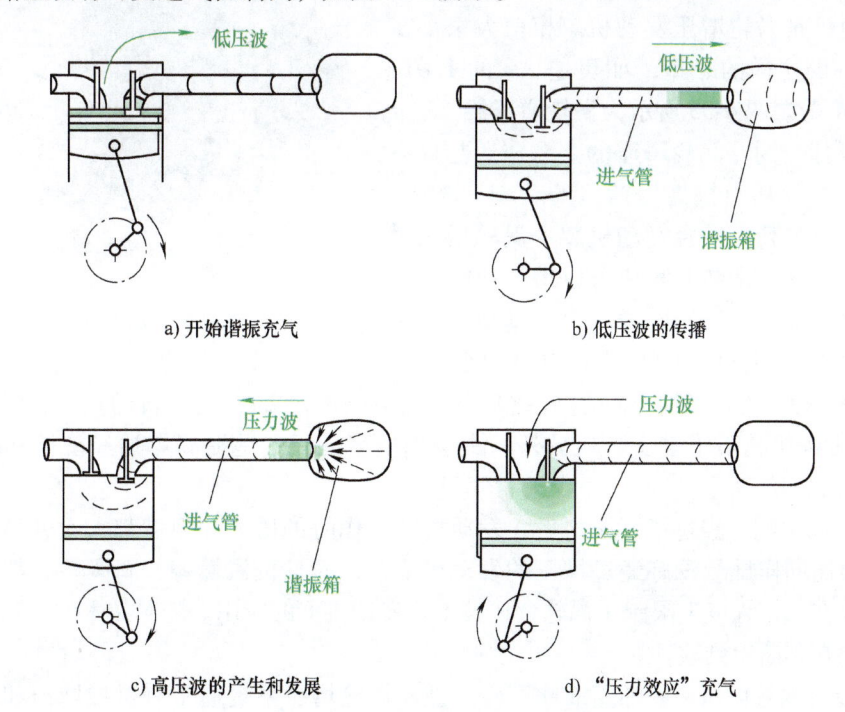

a) 开始谐振充气

b) 低压波的传播

c) 高压波的产生和发展

d) "压力效应"充气

图 4-32　共振增压可变进气系统原理

共振增压效应基本原理：在六缸发动机中，由于各气缸的进气相隔 20℃（曲轴转角），各气缸产生的负压波存在 120℃ 相位差，每个集合部（容器）连接各气缸的进气管，则各缸产生的负压波在容器中互相抵消，容器成为反射点。因此，可根据进气管长度、口径、气缸容积决定惯性效应。与此相对应，进气行程具有 240℃ 间隔的气缸群被分为两个容器，两个容器形成相位为反相 240℃ 周期的合成波。当用同样长度的进气管连接两个容器时，在集合部从两个容器传播的压力波互相抵消，所以集合部成为反射点。在进气行程中产生的负压波在集合部进行反射，反相形成正压波的时间与进气阀关闭的时间一致，则气缸内压力超过大气压，提高了充气效率。使用共振增压的可变进气系统，两个容器与长度、口径不同的管路相连；另外，设有可变进气控制阀，在低速时关闭，高速时开启，从而获得不同的共振增压效应。该系统在发动机低速时，可变进气控制阀关闭，左右两个容器中的相位相反，于是产生 240℃ 的周期性压力波，并在稳压箱中互相抵消，从而形成反射点；在高速时，可变气门控制阀开启，反射点即成为进气管连接通道的中心点。利用这种控制原理，使发动机获得两种共振效应，从低速域到高速域，提高了充气效率，从而获得了优异的动力性。在发动机运转区域的判别信号，包括进气量信号、发动机转速信号、检测暖机状态的壁温信号以及节气门开关信号，可变进气控制阀的开启与关闭由步进电动机操纵，而步进电动机的运转又由 ECU 控制，且具有高自由度的控制功能。

三、废气涡轮增压

涡轮增压的英文名称为 Turbo。一般来说，如果我们在轿车尾部看到 Turbo 或者 T，即表明该车采用的发动机是涡轮增压发动机。相信大家都在路上看过不少这样的车型，如奥迪 A6 的 1.8T、帕萨特 1.8T 等。图 4-33 所示为涡轮增压器。

（1）增压目的　涡轮增压的主要作用是提高发动机进气量，从而提高发动机的功率和转矩，让汽车动力更强劲。一台发动机装上涡轮增压器后，其最大功率与未装时相比可以增加 40%，甚至更高。这样也就意味着同样一台发动机在经过增压之后能够产生更大的功率。就拿最常见的 1.8T 涡轮增压发动机来说，经过增压之后，动力可以达到 2.4L 发动机的水平，但是耗油量却比 1.8L 发动机高不了多少。从另外一个层面上来说，就是提高燃油经济性和降低尾气排放。

图 4-33　涡轮增压器

（2）负面影响　经过了增压之后，发动机在工作时的压力和温度都大大升高，因此发动机寿命会比同样排量没有经过增压的发动机要短，而且机械性能、润滑性能都会受到影响，这样也在一定程度上限制了涡轮增压技术在发动机上的应用。随着技术的不断进步，这些负面影响在不断得到改善。

（3）废气涡轮增压系统的组成和工作原理　涡轮增压系统通常有机械增压和废气增压两种，目前应用较多的是废气涡轮增压系统。废气涡轮增压系统主要由废气涡轮机和空气增压器两部分组成。

　　发动机工作时由排气管排出的高温、高压废气经过流量控制流经增压器的涡轮壳，利用废气通道截面积的变化来提高废气的流速，使高速流动的废气按一定方向冲击涡轮，并带动压气机叶轮一起旋转，增压器转子的转速很高，每分钟可达上万转甚至 10 万转。经滤清后的空气被吸入压气机壳，旋转的压气机叶轮将进入压气机的空气甩向叶轮边缘出气口，使空气的压力和流速升高，并利用压气机出气口处通道截面积的变化（由小到大）进一步提高空气压力，增压后的空气经中冷器和进气管进入气缸，如图 4-34 所示。

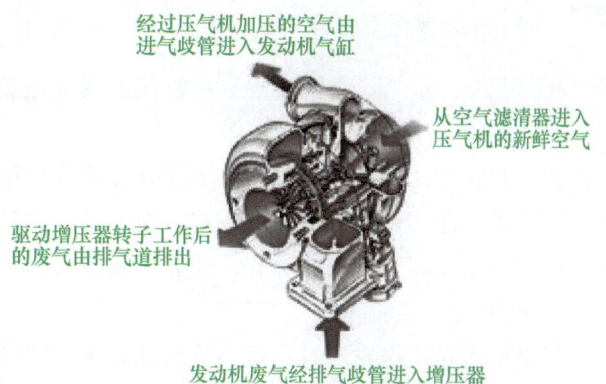

图 4-34　废气涡轮增压原理

　　废气涡轮增压压力闭环控制系统如图 4-35 所示。ECU 依据发动机的加速、爆燃、冷却液温度、进气量等信号，确定增压压力的目标值，并通过进气管压力传感器来反馈发动机的实际增压压力值。ECU 根据其差值控制脉冲信号的占空比，进而分别控制电磁阀的相对开启时间，以此调节可变喷嘴环和涡轮增压器废气放气阀的开度，从而控制废气涡轮的转速，以此产生发动机所需的目标增压压力。

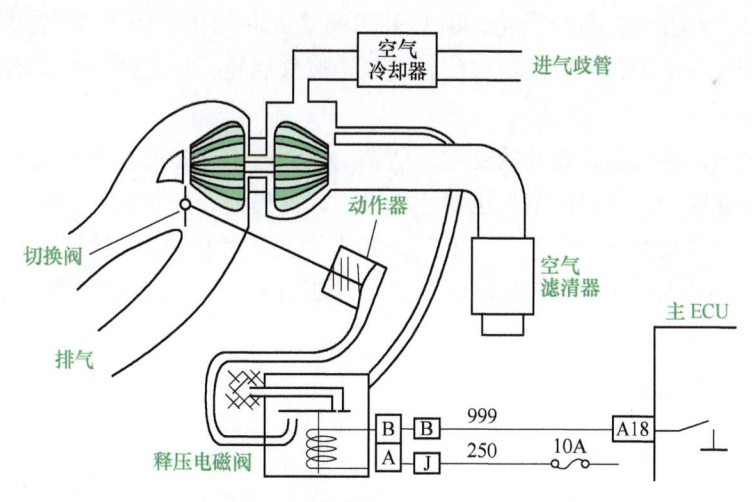

图 4-35　废气涡轮增压压力闭环控制系统

　　增压器的增压压力取决于内部涡轮转速，而在发动机转速和负荷一定时，废气涡轮增压器涡轮的转速与废气流经涡轮的速度有关。因此，改变废气流经涡轮的速度即可以实现对增压压力的控制。通常有三种控制形式：旁通阀增压压力控制、节流阀增压压力控制和可调叶片式增压压力控制。

147

新技术链接

发动机常见的四种增压方式解析

1. 废气涡轮增压

废气涡轮增压的优点是可以在不提升发动机排量的情况下增加发动机动力;缺点是发动机运行的条件恶劣,维修保养的成本增高,且有涡轮迟滞的现象,即当发动机转速很低时,产生的废气不足以带动涡轮叶片,就会出现废气涡轮工作延迟的现象。

2. 机械增压

机械增压是把涡轮通过皮带连接到发动机的曲轴皮带轮上,通过曲轴的转矩驱动涡轮叶片。机械增压解决了涡轮迟滞的问题。但其需要消耗发动机动力,且存在控制不精确的问题,增压效果也不理想。

3. 双涡轮增压

使用低惯量(小直径)涡轮,较少废气就将其能驱动,在发动机 1500r/min 左右可实现增压,能够有效缓解涡轮迟滞现象。但是低惯量涡轮在发动机中低转速起作用,发动机中高速时的动力输出不足。因此一些车辆采用双涡轮增压,即低惯量涡轮串联一个高惯量涡轮,在发动机中低转速时低惯量涡轮先工作,保证发动机中低速拥有充足的转矩。当转速达到一定值,大惯量涡轮的旁通阀开启,废气同时带动两个涡轮,满足发动机高转速的工况要求。采用双涡轮增压最典型的车辆就是宝马 3.0L 双涡轮发动机。

此外,V 形发动机也有两个涡轮,但其采用的是并联结构,因为 V 形发动机的气缸是两组,拥有两套气门结构,所以两组气门各装一个废气涡轮,相互独立,互不影响。

4. 电动涡轮增压

电动涡轮增压被称为涡轮迟滞的克星。所谓电动涡轮增压是通过电动机主动驱动涡轮叶片,但是在高转速区间,电机的能耗也相应增大。因此奥迪、沃尔沃、奔驰等高端车型都采用电动涡轮和废气涡轮的双增压模式,发动机低速的工况用电动涡轮增压,高速工况切换到废气涡轮增压,使得发动机增压响应更快、控制更准确,但也存在成本高、结构复杂的缺点。

四、可变配气相位控制

可变配气技术包括可变气门正时(Variable Valve Timing,VVT)和可变气门升程(Variable Valve Timing & Lift,VVTL)两大类。现代轿车发动机上的 VVT-i、VTEC-i、VVL、VVTL-i 等技术标号就代表发动机采用了可变配气技术。有些发动机只匹配了 VVT,如丰田的 VVT-i 发动机;有些发动机只匹配了 VVTL,如本田的 VTEC;有些发动机既匹配了 VVT,又匹配了 VVTL,如丰田的 VVTL-i、本田的 VTEC-i。我们主要学习可变气门正时系统。

1. 可变气门正时(VVT)

采用 VVT 技术,可改善发动机在中、低转速下的转矩输出,大大增强驾驶的操纵灵活性,发动机的转速可设计得更高。VVT 分为:连续 VVT 和不连续 VVT,进气 VVT 和进、排气双 VVT。

简单的可变配气相位 VVT 只有两段或三段固定的相位角可供选择，通常是 0°或 30°中的一个。更高性能的可变配气相位 VVT 系统更适合匹配各种转速，因而能有效地提高发动机的输出性能，特别是发动机的稳定性。

ECU 根据发动机转速和负荷等传感器信号来控制凸轮轴调整机构的机油压力，从而改变进、排气门的开启和关闭时刻。该系统也称为智能 VVT（VVT-i）。

（1）VVT-i 系统的组成及功用　VVT-i 主要包括 VVT-i 控制器、凸轮轴正时机油控制阀、凸轮轴位置传感器和曲轴位置传感器。VVT-i 利用曲轴位置传感器和凸轮轴位置传感器（VVT 传感器）检测凸轮轴转动变化量，从而得到凸轮轴转动方向及转动量。VVT-i 控制器结构形式如下：

1）叶片式 VVT-i 控制器，由定时链条驱动的外壳、固定在凸轮轴上的叶片组成，如图 4-36 所示。VVT-i 控制器的叶片在油压的作用下沿周围方向旋转，带动凸轮轴连续转动，从而改变进气门正时。当发动机熄火时，进气凸轮轴被调整到最大延迟状态以维持起动性能。当发动机起动后，油压并未立即传到 VVT-i 控制器时，锁销锁定 VVT-i 控制器的运动部件以防撞击产生噪声。叶片式 VVT-i 控制器是目前内部摩擦力最小、使用最广泛的一种控制器。

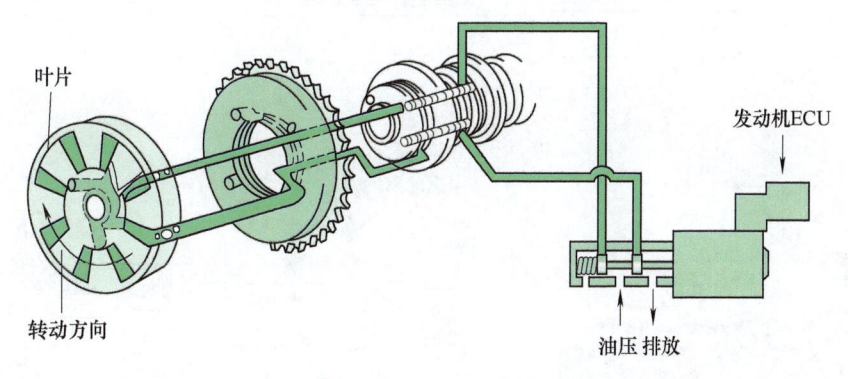

图 4-36　叶片式 VVT-i 控制器

2）螺旋齿轮式 VVT-i 控制器，由螺旋齿轮、直齿轮（内齿为螺旋齿轮）、活塞、回位弹簧、齿毂（外壳）组成，螺旋齿轮与凸轮轴固定连接，如图 4-37 所示。当机油压力作用在活塞上时，活塞克服弹簧力推动直齿轮轴向转动，与直齿轮内啮合的螺旋齿轮旋转，同时带动凸轮轴转动一定角度，改变凸轮轴位置。

3）链式 VVT-i 控制器，是在进、排气凸轮轴之间安装的链传动机构。排气凸轮轴由曲轴通过带直接驱动，进气凸轮轴通过链轮和链条由排气凸轮轴驱动。机油压力作用在活塞上，活塞推动链条张紧器上下移动，改变进气凸轮轴的转动角度。这种调整结构只改变进气凸轮轴的正时。帕萨特 B5 和奥迪 A6 轿车的 VVT-i 采用了该结构。

凸轮轴正时机油控制阀由发动机 ECU 进行占空比控制，用于控制滑阀位置和分配 VVT-i 控制器的油压。发动机停止时，进气门正时处于最大延迟角位置。凸轮轴正时机油控制阀如图 4-38 所示。

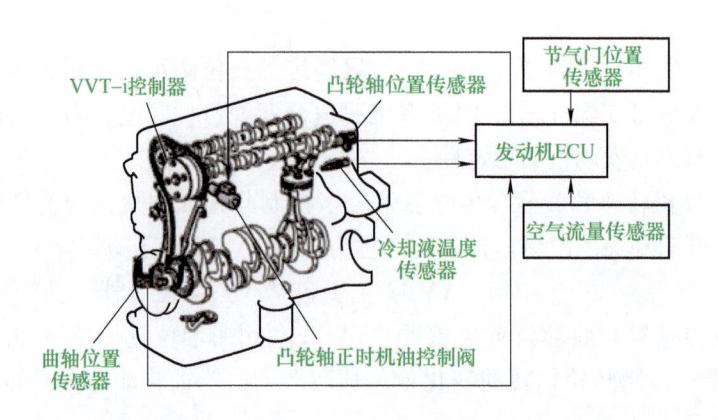

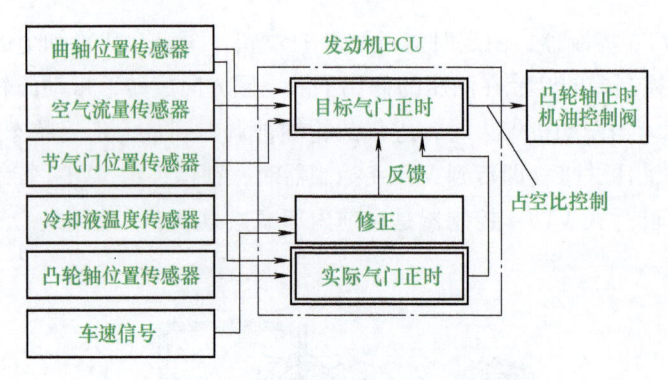

图 4-37 螺旋齿轮式 VVT-i 控制器

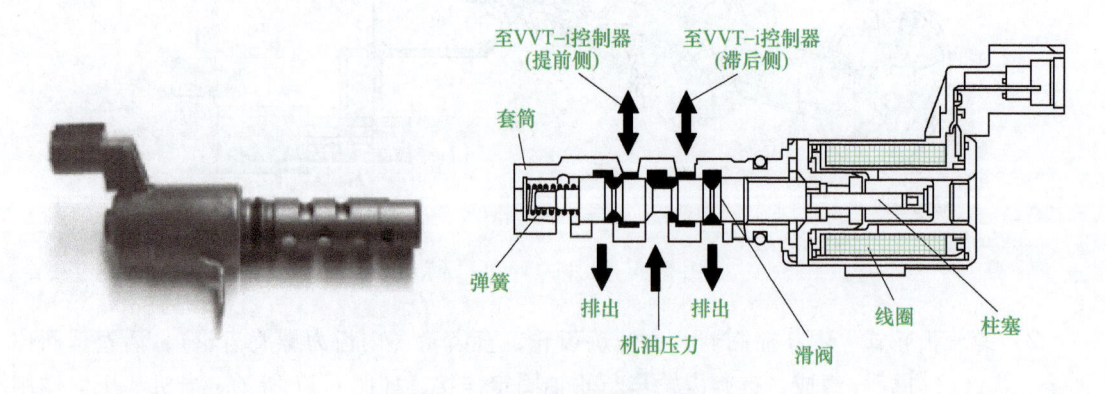

图 4-38 凸轮轴正时机油控制阀

（2）VVT-i 系统的工作原理　进气门 VVT-i 系统工作原理如图 4-39 所示。发动机 ECU 根据转速、进气量、节气门位置和冷却液温度计算得出一个最优的气门正时信号，向凸轮轴正时机油控制阀发出控制指令。凸轮轴正时机油控制阀根据发动机 ECU 的控制指令选择 VVT-i 控制器的不同油路，使其处于提前、延迟或保持这三种不同的工作状态。此外，发动机 ECU 根据来自凸轮轴位置传感器和曲轴位置传感器的信号检测实际的气门正时（有些发动机装有 VVT 传感器，如 LS400 1UZ-FE，可以精确地检测凸轮轴位置），从而尽可能地进行反馈控制，获得预定的气门正时。

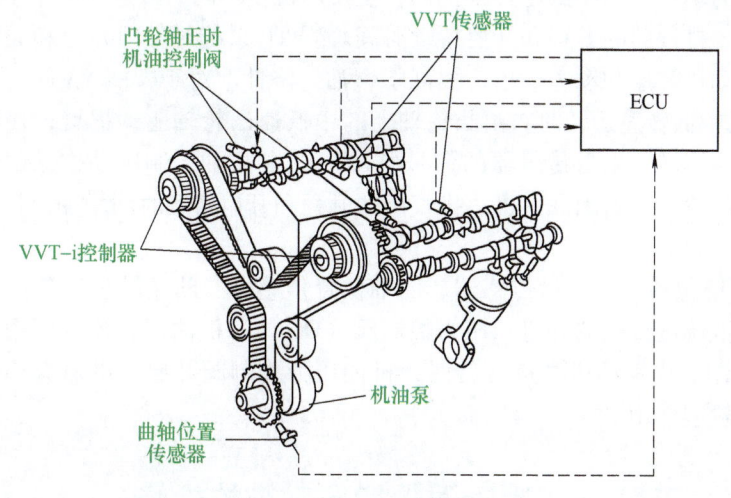

项目四　发动机辅助控制系统的检修

a) 工作原理1

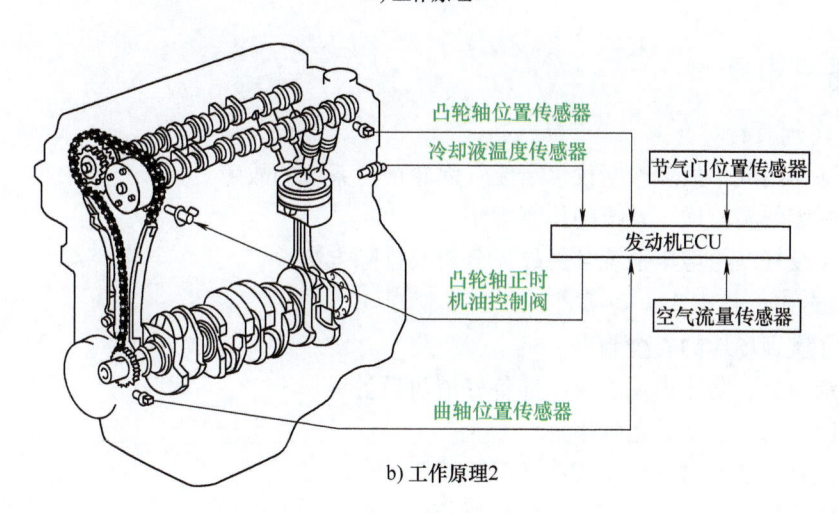

b) 工作原理2

图 4-39　进气门 VVT-i 系统工作原理

　　VVT 典型案例及解析：一辆丰田 RAV-4 汽车，车主反映车辆故障灯亮，动力稍有不足，由于不太影响驾驶一直没注意，来 4S 店保养，顺便解决故障灯问题。换机油时发现机油加注口油泥和积炭特别多，进行发动机清洗后更换新机油；用解码器进行检测，显示凸轮轴位置传感器故障。当时修理工以为传感器损坏，于是更换新传感器，清除故障码后交车。过两天车主又来找，故障灯又亮，动力不足现象依然存在。打开气门室盖，进行细致排查后，发现其内部结胶积炭十分严重，常规清洗已不能解决，只能拆解清洗。拆解清洗后故障排除。初步分析是由于使用劣质机油，导致凸轮轴位置传感器误报故障，VVT 液压电磁阀调整卡滞造成上述故障。

2. 可变气门升程（VVTL）

　　采用 VVTL 技术控制的发动机，气门升程能随发动机转速的变化而改变。高转速时，采用长升程来提高充气效率，使发动机换气顺畅；低转速时，采用短升程能产生更大的进气负压及更多的涡流，使空气和燃油充分混合，提高发动机低转速时的动力输出。

151

VVTL 以 VVT 为基础，采用凸轮转换机构，使发动机在不同的转速情况下由不同的凸轮控制，及时调整进、排气门的升程和开启持续时间。VVTL 系统对气门开启和关闭时刻进行了优化，提高了发动机转速和动力输出，提高了燃油经济性。对于智能 VVTL 系统（VVTL-i）而言，当发动机中低转速运转时，由凸轮轴上的中低速凸轮轴驱动摇臂，使进、排气动作。一旦发动机高速运转，来自传感器的信号使 ECU 控制机油控制阀动作，调节摇臂活塞液压系统，使高速凸轮工作。因此，进、排气门的升程和开启持续时间增加，提高了发动机的充气效率。

VVTL-i 控制系统包括空气流量传感器、曲轴位置传感器、凸轮轴位置传感器、节气门位置传感器、冷却液温度传感器和机油压力控制阀（OCV）。机油压力控制阀中的伺服阀由 ECU 进行占空比控制。当发动机高速运转时，机油压力控制阀开启，机油直接通往凸轮转换机构，使高速凸轮起作用。

实训十　废气涡轮增压系统的检修

一、实训指导

（一）实训目标

1）熟练使用汽车故障诊断仪诊断废气涡轮增压系统的故障。
2）掌握废气涡轮增压系统的检测方法。
3）学会废气涡轮增压系常见故障分析及排除方法。

（二）安全要求及注意事项

1）遵守实训场地的安全制度。
2）注意通风、防止出现火源、准备好消防设备。
3）一切行动听从指导老师指挥。
4）点火开关接通时不准连接或拔下插接器。
5）注意传感器的安装形式，不要盲目硬拉。
6）禁止使用起动电源辅助起动发动机，防止损坏电控元件。
7）正确使用仪器设备，使用万用表时注意档位选择，万用表不能测高压侧电压。

（三）设备/工具要求

设备：装备涡轮增压发动机的整车或增压发动机实训台架。
工具：常用工具、万用表、汽车故障诊断仪。

（四）实训操作指导

1. 用汽车故障诊断仪读取 ECU 故障码和数据流。

1）检查变速器档位是否处于 P 位，驻车制动器是否处于制动状态。
2）打开位于仪表板左下方的车辆诊断接口盖，将汽车故障诊断仪连接到车辆故障诊断接口。
3）起动发动机。
4）打开汽车故障诊断仪，按菜单指示操作，进入发动机系统。
5）选择读取故障码。

6）选择读取数据流。起动发动机，打开诊断仪；选择读取数据流，主要读取发动机怠速时和发动机转速2000r/min时的增压压力、增压温度、进气压力与进气温度等数据流，并将以上数据值与维修手册中的标准数据进行对比，从而判断涡轮增压系统是否有故障。

2. 增压压力与温度传感器的检测

① 拔下增压压力与温度传感器的插接器，传感器共4个引脚，各引脚功能如图4-40所示。

② 用万用表测量传感器1、2号引脚的阻值，标准电阻值与温度对应表见表4-2。若测量的电阻不在标准范围内，则需更换增压压力与温度传感器。若测量的电阻在标准范围内，则继续测量ECU的连接电路是否存在断路或短路故障。

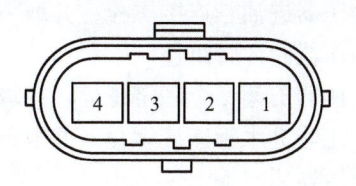

引脚号	功能
1	传感器接地
2	温度信号
3	5V电源
4	压力信号

图4-40 插接器各引脚功能

表4-2 标准电阻值与温度对应表

温度/℃	电阻值/Ω
10	3791~3927
20	2499~2583
50	833.8~857
80	322.5~329.9

3. 压力传感器的检测

1）用T形线或大头针引出3、4号引脚。

2）起动发动机并怠速运转。

3）将万用表调到直流电压档，黑表笔接搭铁，红表笔接3号引脚的T形线或大头针，电压应为5V。

4）黑表笔接搭铁，红表笔接4号引脚的T形线或大头针，电压应为1.3V；再慢踩加速踏板，4号引脚的电压应变化不大；再快速踩加速踏板，4号引脚的电压瞬间可达4V左右，然后再下降到1.5V左右。

5）若检测值与标准值不相同，则应更换增压压力与温度传感器。

4. 废气涡轮增压系统的检查与拆装

1）废气涡轮增压系统的检查：

① 检查废气涡轮增压系统的连接管路夹箍安装是否牢固，连接管路是否松动漏气。

② 检查废气涡轮增压系统的连接管路是否因老化、有裂纹而存在漏气现象。

③ 检查空气冷却器是否有裂纹、破损等。

④ 检查废气涡轮增压器运转时是否有异响或存在漏油现象。

2）废气涡轮增压器的拆卸：

① 拆下蓄电池负极。

② 排放发动机冷却液。

③ 拆下废气涡轮增压器上的空气冷却器连接管夹箍，再拆下连接管，并用干净的抹布堵住管口，防止杂物进入管内。

④ 拆下废气涡轮增压器上的空气滤清器连接管夹箍，再拆下连接管，并用干净的抹布堵住管口，防止杂物进入管内。

⑤ 拆卸排气管连接夹箍。

⑥ 拆下废气涡轮增压器进油管连接螺栓，并取下进油管组件。

⑦ 拆下废气涡轮增压器回油管组件。

⑧ 拆下废气涡轮增压器支架三个固定螺栓，并取下支架。

⑨ 拆下废气涡轮增压器进水管连接螺栓，并取下进水管组件。

⑩ 拆下废气涡轮增压器回水管组件。

⑪ 拆下废气涡轮增压器与排气管连接的三个螺母，并取下废气涡轮增压器总成。

3）废气涡轮增压器的安装：按与拆卸相反的顺序安装增压器组件，但需要更换新的废气涡轮增压器进口垫片和进油螺栓垫片，将各连接螺栓按维修手册规定的力矩拧紧，安装完毕后起动发动机，仔细检查废气涡轮增压器是否存在漏油、漏水和漏气等不良现象。

二、工作单

1. 相关数据流分析

1）故障码读取及分析：

故障指示灯	故障码	故障码说明
常亮□ 正常□		

2）与故障码相关的数据流读取与分析：

序号	项目名称	数据	判定
1			异常□ 正常□
2			异常□ 正常□
3			异常□ 正常□
4			异常□ 正常□

2. 故障诊断步骤

1）增压压力与温度传感器的检测：

部件名称	条件	标准值	测量值	判定
温度传感器的检测	1、2号引脚电阻			异常□ 正常□
压力传感器的检测	3号引脚电压			异常□ 正常□
	4号引脚电压			异常□ 正常□

2）废气涡轮增压系统的检查：

部件名称	检查情况	判定
连接管路	破损□ 变形□ 老化□ 松动□ 漏气□	异常□ 正常□
空气冷却器	破损□ 变形□ 裂纹□ 松动□ 漏气□	异常□ 正常□
废气涡轮增压器	破损□ 变形□ 裂纹□ 异响□ 漏油□	异常□ 正常□

3) 部件/电路故障点确认及分析：

维修措施：维修□ 更换□ 调整□

废气涡轮增压系统的检修任务评价表

任务名称		废气涡轮增压系统的检修			日期：				
姓名：		班级：			学号：				
自评：□熟练 □不熟练		互评：□熟练 □不熟练			师评：□合格 □不合格				
序号	评分项	得分条件	配分	评分标准	小计	自评	互评	师评
1	安全/8S/态度	□1. 能进行工位 8S 操作 □2. 能进行设备和工具安全检查 □3. 能进行安全防护操作 □4. 能进行工具清洁校准存放操作 □5. 能进行作业过程规范操作	15	未完成一项扣 3 分，扣分不得超 15 分		□熟练 □不熟练	□熟练 □不熟练	□合格 □不合格
2	专业技能能力	□1. 能正确读取与分析系统故障码 □2. 能正确读取与分析系统数据流 □3. 能正确检测温度传感器 □4. 能正确检测压力传感器 □5. 能正确检查涡轮增压系统的连接管路 □6. 能正确检查空气冷却器状况 □7. 能正确检查废气涡轮增压器运转状况 □8. 能正确拆卸废气涡轮增压器 □9. 能正确安装废气涡轮增压器	50	未完成一项扣 6 分，扣分不得超 50 分		□熟练 □不熟练	□熟练 □不熟练	□合格 □不合格
3	工具及设备的使用能力	□1. 能正确选用维修工具，并用其拆装废气涡轮系统的主要部件 □2. 能正确使用检测工具检测废气涡轮增压系统主要部件	10	未完成一项扣 5 分，扣分不得超 10 分		□熟练 □不熟练	□熟练 □不熟练	□合格 □不合格

（续）

序号	评分项	得分条件	配分	评分标准	小计	自评	互评	师评
4	资料、信息查询能力	□1. 能正确使用维修手册查询资料 □2. 能正确使用用户手册查询资料 □3. 能在规定时间内查询所需资料 □4. 能正确记录所需资料章节页码 □5. 能正确记录所需维修信息	10	未完成一项扣2分，扣分不得超10分		□熟练 □不熟练	□熟练 □不熟练	□合格 □不合格
5	数据判读和分析能力	□1. 能分析系统故障码是否正常 □2. 能分析系统数据流是否正常 □3. 能判断增压压力与温度传感器是否正常 □4. 能判断测量电路是否正常 □5. 能判断涡轮增压系统的连接管路是否正常 □6. 能判断空气冷却器是否正常	10	未完成一项扣2分，扣分不得超10分		□熟练 □不熟练	□熟练 □不熟练	□合格 □不合格
6	表单填写与报告的撰写能力	□1. 字迹清晰 □2. 语句通顺 □3. 无错别字 □4. 无涂改 □5. 无抄袭	5	未完成一项扣1分，扣分不得超5分		□熟练 □不熟练	□熟练 □不熟练	□合格 □不合格

总分：

情智提升

随着汽车保有量的逐年增加，汽车尾气排放造成的环保压力越来越大，因此传统燃料汽车的排放控制以及新能源汽车的使用显得尤为重要。

习近平总书记在二十大报告中指出，中国式现代化是人与自然和谐共生的现代化。人与自然是生命共同体，无止境地向自然索取甚至破坏自然必然会遭到大自然的报复。我们坚持可持续发展,坚持节约优先、保护优先、自然恢复为主的方针,像保护眼睛一样保护自然和生态环境,坚定不移走生产发展、生活富裕、生态良好的文明发展道路,实现中华民族永续发展。

课后作业

一、填空题

1. 发动机气缸中的混合气燃烧后所排放的废气中,有害成分主要有( )、( )和( )三种。为了有效解决排放污染问题,通常采用( )装置。
2. 废气再循环控制系统只有在( )工况下才开始工作,它主要是针对废气中的( )和( )等。
3. 电控汽油发动机排放污染物净化控制系统包括( )、( )、( )和( )等。
4. 为了降低发动机冷起动时的排放污染,可以利用( )装置向排气管中喷入额外的空气,使排气中未燃烧的 CO 和 HC 在高温下再次燃烧。
5. 三元催化器系统是附设在排气系统上的排放控制装置,它可以有效地降低废气中 CO、HC 和 NO_x 的含量,其组成主要包括( )和( )。

二、判断题

( ) 1. 三元催化器在正常的工作温度下,出口温度至少应比进口温度高 40℃。
( ) 2. 发动机怠速时,CO 的排放量最多,NO_x 最少。
( ) 3. 汽油蒸气的主要成分是 HC。
( ) 4. 汽车发动机温度过高,不会损坏三元催化器。
( ) 5. 活性炭罐电磁阀受发动机 ECU 控制,在发动机各种工况下都工作。
( ) 6. 氧传感器通常安装在三元催化器的前后位置,用来检测三元催化器是否失效。
( ) 7. 三元催化器是通过氧化、还原反应减少有害排放物的。
( ) 8. 使用良好的三元催化器可有效降低排气中的 CO、HC 和 NO_x。
( ) 9. 正常情况下,三元催化器前后的氧传感器的信号变换频率是一致的。
( ) 10. 汽车专用红外测温仪的测温范围过大,往往会影响测量精度。
( ) 11. 为了防止汽车维修过程中有害气体排入大气,调试车间应设置汽车尾气收集净化装置。
( ) 12. 《中华人民共和国大气污染防治法》规定:企业、事业单位和其他生产经营者应当采取有效措施,防止、减少大气,对所造成的损害依法承担责任污染。
( ) 13. 从油箱蒸发出来的汽油蒸气,被活性炭罐吸附后直接进入进气管。

三、单选题

1. 燃油蒸发控制系统主要是为了降低( )对大气的污染。
 A. HC B. CO C. NO_x D. CO_2
2. 三元催化器能否正常工作,依据( )来检测废气中的含氧量,并向发动机 ECU 反馈信号,控制发动机的空燃比。

A. 转速传感器 B. 冷却液温度传感器
C. 氧传感器 D. 节气门位置传感器

3. 在（ ）工况时，废气再循环控制系统工作。
A. 行驶 B. 怠速 C. 高转速 D. 热车

4. 活性炭罐的作用是吸收油箱内的（ ）。
A. CO_2 B. NO_x C. CO 和 HC D. 汽油蒸气

5. 在对二次空气喷射系统中的进气组合阀进行检测时，需要使用（ ）对其施加真空。
A. 万用表 B. 微机诊断仪 C. 手动真空泵 D. 空气泵

6. 下列关于排气系统的说法，正确的是（ ）。
A. 三元催化器可将排气返回到进气歧管，以便重新燃烧废气中含有的有害气体。
B. 排气歧管迅速降低废气温度，可提高三元催化器的效率。
C. 三元催化器可以有效降低废气中 CO、HC 和 NO_x 的浓度。

四、多选题

1. 涡轮增压系统的作用是（ ）。
A. 提高充气效率 B. 增大发动机的功率
C. 提高发动机的燃油经济性 D. 减少排放

2. 下列（ ）是闭环控制系统。
A. 带氧传感器的电控燃油喷射系统
B. 带爆燃传感器的电控点火系统
C. 带 ECR 阀位置传感器的 EGR 系统

3. 当代汽车发动机电控系统的进气系统除了控制、调节、测量进气量的装置以外，为了提高充气系数和提高进气控制精度，在发动机进气系统中采用了（ ）等技术。
A. 废气涡轮增压 B. 可变进气管长度
C. 电子节气门 D. 废气再循环

五、简答题

1. 简述燃油蒸发控制系统的工作原理。
2. 简述废气再循环控制系统的工作过程。
3. 简述三元催化系统的作用。
4. 简述二次空气喷射系统的作用。

项目五 发动机电控系统故障诊断与检修基础

项目目标

知识目标
（1）熟悉汽车车间安全规则与操作。
（2）熟悉发动机电控系统故障诊断与检修的注意事项。

能力目标
（1）会使用常用诊断工具诊断电控发动机的常见故障。
（2）会使用专用测试仪器诊断电控发动机的故障。

素养目标
（1）养成爱岗敬业、诚实守信的职业素养。
（2）养成良好的劳动习惯。
（3）逐步培养"质量第一，精益求精"的维修工匠精神。

任务一　了解汽车车间安全规则与操作

汽车车间内的每一个人都必须遵守车间安全规则，以避免因车间危险而导致人员受伤。车间劳动保护用具包括工衣、手套、安全鞋、目镜等。上汽大众4S店汽修工衣如图5-1所示。

1. 个人保护

1）工作人员在车间要戴安全目镜（图5-2）和防护面罩。

2）如果车间的噪声大，要戴好听力保护器。

3）穿好靴子或鞋子，以提供足够的足部保护。在汽车维修车间工作时，带有钢鞋头的重型工作靴子或鞋子能给脚提供最好的保护。穿着的鞋子必须保护脚，以免被落下的重物、飞溅的火花和腐蚀性的液体伤害。鞋底必须保护脚不被尖的物体刺穿。不推荐在车间内穿运动鞋和休闲鞋。

4）在车间工作时不要戴手表、珠宝和戒指。当珠宝接触到电子设备时，可能会导致严重烧伤。珠宝可能会挂在某些物体上，导致人员受伤。

5）不要穿松散的衣服，要将长头发固定在脑后。松散的衣服或长头发很容易被卷入旋转的部件中。

6）在灰尘较多的环境中工作时，要戴呼吸器以保护肺。

2. 电子安全

1）磨损的电子设备的导线或磨损的电子设备必须立即修理或更换。

图5-1　上海大众4S店汽修工衣

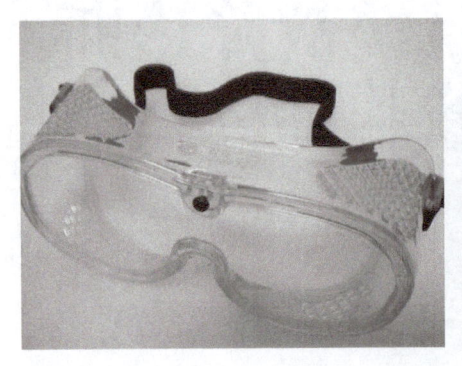

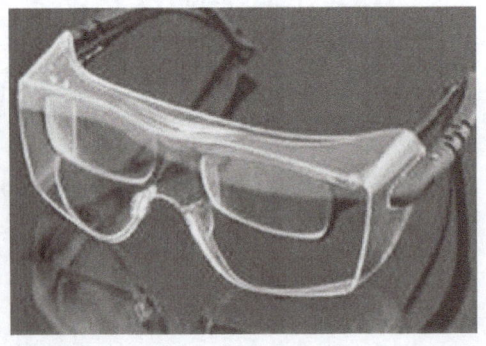

图 5-2　安全目镜

2）来自灯光的所有导线都必须搭铁，在所有维修车间中都必须使用带保护接地的三孔插座。

3）不要让电子设备在无人看管时运行。

3. 汽油安全

汽油具有爆炸性，汽车油箱中的蒸气是受控制的，但汽油储存罐中的蒸气会从罐中泄漏，出现险情。因此，汽油储存罐必须放在通风处。合格的汽油储存罐（图 5-3）在出口处有一个防火滤网。当往汽油储存罐中倒入汽油时，防火滤网能阻止外部的火源点燃罐中的汽油。

使用汽油储存罐时应遵循的安全守则如下：

1）要使用已涂装成红色，且能正确识别的汽油储存罐。

2）不要将汽油储存罐装满，汽油顶部距罐的顶部至少要有 25mm 高的空间，以便温度升高时汽油有空间膨胀。

图 5-3　汽油储存罐

3）如果汽油储存罐必须储藏，则必须将其放在通风处，如储藏柜中。不要将汽油储存罐储藏在家中或汽车中。

4）如果汽油储存罐必须运输，应确保它不会被颠倒过来。

5）不要将装满汽油的汽油储存罐存放时间过长，否则会产生汽油蒸气，导致潜在危险。

6）在往汽油储存罐中装汽油时，应将汽油储存罐封口脱开。

7）不要在发动机运行时往油箱中加汽油。

8）不要将汽油当作清洁剂使用。

4. 工作区安全

1）保持车间地面清洁。有液体溅落到车间地面上时，要立即清理。

2）将油漆或其他易燃物储存在密闭的钢质储存柜中。

3）油性抹布必须放在合格的金属容器中。在储存过程中，这些物质的温度会逐渐升高并最终达到燃烧温度而产生自燃。如果油性抹布储存在一个密封并且合格的容器中，由于容器中没有足够的氧气，不会发生燃烧。

4）保持地面整洁和清洁。要将工具和部件收好，不要将一些小工具留在地面上。

5）保持工作区干净，不要将一些重物（如使用过的部件）留在工作区。

5. 通用的车间安全

1）所有的下水道盖必须盖好，以保证工作场所的安全性。

2）必要时要戴好防护面罩、保护手套，并穿好保护工作服。当处理有腐蚀性的溶解液、热的材料或碎的物体时，要戴好保护手套。

3）不要将气枪中的高压气体直接对准人体。要使空气软管处于正常工作状态。如果空气软管的一端突然松掉，它会甩动导致人员受伤。使用符合 OSHA 标准（职业安全与健康标准）规定的气枪嘴。

4）根据规定处理具有危险性的废弃物。

5）在车间维修汽车时，如果汽车发动机正在运行，则要将废气管连接到汽车尾喷管上，并且要确保车间排气风扇打开。

6）手、长头发和工具要远离旋转的部件，如运行的发动机上的风扇叶片和轴。

7）当维修变速器的制动片和离合器摩擦片时，要使用合格的石棉灰尘真空清洗机清理这些元件上的石棉灰尘。

8）要使用正确的工具。例如，不要用钢锤敲击硬的钢质元件，如活塞轴。注意敲击这些元件时可能产生碎片，切勿溅到眼睛里或皮肤上。

9）遵循汽车生产厂家推荐的服务程序。

10）确保维修车间良好通风。

11）确保维修车间有足够的灯光。

12）灯泡的外面要带有钢制或塑料外壳，否则当灯泡发生爆炸时，产生的火花可能点燃工作区域的易燃物体。

13）当维修汽车时，要拉好驻车制动器。如果发动机正在运行，则要使自动变速器的变速杆处于驻车位置，手动变速器的变速杆处于空位位置。当发动机停止运行时，要使自动变速器处于驻车位置，手动变速器处于空位位置。

14）避免将车辆停在倾斜位置进行维修。

15）不要在车辆下部工作，除非汽车底盘被千斤顶安全地支撑起来。

16）当车辆的一端升高时，将木楔放置在车轮两侧的底部，并使木楔保持在地面上。

17）要确保知道急救包、眼睛清洗喷射龙头和灭火器的确切位置。

18）将燃油、制动液和其他液体收集到正确的安全盒内。

19）使用合格的清洗液和清洗设备，不要用汽油清洗部件。

20）遵守安全法、防火法和危险物质处理法规。

21）根据设备制造商推荐的程序操作设备。

22）如果不熟悉设备的操作程序就不要操作设备。

23）不要在设备正在运行时离开。

24）确保旋转设备安装了防护罩。

25）所有的车间设备必须定期检查和维护。

26）一些车间在维护设备的周围设有安全线，当操作设备时必须处于安全线的范围内。

27）确保车间的加热设备通风良好。

28）不要在车间内跑动或在车间内大声嬉闹。

29）将紧急电话号码贴在电话旁，这些电话号码要包括急救电话、火警电话、医院电话和报警电话。

30）不要将液压千斤顶放在可能会绊倒人的地方。

31）将边道上零碎的零部件清理干净。

6. 防火安全

1）要熟悉车间内所有灭火器的位置及操作方法。

2）如果一个灭火器已经使用完，要将情况报告给主管，以便灭火器能被及时更换。

3）不要使用任何类型的能发出明火的加热器加热工作区域。

4）当汽油管线没有连接好时，不要将点火开关打开或试图起动汽车。

5）任何易燃的材料，如汽油、油漆或油性抹布，应储存在合格的安全容器内。

6）飞溅出的汽油或油脂要立即清理干净。

7）在车间要穿干净的工作服，不要穿沾满油的衣服。

8）在蓄电池旁边不允许有火花或火焰出现。

9）焊接油箱时必须将其安全地固定在一个向上的位置。

10）不要将门、楼梯或出口堵塞。

11）在汽车上工作时不要吸烟。

12）在易燃材料或液体旁边不要吸烟或弄出火花。

13）将车间易燃的物质（如油漆）储存进一个密闭的钢制柜子内。

14）将汽油储存在合格的安全容器内。

15）如果汽油箱从汽车上移走了，不要在车间内拖动汽车。

16）知道从车间通往建筑物外的正确的防火通道。

17）如果发生火灾，不要打开窗户或门，否则通风加强，会使火灾更严重。

18）汽油着火时不要试图用水灭火，否则会使火灾更严重。

19）发生火灾时先立即拨打火警电话，然后再尽力灭火。

20）灭火时要站在离火苗150~250mm处，然后将灭火器的喷嘴对准火苗的底部，从左到右移动着喷射。

21）如果发生火灾使室内产生了大量的浓烟，要紧贴在地面上以吸入氧气，并尽量避免吸入浓烟。

22）如果发生火灾时室内温度太高或产生的浓烟使呼吸困难，要立即离开。

23）火灾没有扑灭前不要返回火灾现场。

24）除非从一个容器往另一个容器灌注溶剂，否则溶剂容器盖一定要盖好。当从储存罐中转移易燃液体时，要使储存罐搭铁到车间的固定设备上，如金属管上。在转移的过程中，储存罐应该通过一个便携的容器搭铁。

25）要熟悉各种不同的灭火器以及不同的火灾类型，并且知道不同类型的火灾应该用哪种灭火器。

7. 搬运

1）搬运之前，确认搬运路上没有碍事的零件或工具。

2）使脚紧靠搬运物，站稳脚位，以保持平衡。

3）尽量保持肘部和背部直挺，弯曲膝部直到手能够到搬运物，并有一个最佳紧握位置。

4）如果将搬运物放在橱柜里，则需确保橱柜完好无损，旧的、潮湿的以及密封不好的橱柜很容易破裂，使搬运物从中掉落。

5）抓稳搬运物，搬运时不要尝试改变紧握姿势。

6）使物体紧靠身体并站直腿来搬起重物，要使用腿部肌肉，而不是背部肌肉。

7）搬运途中，如果必须改变前进方向，不要扭转身体，要转动整个身体，包括脚部。

8）把重物放到架子或柜台上时，不要往前倾，要把重物的边缘先放到架子上，然后往前推。

9）要放下重物时，弯曲膝部且保持背部直挺。

10）为了防止手指受伤，把重物放在地板上时，应先在地板上放木块。

8. 动力工具安全操作

动力工具使用电力、压缩空气或液压力作为动力源。如果操作这些工具时不仔细，可能导致严重的人员受伤或汽车受损。操作动力工具时要遵循以下步骤：

1）不要使用磨损的动力线为动力工具提供动力源。

2）确保动力设备已正确搭铁。

3）当操作电动工具时，不要站在潮湿的地面上。

4）当维修电动工具时，要先断开电源。

5）绝不允许无人照看运转的工具。

6）当在一个小的部件上使用动力工具时，不要将小工件拿在手上，部件必须安装在台虎钳上或使用夹紧钳。

7）使用动力工具时，一定不能超过其本身的功能或额定的载荷或功率。

8）确保动力工具处于良好状况，操作动力工具时要根据工具生产商推荐的操作程序进行。

9）确保安全防护罩已安装好。

10）当使用动力工具时，要保持正确的身体平衡。

11）操作动力工具时，要戴护目镜或防护面罩。

12）戴好听力保护器。

13）所有的车间设备都必须遵循生产商推荐的维护程序。

14）如果对生产商推荐的操作程序不熟悉，就不要操作动力工具。

15）要确保磨床砂轮的良好工作状态，并确保其安全连接在电子磨床上。

16）手指和衣服应远离磨床或抛光机的砂轮。当磨削一个小工件时，要将小工件固定在夹紧钳上。

17）要确保喷砂或抛光盘安全地安装在喷砂机的衬垫上。

18）冲击扳手必须使用专用的大型插座。如果使用普通插座，插座可能会破裂而导致人员受伤。

19）确保、空气钻和保持工具安全连接再操作空气钻。

20）绝不能将气枪对准自己或他人身体的任何部位喷射气体。

9. 地面千斤顶

地面千斤顶安装在小轮上，便于携带移动。千斤顶的升降垫放在汽车的底盘下，千斤顶手柄使液压泵动作,如图5-4所示。液压泵将油液压入液压缸,液压缸动作使千斤顶升降垫上升并支撑起汽车。一定要使升降垫可靠地安放在汽车生产商推荐的支撑位置上。释放压力,降下汽车时,要缓慢地转动操作杆或释放手柄。当其他人能接触到千斤顶手柄之前,一定不能离开千斤顶。

10. 举升机

(1) **举升** 在举升汽车之前,一定要确保举升臂安全地固定在汽车生产商推荐的支撑位置上,支撑位置可以在汽车服务手册上找到。举升机举升车辆的最大举升力通常写在举升机的铭牌上。绝不能用举升机举升质量超过其最大举升能力的车辆。

图5-4 地面千斤顶

有些汽车的举升使用双柱举升机,而其他的使用单柱举升机。有些举升机用电动机驱动液压泵产生液压使举升机上升,还有的举升机使用车间空气供给装置提供的压缩空气使举升机上升,此种举升机的压缩空气要作用在举升机液压缸的油液上。在举升机附近装有操纵杆和开关,操纵杆用于控制通往液压缸的压缩空气,开关用于控制液压泵电动机。举升机举升后一定要确保保险锁锁止。松开保险锁后,缓慢操作控制手柄降低车辆。

(2) **举升安全** 当车辆被举升机举起时,一定要举升到足够高以使举升机的保险锁装置发挥作用。如果举升机的保险锁装置没有起作用,那么举升机可能会突然落下,从而导致人员受伤。当车辆被举升机举起时,要遵守一些特别的预防措施或程序。

为了安全使用举升机,要遵循下列步骤:

1) 在确保举升机已经降到最低点时,从举升机上安装或卸下车辆。

2) 把车开到或开离举升机时,不要撞击或开车碾过举升臂。把车开上举升机时,要由其他人辅助指挥。引导别人把车开上举升机时,要站在驾驶人的侧面而不是站在车前方。

3) 确保举升机上的车身支撑点是汽车维修手册推荐的支撑点。如果使用不正确的举升支撑点,则汽车底部的零部件(如制动线、汽车部件)可能会损坏。使用不正确的举升支撑点可能会使汽车从举升机上滑落,导致汽车受损或人员受伤。

4) 在举升或降下汽车时,要关闭车门、发动机盖和油箱盖。

5) 当汽车举升到离开地面一小段距离时,先停下举升机并检查举升机的车辆之间的垫块,以确保垫块仍处于推荐的举升支撑点上。

6) 当举升机举升车辆到位后,检查举升机的保险锁装置,确保举升机的保险锁装置能防止车辆突然滑落。

7) 将车辆从举升机放下时,要确保车辆下没有其他工具、物体或人。

8) 在维修车辆时不要摇晃举升机上的车辆。

9) 当车辆举升到位后,移除一些重的零部件可能会导致车辆在举升机上失去平衡。由于前轮驱动车辆的发动机和变速器位于车辆的前部,因此这些车辆的质心就位于车辆前部。移除这些车辆尾部的一些零部件,会导致举升机上的车辆尾部翘起,车辆可能会从举升机上落下。

10) 当有人在汽车上时,不要举升车辆。

11) 当举升货车时,要记住这些车辆比一般的轿车更高,应确保车辆顶部与维修车间

项目五　发动机电控系统故障诊断与检修基础

天花板上的物品之间的空间已经清理好。

12) 不要使用框架结构举升机举升四轮驱动的车辆，因为这样做可能会使车辆的车轴连接受到损坏。

安全训练练习

在了解了设备操作和安全知识后，完成下列安全训练，以检验对设备操作和安全程序的理解程度。

1) 根据汽车制造商的服务手册，查找特定车型的举升支撑点。在指导老师的监督下，将汽车正确地放在举升机上，然后按举升操作程序在举升机上将汽车升起并放下。

2) 根据汽车制造商的服务手册，查找特定车型的举升支撑点。在指导老师的监督下，使用地面千斤顶将汽车前部举起，然后放在千斤顶座上。

3) 根据汽车制造商的服务手册，查找特定车型的举升支撑点。在指导老师的监督下，将汽车正确地放在举升机上，然后按举升操作程序在举升机上将汽车升起。使用正确的服务和安全程序将车辆的四个车轮更换掉。其中的两个车轮使用电子冲击扳手拆除，而另外两个车轮使用空气冲击扳手拆除。

4) 绘制所在汽车维修车间的平面图，指示出主要的服务区域和服务设备，标明安全设备的位置。

11. 发动机举升机

发动机举升机的最大举升力通常写在举升机的铭牌上。绝不能用举升机举升质量超过其最大举升能力的重物，否则会导致发动机举升机受损或人员受伤。

发动机举升机用于移除或安装汽车发动机，举升机的顶部有一个可旋转的长臂，如图5-5所示。当操作手柄时，液压油被压入举升臂下部的液压缸，活塞移动使得举升臂举起发动机。一个举升链条连接到举升臂，链条闩用于确保发动机的安全。一定要确保链条闩强度足够支撑发动机的质量。如果遵循下列安全防范措施，使用地面千斤顶和千斤顶座可以防止事故发生。

1) 除非千斤顶座（图5-6）稳定地放在汽车底盘下面，且汽车由该千斤顶座可靠支撑着，否则不要在汽车下面工作。

图5-5　发动机举升机　　　　图5-6　千斤顶座

165

2）在用地面千斤顶举升汽车之前，首先保证千斤顶升降垫可靠地放在厂家推荐的支撑点之下。举升汽车前端时，如果地面千斤顶置于散热器支架上，会对散热器和支架造成严重的损坏。

3）把千斤顶座置于底盘坚固的部分，如车架或桥壳。千斤顶座必须置于汽车生产商推荐的支撑点上。

4）因为地面千斤顶是带轮的，把车辆从千斤顶上降到千斤顶座上时，汽车和千斤顶会有移动趋势。确保在该操作过程中，千斤顶座始终位于底盘下且保证千斤顶座不倾斜。千斤顶座的支腿都要与地面保持接触。

5）把车辆从地面千斤顶上降到千斤顶座上后，将地面千斤顶从车辆底部移走。绝不要从汽车底部伸出手来操纵千斤顶手柄。

12. 车辆操作

当驾驶顾客的车辆时，要做好一定的预防措施，以防止事故的发生并保持与顾客的良好关系。

1）在驾驶车辆之前，确保制动良好，并系好安全带。
2）起动发动机之前，检查确保没有人或物体在车辆下方。
3）如果车辆在举升机上，确保举升机已完全放下，并且确保举升机元件、举升臂与车辆底盘已脱离连接。
4）在驾驶车辆离开以前，检查并确保车辆前方或后方没有任何物体。
5）确保车间门完全打开，以使车辆通过车间门。
6）如果需要做道路测试，则要遵守交通法规，礼貌驾车。
7）当加速或拐弯通过街角时，不要使轮胎摩擦发出刺耳的声音。

13. 车间管理

良好的管理习惯有助于防止事故发生，且能提高工人的工作效率。良好的车间管理也会给顾客留下良好的印象，他们会认为车间的维修质量很高。应遵守下列车间管理规则：

1）保持走廊和过道上没有工具、设备或其他东西。
2）确保所有的下水道盖都已盖好。
3）确保地面上没有机油、油脂、水或其他零碎的材料。
4）将垃圾箱放在便利的位置，并定期清空垃圾。
5）确保任何时候通往灭火器的通道都没有堵塞，并且定期检查灭火器。
6）保持工具清洁及工作状况良好。
7）当工具不使用时，要将它们放置在正确的位置。
8）将油布、其他易燃物存储在规定的密封容器内。
9）确保设备和机器上的旋转元件安装了防护罩，所有的设备都要定期维护和调整。
10）保持工作台面和座位干净、整洁。
11）保持零件和材料处于正确的位置。
12）当不使用扳手时，要将其放置在特定的位置。
13）确保车间照明良好，保证所有的灯都正常工作。
14）更换磨损的灯泡或设备电线。
15）定期清洁车间墙面和玻璃。

16）保持楼梯清洁及良好的照明，将楼梯中零碎的零件清除干净。

任务二　了解发动机电控系统故障诊断与检修的注意事项

1）不论发动机是否运转，只要点火开关接通（ON），就不要断开 12V 电气装置。因为在断开这类装置时，由于电子元器件线圈的自感作用，会产生很高的瞬时电压，有可能超过 7000V，使传感器和 ECU 严重受损。

2）当需要将装有电控发动机的汽车与其他任何车辆进行电源跨接起动时，必须先关闭点火开关，然后才可拆装跨接线。跨接时需注意电源极性。

3）进行电弧焊时，应断开 ECU 供电电源线，避免电弧焊接时的电压超过 ECU 可承受的电压而损坏 ECU。

4）靠近 ECU 或传感器进行车身修理作业时，应特别小心，以免碰坏这些电子元器件。

5）拆卸电控系统插接器时，先要关闭点火开关，并拆下蓄电池负极电缆。若仅检查电控系统，关闭点火开关即可。

6）拆下蓄电池负极电缆后，ECU 内存储的所有故障码都会被清除掉。若有必要，应在拆下蓄电池负极电缆前，读取 ECU 内的故障码。

7）拆装蓄电池时，务必使点火开关和其他用电设备开关均处于关闭位置。

8）电控汽车所采用的供电系统均为负极搭铁，安装蓄电池时，要特别注意正、负极不可接反。

9）车上不宜装功率超过 8W 的无线电台。如果必须安装，则天线应尽量远离 ECU，否则会损坏 ECU 中的电路和部件。

10）拆装 ECU 时，操作人员应先使自己搭铁（接触车身）；否则，身体上的静电会损坏 ECU 电路。

11）当人员进出车厢时，人体的静电放电可能产生很高的电压。因此，对 ECU 操作和使用数字式仪表进行检修作业或靠近仪表时，一定要带上金属带，将其一头缠在手腕上，另一头夹在车身上。

12）拆开任何油路部分，应首先对燃油系统进行卸压。检修油路系统时，千万不要吸烟，并要远离明火。

13）对电控系统进行检修时，应避免电控系统由于过载而损坏。电控系统中，ECU 与传感器的工作电流通常都较小，因此，与之相应的电路元器件的负载能力也较小。在对其进行故障检查时，若使用输入阻抗较小的检测工具，则可能会因检测工具的使用造成元器件超载而损坏。应注意以下几点：

① 不可用试灯对电控系统的传感器和 ECU 进行检查，包括对其接线端子进行检查。

② 除了某些车辆的测试程序中有特殊说明外，一般不能用指针式万用表检查电控系统部分的电阻，而应使用高阻抗数字万用表（10MΩ 以上）或电控系统专用检测仪表。

③ 在装有电控系统的汽车上，绝对禁止用搭铁试火或拆线刮火的方法对电路进行检查。

14）不可用水冲洗发动机 ECU 和其他电子装置。当刮水器出现泄漏时，应及时进行维修，并注意保护电控系统，避免其因受潮而引起 ECU 电路板、电子元器件、集成电路和传感器工作失常。

15）通常不要打开 ECU 盖板，因为发动机电控系统上的故障大部分是外部设备故障，ECU 故障较少。即使 ECU 有故障，在没有检测仪器（示波器、信号发生器等）的情况下，打开 ECU 盖板也不可能解决任何问题，且很可能因为操作不当而导致新的故障。确认 ECU 发生故障时，应由专业人员对其进行测试和维修。

16）在对发动机进行清洗或雨天检修时，应防止将水溅到 ECU 及其线路上。

17）在拆下导线插接器时，要注意松开锁紧弹簧（卡环）或按下锁卡。图 5-7 所示为卡环式插接器。在安装导线插接器时，应注意一定要插到底并锁好锁止器（锁卡）。图 5-8 所示为卡锁式插接器。

图 5-7　卡环式插接器　　　　　　图 5-8　卡锁式插接器

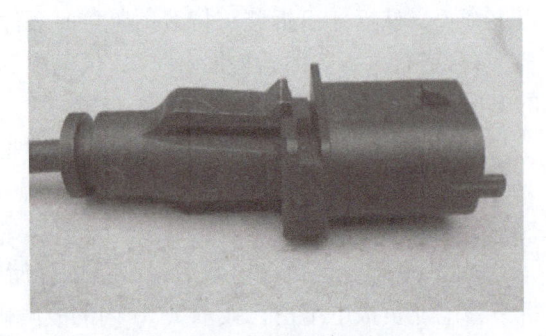

18）电控系统故障主要是配线和插接器故障，一般为导线折断，插接器接触不良，插接器端子被拔出或没有插到底，又或者元件搭铁。

19）不可在缺少燃油的状态下强行运转发动机，因为电动燃油泵是依靠流过燃油泵的燃油进行冷却的，缺油运转会使电动燃油泵因过热而烧毁。对燃油泵进行通电试验时，时间不宜过长。

20）不可在发动机运转时拔下任何传感器的插接器，否则会使 ECU 出现人为故障码，影响维修人员正确判断和排除故障。

21）用万用表检查导线插接器时，应按图 5-9 进行。对防水型导线插接器，应小心取下防水套。检查线路导通时，将万用表测试笔插入时不可对端子用力过大。测试时万用表测试笔插入的方向如图 5-10 所示。

图 5-9　导线插接器的检查

22）导线在中间折断的情况很少见，通常在插接器处断开，应仔细检查传感器和连接处的导线。

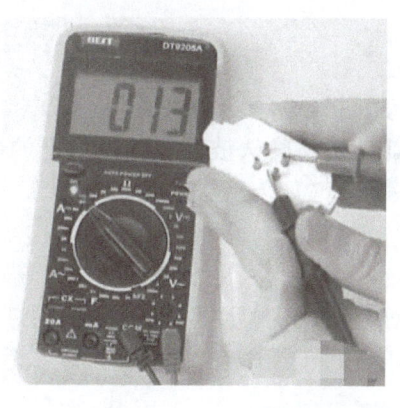

图 5-10　万用表测试笔插入的方向

23）接触不良的主要原因：插接器端子锈蚀，外界脏污物进入端子，插接器插头与插座之间接触压力降低。拆开插接器再重新插上，可改变其连接状况，可能会恢复正常接触。诊断故障时，如果检查配线和插接器没有发生不正常情况，而检查以后故障消失，则可认为配线或插接器有故障。

24）橡胶密封件不可被燃油沾污。

25）检查喷油器性能时，要清楚喷油器的类型。高电阻型喷油器的电阻一般为 12～14Ω，可直接接蓄电池电压进行喷油器喷油性能试验；低电阻型喷油器的电阻一般只有 2～3Ω，直接接蓄电池会因电流过大而烧坏喷油器，必须采用专用插接器与蓄电池连接。若用普通导线，需串联一个 8～10Ω 的电阻。

任务三　认识常用诊断工具

进行汽车故障诊断时，通常需借助一些工具和仪器。在使用这些工具和仪器之前，应认真阅读有关使用说明书，详细了解其结构及使用注意事项。此外，发动机电控系统对电压非常敏感，检修时应特别小心，不要随意试验与修理。

1. 跨接线

跨接线是一段多股导线，其两端分别接有鳄鱼夹或不同形式的插头。工具箱内一般都有多种形式的跨接线，如图 5-11 所示。

跨接线非常实用，能旁通电路，主要用于检查线路故障（断路、短路和窜电）。当用电设备不工作时，可将跨接线跨接在被测零部件的"搭铁"端子与车身搭铁之间，若此时零部件工作，则说明其搭铁电路断路。将跨接线跨接在蓄电池正极与被试零部件的"电源"端子上，若此时零部件工作，则说明电源电路有故障；若用电设备仍不工作，则说明用电设备本身有故障。

图 5-11　跨接线

此外，通常用专用跨接线（跳线）跨接在汽车电控装置的专用检测接口，人工读取故障码。

使用跨接线时应注意以下事项：

1）跨接线不可将被测零部件"+"端子与发动机搭铁直接跨接，避免造成电源短路。

2）用跨接线将电源电压加至试验零部件之前，必须确认被试零部件的电源电压规定值；否则，若将车用电源（12V）直接加在用电设备上（如传感器供电电源为5V），可能导致设备损坏。

2. 测试灯

测试灯的功能和原理与跨接线基本相同，但增加了用于显示电路导通状态的灯，根据灯的明暗程度还可判断被测线路的电压大小。测试灯分无源测试灯和有源测试灯。无源测试灯可用电压表代替，有源测试灯可用欧姆表代替。

（1）无源测试灯（12V） 无源测试灯如图 5-12 所示。当电气元器件无法工作时，可先将测试灯的搭铁夹搭铁，再用探针短接于电气元器件"电源"端子处。若灯不亮，则说明被测线路断路，应再继续沿电流的流向依次有序地短接在第二测试点、第三测试点等，直至灯亮为止。其故障点可判定在最后两个测试点之间的线路或电气元器件上。该方法能方便、迅速地找到线路中的故障。

（2）有源测试灯 有源测试灯的结构与原理与无源测试灯基本相同，只是在手柄内加装了两节 1.5V 干电池，如图 5-13 所示。由于测试灯自身带有电源，故检测方法略有不同。

此外，采用短路法可对线路中的断路故障进行快速诊断。如将测试灯（有源）跨接在所测线路的两端，如果灯不亮，则可判定在被测线路中有断路故障，继续依次有序地缩小测试范围，直到灯亮为止。断路"点"应判定在最后两个被测点之间的线路中。

也可采用断路法对线路中的短路或串线故障进行快速查寻。如将测试灯（无源）直接跨接在熔断器处，然后依次有序地断开待测线路中的插接器，直至测试灯灯灭为止。短路"点"应在最后两个被测点之间的线路中。

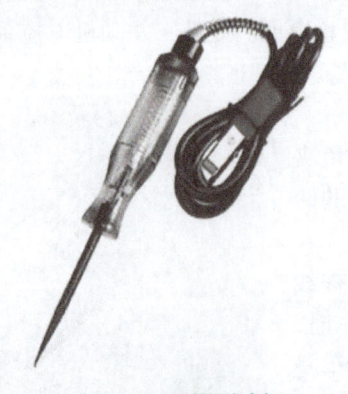

图 5-12　无源测试灯　　　　图 5-13　有源测试灯

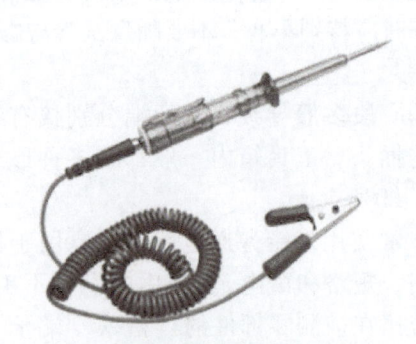

注意：不可使用测试灯检查发动机电控系统，除非车辆维修手册对此有特殊说明。

3. 万用表

汽车修理中常用万用表测量电阻、电压、电流等参数，以此判断电路的通断和电气设备的技术状况。在发动机控制系统中，很多待检测的电路都具有高电阻、低电压、低电流等特点。因此，在实际检查过程中，除维修手册中有规定外，一般必须使用高阻抗、高精度的数字万用表或特殊的数字表,并且至少要有 10MΩ 的内阻。当某些特殊的检查规定必须用模拟仪表时,方可使用,但必须严格按照测试要求进行。

(1) 普通数字万用表　普通数字万用表有两种形式,通常用的是带有两个测电笔的数字万用表(盒式),还有一种是探针式数字万用表。探针式数字万用表的体积小,可以像拿钢笔一样拿在手里,数字万用表的一端用导线连接了一个探针,另一端则连接了一个测电笔。由于探针式数字万用表的结构紧凑,因此比较适合在空间窄小的地方使用。使用时一手拿数字万用表,另一手拿着用导线连接的测电笔即可。因此,检查或测量较为方便,但其功能比盒式数字万用表要少得多。

通常数字万用表比模拟式万用表更容易读数,可以读到小数点后三位,而模拟式万用表由于视觉误差影响,读数的误差较大。其次,数字表的内阻较大,一般可达 10MΩ,因此,对被测电路中敏感电子元器件损坏的可能性较小,可提高测量精度。在测量电路的电压时,通常将数字万用表的两个表笔并联在被测电路的两端。数字万用表内阻越大,对被测电路的工作影响(分流)越小,故对测试数据的影响越小,测出的值也越准确。尤其在发动机电控系统中,要测量的电压值(信号)多为 5V 以下,毫伏级电压也很多。因此,通常应选用数字万用表进行电路零部件的检查。测量范围最好从低到高,如从低电阻范围到高电阻范围逐级进行选择,以便获得准确的测量数据。

注意:在使用数字万用表时,若电路或零部件处于通电状况,则严禁测量其电阻;否则,外部电流会因流入数字万用表而将其损坏。

(2) 多功能数字万用表　多功能数字万用表如图 5-14 所示,装有标准的数据接口,且自身带有若干连接导线和连接接头,以适应多功能、各种车型的检查需要。除了能测量电压、电流和电阻外,多功能数字万用表还具有扫描仪的功能,可对一些重要的传感器、执行装置进行以下检测。

1) 检测点火线圈的导通角。
2) 检测节气门位置传感器、氧传感器、空气流量传感器、进气温度传感器、冷却液温度传感器和发动机 ECU 端子的动态电压信号。

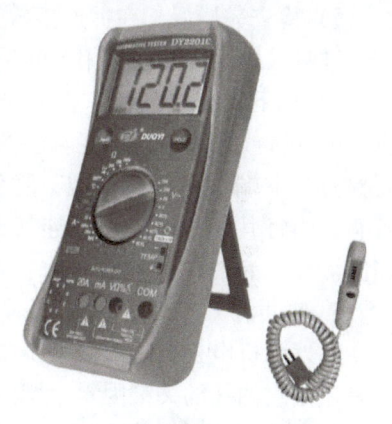

图 5-14　多功能数字万用表

3) 检测各种电磁阀、继电器线圈、喷油器、点火线圈、冷却液温度传感器、进气温度传感器等的电阻。
4) 测量怠速控制阀的电流。
5) 检测喷油器的喷油脉宽、频率及发动机的转速。

4. 真空测量仪

真空测量仪如图 5-15 所示。尽管在发动机电控系统中大量使用电控装置,但很多装置利用进气歧管真空作为动力源以实施最终的控制,如真空控制阀(VCV)、EGR 电磁阀、真空继电器控制阀等。真空控

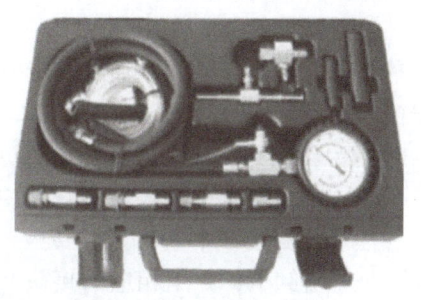

图 5-15　真空测量仪

制一般指放大、阻断、泄放和传递真空等，并要求在一定条件下真空必须达到一定的"度"。因此，利用真空测量仪对这些装置施加标准的真空信号，检查其工作是否良好，以此判断真空管路方面的故障。此外，真空测量仪还自带各种连接软管和接头等附件，以适应各种情况下对各种车型的真空源和真空驱动装置的检测。

真空测量仪使用注意事项如下：

1) 将真空测量仪连接好。准备测试时，首先应确定连接处没有真空泄漏，否则测量结果失准。

2) 绝大部分真空软管是橡胶的，小部分是尼龙的。当连接真空测量仪和被测量零部件时，要选用直径合适的软管。软管的内径大于被测零部件、管子或接口的外径时，真空读数不准确或根本没有读数；软管的内径小于被测零部件、管子或接口的外径时，强行安装会损坏软管口，以致下一次无法使用。

3) 连接真空测量仪到被测零部件或系统时，往往需要几个附件，即多个软管或连接头。要注意其连接不要松弛，以防真空泄漏。

4) 按规定要求的范围建立真空，不能过大，否则会损坏被测零部件或系统。当活塞密封损坏时，若真空测量仪不能建立规定的真空进行测试，或不能维持真空达到规定的时间，则必须停止测试，待修理好真空测量仪或换一个好的真空测量仪才可重新进行检查。

5) 检查完毕后，在拆连接软管前，要先泄掉真空，然后再卸软管；否则，灰尘、湿气等会被吸入发动机部件或相关的系统内，造成不良后果。

6) 拆下真空测量仪，将原来发动机内拆下的软管或管路重新接好。注意，安装前要检查一下端口是否有开裂、脆化或磨损，若有，则将其切掉，要保证连接头处清洁、坚固。

5. 燃油压力表

在发动机电控燃油喷射系统中，燃油压力是决定喷油量的关键因素。燃油压力表用于测量燃油压力，如图 5-16 所示。

对于汽车发动机，节气门体燃油喷射式发动机油压较低，通常为 62~69kPa，使用机械式测量仪（测量范围为 6.90~103.45kPa）即可；多点燃油喷射式发动机油压较高，通常为 206.9~275.9kPa，必须使用专用的高压式燃油压力测量仪，其测量范围一般为 6.9~690.0kPa。

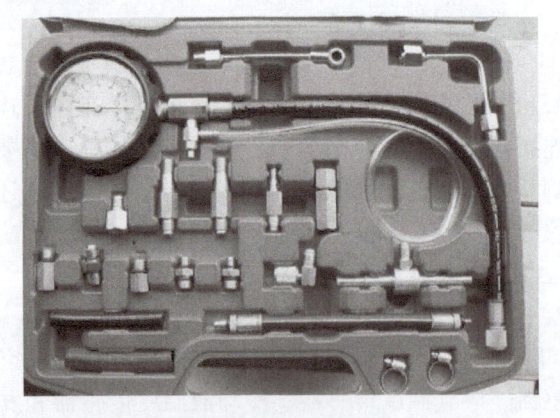

图 5-16 燃油压力表

在发动机电控系统中，广泛采用多点燃油喷射方式。通常在燃油总管上有一个专门用来测燃油压力的检测接口，如图 5-17 所示。检测接口用螺盖旋紧，口内设有单向阀，以防尘土进入燃油管路中及高压燃油从检测接口中溢出。需要检查油压时，把螺盖卸下，并用相应的接头和软管将燃油压力表与检测接口连接好，再将接

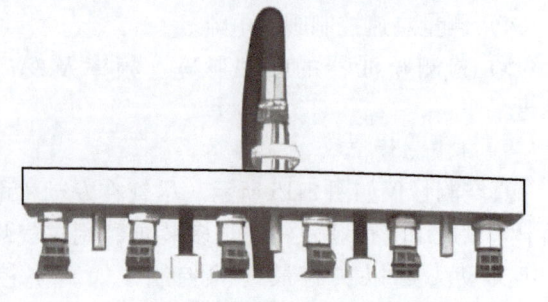

图 5-17 多点燃油喷射系统燃油压力检测接口

头拧紧。起动发动机，读取燃油压力表上的数据即可。

油压检测接口并不标准，有的车型甚至没有。根据实际车况，检修人员应选用适当直径和螺距的接头进行连接；对于根本没有检测接口的车辆，要严格按维修手册中的步骤，对燃油系统进行适当拆卸，并连接燃油压力表进行检查。

6. 喷油器清洗器

喷油器堵塞后将导致混合气变稀，油的喷射形状变差，发动机性能变差，因此，必须定期对其进行检查、清洗。喷油器清洗器可分为车上清洗和车下清洗两种。

（1）随车喷油器清洗器　图 5-18 所示为一种随车喷油器清洗器，无须拆下喷油器即可随车进行清洗。清洗器内装有除炭剂和一个电动泵。电动泵所用电源为 220V 交流电，清洗时只要将清洗器的连接管与燃油总管上的油压检测接口连接，且油压调节器回油管与清洗器相连，同时断开汽油泵驱动电路，然后接通清洗器电动泵的电路，并起动发动机。发动机使用除炭剂在 2000r/min 的转速下运转 10min 后，停止发动机运转，同时断开清洗器电动泵电路，喷油器清洗完毕。

（2）离车喷油器清洗器　超声波喷油器清洗及流量测定系统如图 5-19 所示，在 10min 内可同时彻底清洗 6~8 个喷油器，并完成检漏及流量测定等项目。清洗时，必须将喷油器从车上拆下进行清洗。

图 5-18　随车喷油器清洗器　　　　图 5-19　超声波喷油器清洗及流量测定系统

任务四　认识专用测试仪器

在检修发动机电控系统时，利用专用诊断测试仪进行协助查找故障源是一种十分有效的检测手段。目前，汽车修理业的专用诊断测试仪有台式发动机故障分析仪、便携式发动机电脑故障检测仪等。这些测试仪的数据传输线缆上配有各种不同形式的接口，以适于插接在各种车型的专用诊断插座上。检测时，只要将数据传输线缆的接口与发动机舱内或仪表板下方的故障诊断插座相连，即可操纵测试仪控制面板上的按键，发出指令，完成对发动机电控系统的传感器、执行器及其电路的检测过程。这类测试仪具有携带方便、操作简单等优点，且能大大提高检修的速度和效率，故在众多维修企业得到了广泛的应用。便携式发动机电脑故障检测仪具有以下功能：

1）读取发动机 ECU 中存储的故障码。

2）对发动机电控系统的参数进行动态测试。

3）发动机检修后，清除发动机 ECU 中存储的故障码。

4）在汽车运行或停车状态下，通过检测仪向执行器发出工作指令，以检测各执行器的工作情况。

1. 电脑故障检测仪

电脑故障检测仪俗称解码器，近几年更新速度很快，种类较多，一般可分为专用故障检测仪和通用故障检测仪。除一些大品牌汽车 4S 店外，使用通用型的较多，常见的如元征系列、金德系列等，图 5-20 所示为 KT600 型电脑故障检测仪。

一般故障检测仪采用液晶显示器，以菜单形式显示。测试时，操作控制按键选择菜单项目即可。与检测插座相连的检测数据传输线缆配有多种类型的接口，适于插接各种车型的检测插座。

KT600 型电脑故障检测仪是集多种功能于一体的新型检测设备。该产品为国内首创，包含了大多数原厂通信协议及控制器局域网（CAN）的通信协议，可扩充性强；配备超大容量的 CF 卡，可随意扩充升级程序，实时保存检测结果；带有精密的微型打印机，可实时打印检测报告；彩色大屏幕、触摸屏操作，非常直观明了，如图 5-21～图 5-29 所示。该检测仪实时检测点火系统、传感器、执行器等的波形，为准确判断汽车故障提供了强有力的支持。

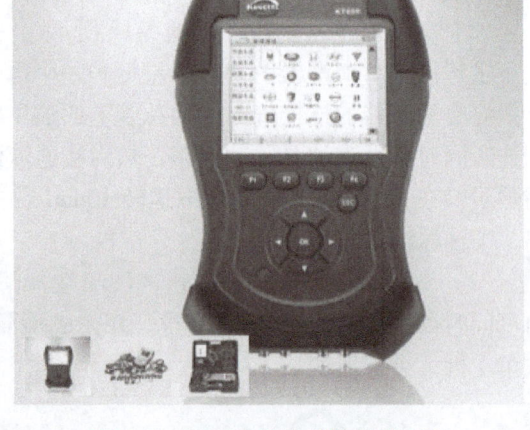

图 5-20　KT600 型电脑故障检测仪

图 5-21　开机界面

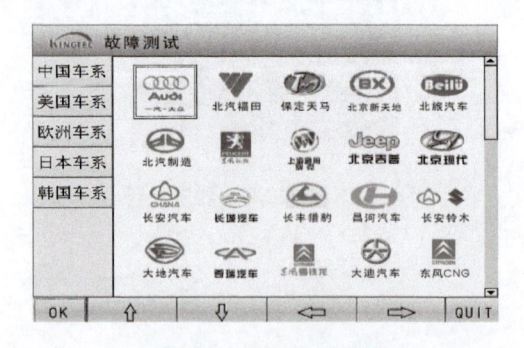

图 5-22　故障检测界面

使用 KT600 型电脑故障检测仪可以把强大的检测、示波、存储、升级方式等功能按照自己的需要任意组合。例如，既可选择配置三通道示波器，也可选择五通道示波器。可对汽车智能 ID 钥匙进行检测和诊断，具有编程器的数据芯片读写分析功能，可直接访问汽车电控单元数据，并对汽车电控单元数据进行分析，实现对汽车电控单元的高级访问与控制功能。配备压力接头和温度探头后具有压力和温度测量功能，相当于四通道压力表和四通道温度表。

项目五 发动机电控系统故障诊断与检修基础

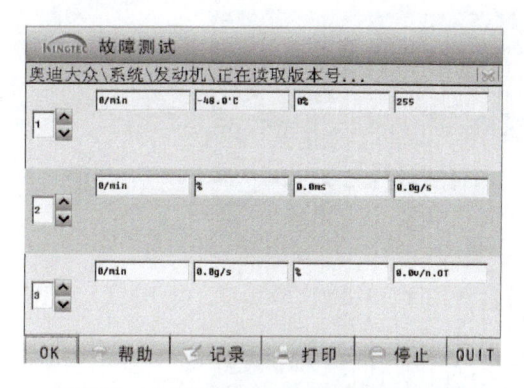

图 5-23　大众数据流三通道同时读取界面

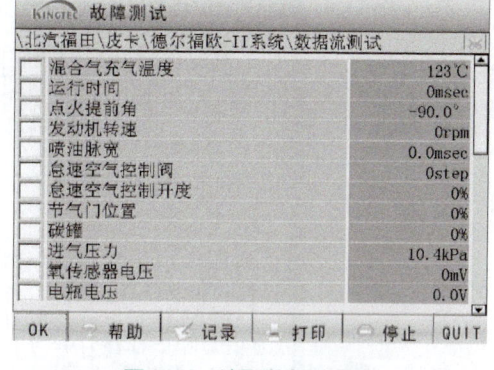

图 5-24　读取数据流界面

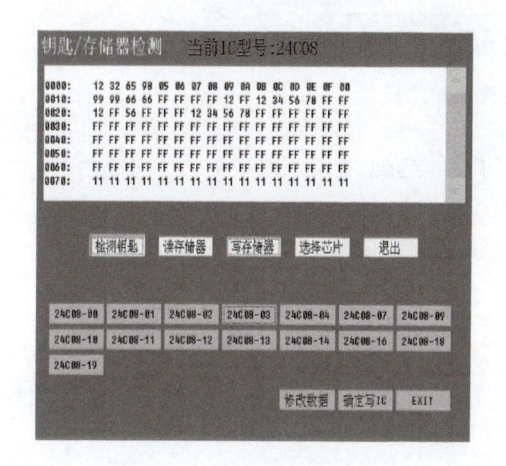

图 5-25　汽车编程器界面

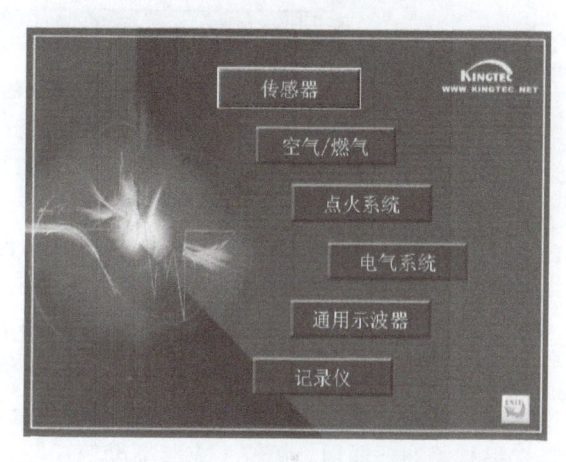

图 5-26　五通道示波器菜单

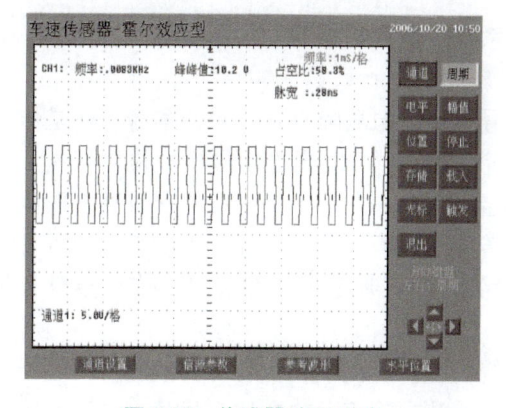

图 5-27　传感器波形测试

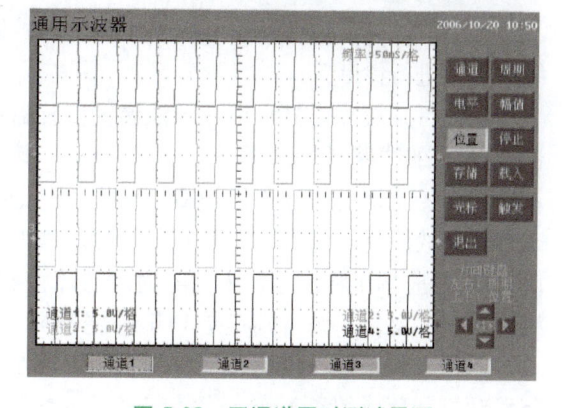

图 5-28　四通道同时测试界面

KT600 型电脑故障检测仪所有检测端口均可由软件定义，现场编程，内置高速和低速双路 CAN-BUS 接口。OBD-Ⅱ检测接头兼容大部分车型，不需选择和跳线。当新车型出现时，只需要更新检测软件，无须重新购买检测接头，为客户降低了使用成本。

KT600 型电脑故障检测仪的主要功能有：汽车故障检测功能；高速五通道汽车专用示波器，并可以进行参考波形存储；数据流波形显示、存储、对比打印功能；VGA 输出功能；

175

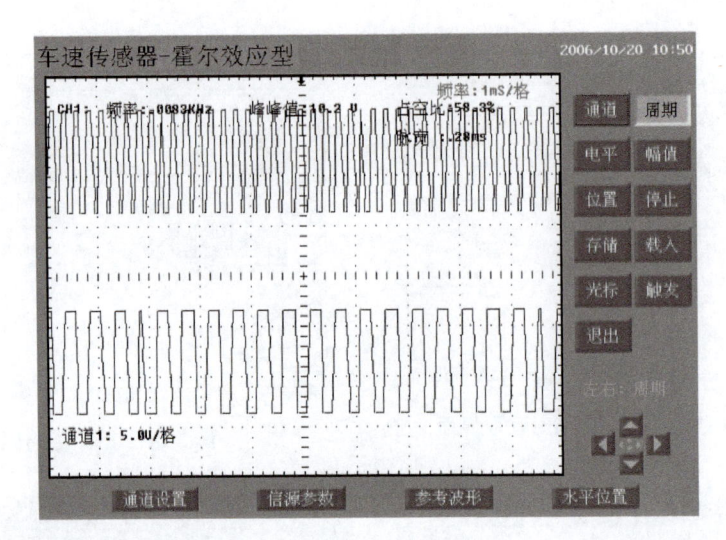

图 5-29　强大的波形比较功能

汽车英汉词典；行车记录仪功能；发动机分析仪功能（选配）。

KT600 型电脑故障检测仪可测车型有：

1）亚洲：丰田、本田、三菱、日产、马自达、现代、大宇、起亚、上海别克、富康、红旗、北京吉普、广州本田、长安、猎豹、奇瑞、江铃、瑞风、夏利、吉利、华普、金杯、柳州五菱、松花江、昌河、汉江、佳宝、威驰、威姿等。

2）欧洲：奥迪/大众、奔驰、宝马、欧宝等。

3）美洲：通用、福特、克莱斯勒等。

汽车解码仪的使用

2. 多功能信号模拟检测仪

多功能信号模拟检测仪可以模拟发动机控制系统的全部传感器的输出信号，对传感器的线路故障进行诊断。

例如，某故障码显示出冷却液温度传感器信号不良，但故障是在传感器本身，还是传感器至 ECU 的线路或 ECU 本身，需要做进一步诊断。此时，可以通过信号模拟检测仪模拟冷却液温度传感器的信号来代替冷却液温度传感器且对 ECU 进行输入。如果发动机工作状况改善，且故障症状消失，即可判断为冷却液温度传感器故障。若故障症状无改善，则可直接由 ECU 相应端子将信号输入，此时若故障症状消失，即可判定为冷却液温度传感器至 ECU 线路故障；反之，则可判定是 ECU 本身故障。

此外，利用这一仪器还可控制发动机控制系统的动作。例如，代替冷却液温度传感器控制发动机开环或闭环工作，代替节气门位置传感器检测急速工况空燃比，代替大气压力传感器控制空燃比及点火正时在高海拔和正常设置之间的转换，代替氧传感器控制不同的空燃比，代替进气压力传感器控制点火正时及空燃比，代替爆燃传感器控制点火正时等。

3. 发动机综合分析仪

维修提示：当诊断发动机性能时，首先要测试基本项目。例如，在诊断发动机电控系统之前，要确保发动机的压缩、点火和排放元件正常。

发动机综合分析仪实际上是不同汽车测试仪的综合。发动机综合分析仪有一个示波器用来显示点火电压和许多其他读数。发动机综合分析仪有许多导线,必须根据汽车制造商的指导进行连接。典型的发动机综合分析仪实现的功能与独立的检测仪(真空表、压力表、真空泵、动力平衡检测仪、电压表、电流表、电阻表、高级正时灯、示波器、诊断仪和排放分析仪)实现的功能相同。

普通发动机综合分析仪通常将一些检测仪,如数字存储示波器、次级点火示波器、五气分析仪和一些诊断仪集成到一个系统中,博世 FSA740 型发动机综合分析仪如图 5-30 所示。

模块化发动机综合分析仪集成了一些标准独立的检测仪,如汽车车载故障诊断仪、数字存储示波器、次级点火示波器、图形数字万用表,同时还将诊断软件集成到系统中,手持式模块化发动机综合分析仪如图 5-31 所示。

图 5-30 博世 FSA740 型发动机综合分析仪

图 5-31 手持式模块化发动机综合分析仪

发动机综合分析仪有一个键盘和一个打印机,键盘用于输入汽车数据、命令和其他一些特定输入值,打印机用于输出测试结果,屏幕以图像方式显示测试结果。

通常每一个年代、每一种车型特定传感器的读数都被编程进入发动机综合分析仪的计算机中。在测试过程中,发动机综合分析仪将测试数据与自身计算机中根据车型进行编程的数据进行比较,如果识别出数据不在规定范围内,则将提供一个诊断信息,以确定导致数据超出范围的确切原因。

发动机综合分析仪通常包含一个使用手册和一个自动测试模式。如果选择自动测试模式,发动机综合分析仪将自动执行一个完整的测试。在自动测试模式测试期间,发动机综合分析仪执行测试以确定点火系统、起动系统、充电系统、气缸压缩系统、燃油系统和排放系统的情况。在手动测试模式测试期间,可以选择需要执行的测试项目。

4. 第二代随车诊断系统(OBD-Ⅱ)

自 20 世纪 70 年代以来,发动机电控系统就设有第一代随车诊断系统(On-Board Diagnostics-Ⅰ,OBD-Ⅰ),之后在电控自动变速器、ABS、安全气囊、巡航控制系统中相继得到了应用。该系统主要用于监控汽车电控系统的技术状况,可根据其"故障码"对车辆检测和故障诊断过程加以指导。但由于世界各大汽车制造公司所采用的故障码和车上配备的专用诊断插座类型及名称各不相同,给汽车维修技术人员在判断和排除故障时带来很大困难。尤其是当随车资料不完善时，随车诊断系统几乎不能发挥其应有的作用。

针对上述现状，美国汽车工程师学会（SAE）经过进一步研究，提出了第二代随车诊断系统 OBD-Ⅱ 方案，取代以前所采用的第一代随车诊断系统。OBD-Ⅱ采用统一的诊断模式、诊断插座及故障码表示方法及内容。

(1) OBD-Ⅱ的主要特点

1) OBD-Ⅱ采用统一的 16 孔专用诊断插座，并统一安装于驾驶室仪表板下方。OBD-Ⅱ诊断插座如图 5-32 所示，OBD-Ⅱ诊断插座端子如图 5-33 所示。

2) 可方便、迅速地读取和清除故障码。

图 5-32　OBD-Ⅱ诊断插座

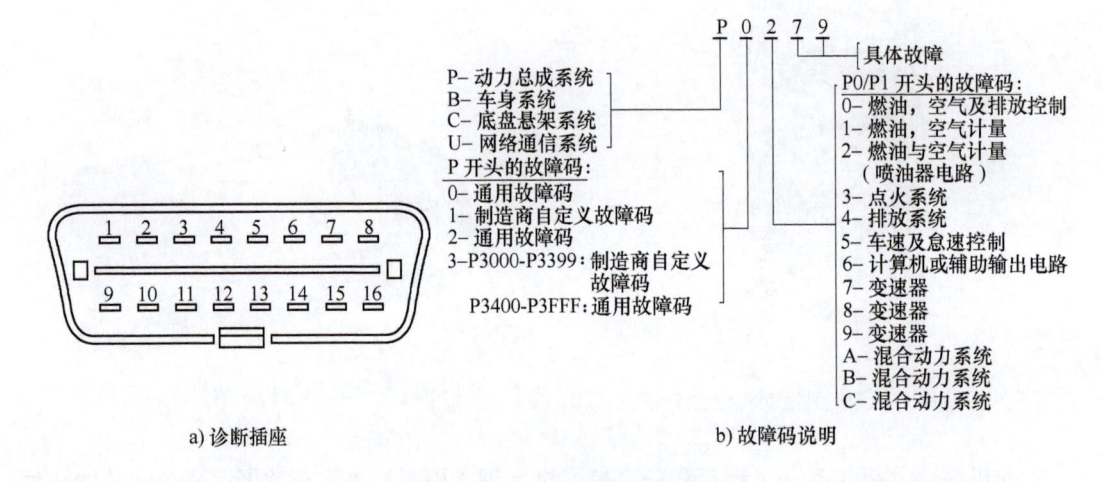

图 5-33　OBD-Ⅱ诊断插座端子

3) 系统具有数据流传输功能。OBD-Ⅱ资料传输线有两个标准：ISO-Ⅱ为欧洲统一标准，其数据传输用 7 号和 15 号端子；SAE-J1850 为美国统一标准，其数据传输用 2 号及 10 号端子。

4) 具有记忆和重新显示故障码功能。

5) 各种车辆采用统一的故障码表示方法及统一的故障码内容。

6) 具有行车记录功能，能记录车辆行驶过程的有关数据。

此外，OBD-Ⅱ的故障码由 1 个英文字母和 4 个数字组成，如 X1352，其中包括控制系统代号、汽车制造厂代号、故障代号和原厂的故障码代号四部分。

(2) OBD-Ⅱ监控器　OBD-Ⅱ采用 10 个监控器监测系统工作，车载故障诊断连续监控器包括发动机缺火监控器、供油系统监控器和元件综合监控器，连续监控系统用于阻止排放控制系统失效，而导致排放增加；车载故障诊断非连续监控器包括 EVAP 监控器、催化器监控器、加热式氧传感器监控器、恒温器监控器、EGR 监控器、二次空气喷射系统监控器和曲轴箱通风（PCV）监控器。

1) 缺火监控器：检查由于缺火而引起的催化剂损坏和排放状况。OBD-Ⅱ要求车辆必须配备缺火监控器，并在随机缺火和特定条件下缺火发生时，存储故障码 P0300。缺火监控器不仅能监测到缺火事件，而且能精确地确定缺火气缸。缺火监控失效的一般情形：关闭节气门减速、车辆在极限速度工况下或发动机转速达到极限转速工况下发生断油。

若混合气在燃烧室内不能点火或燃烧不充分，则会发生缺火或部分缺火。没有完全燃烧的碳氢化合物经排放控制系统排出，经催化器转化为二氧化碳和水，使催化剂受热，导致蜂窝元件烧结，减弱催化器转化有害气体的能力。如果催化器过热，则会引起排放故障。

缺火的三种类型如下：

①A 型缺火，由催化器的直接破坏引起，而且缺火监控器使故障指示灯闪烁，并在第一次发生时设置故障码，这是最严重的缺火类型。

②B 型缺火，由排放物增加超过测试程序标准的 1.5 倍引起，缺火监控器使故障指示灯点亮，而不闪烁。

③C 型缺火，由于检查/维护（I/M）失效，但催化器没有破坏且排放物没有超过测试程序标准的 1.5 倍；C 型缺火也能引起缺火监控器使故障指示灯点亮而不闪烁，且在诊断仪上显示缺火故障码 P03××。

2）供油系统监控器：当动力传动控制模块（PCM）进入闭环控制时，供油系统监控器检查并调整短期燃油修正（STFT）和长期燃油修正（LTFT）。PCM 监视燃油传输系统的状况，并将该状况与预期设定的燃油传输范围做比较。如果燃油传输要求一个小的修正，则 PCM 可以增加或减少短期燃油修正。一旦监测到故障，供油系统监控器就存储故障码。如果第二次修正后故障依然存在，则供油系统监控器不但存储故障码，而且点亮故障指示灯（MIL）。

LTFT 和 STFT 的数据参数包含在 PCM 中的软件程序中，对燃油输送进行修正，是排放系统适应策略的一部分。如果系统中所有功能都很正常，则 LTFT 和 STFT 的值应接近于 0；如果 LTFT 和 STFT 的值大于 0（0~30），则表示需要将空燃比变浓（更多的燃油）；如果 LTFT 和 STFT 的值小于 0（-30~0），则表示需要将空燃比变稀（更少的燃油）。通过参考该值，能知道 PCM 是如何根据当前的发动机工况做出反应的。

如果氧传感器提供四个连续的高或低电压信号，则表示与正常情况相比，废气流中氧气太少（可燃混合气浓）或太多（可燃混合气稀）。STFT 程序将会增大喷油器的脉冲宽度。如果 PCM 要求使用 STFT 连续纠正空燃比，则 LTFT 的值会随 STFT 值的变化而变化。例如，在一段时间内 STFT 的值都是+20，那么 LTFT 的值也会变为正值，直到 STFT 的值再次变为 0。LTFT 表示一段时间为适应发动机的运行条件采取哪些适应性策略，而 STFT 则表示当前正在发生什么。

燃油滤清器不畅可能会减少给喷油器的供油量，会引起短期燃油修正值增加供油和喷油器脉冲宽度。当短期燃油修正不再增加供油时，长期燃油修正也会增加。即使长期燃油修正值应用于修正短期燃油修正，也不会存储故障码。因此，如果长期燃油修正偏高，则重设供油系统监控器并且测试驱动车辆；如果短期燃油修正偏高，则立刻会引起贫油。

车辆维修后，需要使用诊断仪重新设置长期燃油修正；否则，当发动机以闭环控制方式工作时，短期燃油修正仍使用长期燃油修正值为基准线，引起车辆在混合气过稀或过浓的条件下运行，从而导致车辆性能故障。

3）元件综合监控器（CCM）：跟踪传动系统电子元器件，为传动系统控制模块提供输入或能影响车辆排放的输出，或对其他需要运行的监控器进行控制。

元件综合监控器一般在车辆起动 4s 后开始运行，直到输入指令才停止运行。元件综合监控器输入时进行电路监测和合理性测试，输出时进行电路监测和功能测试。

合理性测试是检查测试执行时刻从传感器获得的输入值是否有意义的一个测试过程。功能性测试是指观察输出装置对 PCM 指令的反应，即通过监控 PCM 的每一个输给执行器的电压信号，监视输出装置的输出状态。

4) EVAP 监控器：测试油箱保压能力、EVAP 使燃油蒸气从活性炭罐净化器到进气系统的能力。EVAP 监控器能监测到小于 0.5mm 的泄漏量。

5) 催化器监控器：用于测试催化器将碳氢化合物转化成水和二氧化碳的效能。

6) 加热式氧传感器监控器：监测加热式氧传感器故障和退化情况。

7) 恒温器监控器：监测影响发动机冷却液温度和阻止发动机达到正常运行温度的故障。

8) EGR 监控器：用于测试 EGR 元件（电子或机械）以及 EGR 气流流速。

9) 二次空气喷射系统监控器：检测二次空气喷射系统的组件和电路的完整性。

10) PCV 监控器：检测已断开的软管或连接管，满足软管和连接阀门的所有设计标准，其材料必须能够阻止系统失效，且快速检测出系统可能发生的失效。

(3) OBD-Ⅱ诊断仪的使用

1) 使用诊断仪时应注意，诊断仪能读取故障码并执行其他诊断任务。不同的诊断仪有不同的按钮和诊断程序，但不管是哪个制造商生产的诊断仪，其很多基本功能都一样。当使用诊断仪执行测试程序时，要注意以下事项：

① 一定要遵守诊断仪制造商提供的手册中的指导。

② 当接通点火开关时，不要拆除和连接任何的元器件或连接件，包括诊断仪的电源线和诊断仪到汽车诊断插座的连线。

③ 一定不要对电子系统中的任何终端进行短路和搭铁操作，除非制造商推荐这样做。

④ 如果必须移除计算机终端，首先要拆除诊断仪的插接器。

2) OBD-Ⅱ诊断仪初始化输入。

① 确认汽车处于正常工作温度，且点火开关关闭。将 OBD-Ⅱ诊断仪的 16 端子插接器连接到汽车的诊断插座（DLC）。诊断插座连接到蓄电池的正极，能为 OBD-Ⅱ诊断仪提供电源。

② 诊断仪要求"选择通信协议"。若不知道选择哪种协议，则选择"所有协议"。这时，诊断仪会自动选择正确的协议。

③ 选择"开始通信"，一些诊断仪会自动开始通信过程。

④ 一旦通信建立起来，诊断仪上将出现主菜单。

⑤ "测试准备状态"菜单用于检查 OBD-Ⅱ监控系统是否准备就绪。

⑥ "MIL 准备状态"菜单用于显示当前的 MIL 状态。

⑦ "显示当前数据"菜单用于显示来自传感器、执行器和任何当前的故障码提供的 PCM 数据参数。

⑧ "退出"菜单使诊断仪返回到第一次进入时的屏幕，而"返回"菜单使诊断仪返回上一级的显示屏幕。

⑨ "打印"菜单用于打印当前屏幕显示的内容。许多诊断仪有能力创建用户数据列表。

这项能力使得用户可以选择自己希望显示的特定数据参数。通过选择显示一小部分希望显示的数据，诊断仪就能够以更快的速度更新数据。

⑩"显示冻结帧数据"功能用于显示任何故障码设置时捕获的冻结帧数据。冻结帧数据会显示当故障码设置时传感器和执行器的参数。通常情况下，冻结帧数据显示的是最后一次设置故障码时的各项参数。

⑪"显示故障码"功能用于显示任何存储的故障码，并对故障码的含义做一个简短的描述，如 P0273——第 5 缸喷油器电路电压过低。

⑫"清除排放相关数据"功能用于清除任何存储的故障码和冻结帧数据，并且会重新设置排放监控器的状态。

⑬"显示测试参数/结果"功能用于显示不同的 OBD-Ⅱ监控器的测试结果。

⑭"请求控制 OBD 系统"或相似的操作允许一些诊断仪访问系统和/或执行器，以对其进行测试或控制（如喷油器的喷油时间）。

当通过执行初始化输入步骤对诊断仪进行编程后，诊断仪屏幕上会出现一些输入选项。这些输入选项因被测试车辆及诊断仪的不同而有所不同。

实训十一　汽油发动机电控系统故障诊断

一、实训指导

（一）实训目标

1）熟练掌握万用表、诊断仪、示波器的使用方法。
2）能够使用诊断仪分析数据流，根据数据流判断故障原因。
3）能够使用示波器检测输入、输出波形，根据波形分析判断故障原因。
4）熟悉汽油发动机电控系统常见故障现象与原因。
5）熟悉汽油发动机电控系统常见故障的诊断与排除方法。

（二）安全要求及注意事项

1）实训汽车停放在实训工位上，没有经过老师批准不准起动。经教师批准起动后，首先应检查车轮的安全顶块是否放好，汽车驻车制动器是否拉好，变速杆是否放在 P 位（A/T）或空位（M/T），并确认车前没有人。
2）发动机运行时不能把手伸入发动机室内，防止造成意外事故。
3）没有经过老师批准不允许随意连接或拔下电控元器件。
4）点火开关接通时，不允许连接或拔下电控系统元器件的插头。
5）禁止使用起动电源辅助起动发动机，防止损坏电控系统元件。
6）注意各车型线束插头的锁扣形式，不可盲目用力硬拉。
7）检测电控系统必须使用高阻抗数字万用表。
8）按操作规范正确使用诊断仪和示波器。
9）严格按照举升机操作规范操作，举升机升降时严禁站在车底下。
10）在车底下作业时注意安全，防止被排气管烫伤。

181

（三）设备/工具/耗材要求

设备：电控汽油发动机整车或台架。

工具：万用表。发光二极管试灯。汽车专用示波器。X-431 解码器（或其他诊断仪）。常用工具。

耗材：抹布。

（四）实训操作指导

1. 树状表达法故障诊断

1）无法起动。

2）排放异常。

2. 表格表达法故障诊断（别克君威汽车）

故障：DTC P1107 进气歧管绝对压力（MAP）传感器电路间断电压过低。

1）电路图说明：

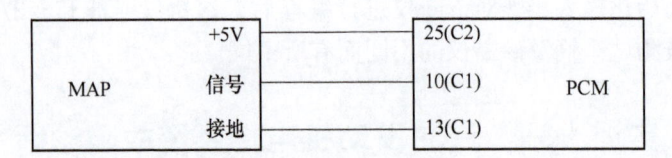

```
         +5V      25(C2)
  MAP    信号     10(C1)    PCM
         接地     13(C1)
```

进气歧管绝对压力传感器响应进气歧管空气压力的变化（真空度）。动力系统控制模块（PCM）接收进气歧管绝对压力传感器信号（2~4V），发动机怠速或者停车时其信号为 2V，节气门全开时信号为 4V。当排气再循环（EGR）系统运行时，进气歧管绝对压力传感器用于决定进气歧管空气压力的改变，此时参照"故障 DTC P0401 废气再循环流量不足"。同时，它也不断更新进气压力数据，作为其他诊断的依据。PCM 监测进气歧管压力传感器的信号，如信号超出正常数据的范围，则会设置故障 DTC P1107。

2）运行诊断故障码的条件：

① 节气门位置诊断故障码未出现。

② 点火起动开关接通。

③ 若发动机转速低于 1000r/min，则节气门开度稳定在 0% 以上。

④ 若发动机转速高于 1000r/min，则节气门开度稳定在 10% 以上。

3）设置诊断故障码的条件：进气歧管绝对压力传感器间断指示低于 0.1V 的电压。

4）设置诊断故障码采取的行动。

① 动力系统控制模块将不点亮故障指示灯。

② 当诊断故障码仅设置为故障记录数据时，动力系统控制模块会储存存在状态。该信息将不作为冻结故障状态数据储存。

5）清除故障指示灯/诊断故障码的条件：

① 经 40 个无故障预热循环后，清除以往诊断故障码。

② 诊断故障码可用故障诊断仪清除。

6）诊断帮助。检查下列状况：

① 动力系统控制模块和进气歧管绝对压力传感器的接触不良。

a. 检查动力系统控制模块线束插头。

  b. 端子松脱。
  c. 匹配接合不良。
  d. 锁片断裂。
  e. 端子变形或损坏。
  f. 端子与导线接触不良。
  ② 线束损坏。检查线束是否损坏，若线束看似正常，则应在移动与传感器相关的插头和线束的同时，观察故障诊断仪上的歧管绝对压力显示。如果显示出现变化，则表明该部位有故障；如果诊断故障码不能再现，并确定为间断症状，则应查看故障记录有助于确定诊断故障码最后设置的时间。参考维修手册"线路系统"中"测试间断症状和接触不良"，如下表。

步骤	操作	是	否
1	是否执行了动力系统车载诊断 OBD 系统检查	至步骤 2	动力系统车载诊断 OBD 系统检查
2	是否设置了 DTC P0107	至 DTC P0107。进气歧管绝对压力传感器电路电压过低	至步骤 3
3	是否还设置了 DTC P1122	至步骤 7	至步骤 4
4	检查进气歧管绝对压力传感器接地线束插头接触不良，参见"线路系统"中"测试间断故障和接触不良"及"接头维修"，是否发现了故障并予以排除	至步骤 9	至步骤 5
5	检查动力系统控制模块的 5V 电压，参照 A 电路进气歧管绝对压力传感器的接触不良，参见"线路系统"中"测试间断故障和接触不良"及"接头维修"，是否发现了故障并予以排除	至步骤 9	至步骤 6
6	检查动力系统控制模块的进气歧管绝对压力传感器信号电路的接触不良，参见"线路系统"中"测试间断故障和接触不良"及"接头维修"，是否发现了故障并予以排除	至步骤 9	至步骤 7
7	检查进气歧管绝对压力传感器的 5V 电压，参照 A 电路间断地开路或接地短路。参见"线路系统"中"测试间断故障和接触不良"及"接头维修"，是否发现了故障并予以排除	至步骤 9	至步骤 8

（续）

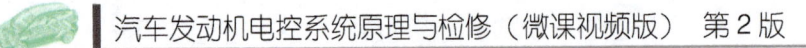

步骤	操作	是	否
8	测试进气歧管绝对压力传感器信号电路的间断短路或接地短路。参见"线路系统"中"测试间断故障和接触不良"及"接头维修"，是否发现了故障并予以排除	至步骤9	至诊断帮助
9	① 使用故障诊断仪以清除诊断故障码 ② 按支持文件中的规定在运行诊断故障码条件内操作车辆诊断故障码是否重新设定	至步骤2	系统正常

二、工作单

车型：＿＿＿＿＿＿＿＿＿＿＿＿

（1）故障排除案例一

1）察看故障现象，在下表中相应故障现象打"√"。

序号	故障现象	有故障的打"√"	序号	故障现象	有故障的打"√"
1	无法起动		8	排气管放炮	
2	难起动		9	怠速过高	
3	怠速抖动（不缺缸）		10	怠速过低	
4	怠速抖动（缺缸）		11	怠速失速	
5	急加速不良		12	加速不良	
6	加速熄火		13	排气管冒黑烟	
7	发动机回火				

2）故障诊断与排除方法和步骤。

步骤	操作内容	说明
1		
2		
3		
4		
5		
6		
7		
8		
9		
10		

3）故障诊断与排除操作。

步骤	操作内容	检测数值（波形）	标准数值（波形）	是	否
1					
2					
3					
4					
5					
6					
7					
8					
9					
10					
11					
12					
13					
14					
15					
16					
17					
18					

4）总结与体会。

(2) 故障排除案例二

1）察看故障现象，在下表中相应故障现象打"√"。

序号	故障现象	有故障的打"√"	序号	故障现象	有故障的打"√"
1	无法起动		8	排气管放炮	
2	难起动		9	怠速过高	
3	怠速抖动（不缺缸）		10	怠速过低	
4	怠速抖动（缺缸）		11	怠速失速	
5	急加速不良		12	加速不良	
6	加速熄火		13	排气管冒黑烟	
7	发动机回火				

2）故障诊断与排除方法和步骤。

185

步骤	操作内容	说明
1		
2		
3		
4		
5		
6		
7		
8		
9		
10		

3）故障诊断与排除操作。

步骤	操作内容	检测数值（波形）	标准数值（波形）	是	否
1					
2					
3					
4					
5					
6					
7					
8					
9					
10					
11					
12					
13					
14					
15					
16					
17					
18					

4）总结与体会。

三、分析思考

1. 哪些传感器信号不正确会造成电控汽油发动机怠速不稳的故障？

2. 某发动机急加速熄火，用树状表达法写出诊断方法。

3. 发动机某缸不工作，用树状表达法写出诊断方法。

4. 某发动机加速不良，用表格表达法写出诊断方法。

汽油发动机电控系统故障诊断任务评价表

任务名称		汽油发动机电控系统故障诊断			日期：			
姓名：		班级：			学号：			
自评：□熟练 □不熟练		互评：□熟练 □不熟练			师评：□合格 □不合格			
序号	评分项	得分条件	配分	评分标准	小计	自评	互评	师评
1	安全/8S/态度	□1. 能进行工位 8S 操作 □2. 能进行设备和工具安全检查 □3. 能进行安全防护操作 □4. 能进行工具清洁校准存放操作 □5. 能进行作业过程规范操作	15	未完成一项扣 3 分，扣分不得超 15 分		□熟练 □不熟练	□熟练 □不熟练	□合格 □不合格
2	专业技能能力	□1. 能正确描述故障现象 □2. 能正确读取和清除发动机故障码 □3. 能正确判断故障部位 □4. 能正确拆装与检测故障部件 □5. 能正确排除故障	50	未完成一项扣 10 分，扣分不得超 50 分		□熟练 □不熟练	□熟练 □不熟练	□合格 □不合格
3	工具及设备的使用能力	□1. 能正确选用维修手册工具 □2. 能正确使用维修工具拆装电控发动机主要部件 □3. 能正确使用检测工具检修电控发动机无法起动故障 □4. 能正确使用检测工具检修电控发动机排放异常故障	10	未完成一项扣 3 分，扣分不得超 10 分		□熟练 □不熟练	□熟练 □不熟练	□合格 □不合格

（续）

序号	评分项	得分条件	配分	评分标准	小计	自评	互评	师评
4	资料、信息查询能力	□1. 能正确使用维修手册查询资料 □2. 能正确使用用户手册查询资料 □3. 能在规定时间内查询所需资料 □4. 能正确记录所需资料章节页码 □5. 能正确记录所需维修信息	10	未完成一项扣2分，扣分不得超10分		□熟练 □不熟练	□熟练 □不熟练	□合格 □不合格
5	数据判读和分析能力	□1. 能判断各传感器否正常 □2. 能判断各发动机ECU是否正常 □3. 能判断各执行器是否正常 □4. 能正确分析判断故障点	10	未完成一项扣3分，扣分不得超10分		□熟练 □不熟练	□熟练 □不熟练	□合格 □不合格
6	表单填写与报告的撰写能力	□1. 字迹清晰 □2. 语句通顺 □3. 无错别字 □4. 无涂改 □5. 无抄袭	5	未完成一项扣1分，扣分不得超5分		□熟练 □不熟练	□熟练 □不熟练	□合格 □不合格

总分：

情智提升

卢仁峰，中国兵器工业集团内蒙古第一机械集团有限公司高级焊接技师，2021年"大国工匠年度人物"。

1986年，卢仁峰在某军品生产中意外发生工伤，左手几乎丧失劳动能力。为了克服左手残疾带来的技术"短板"，他自制了一只"铁环"套在手腕上固定支撑，反复训练技术能力。凭着这股倔劲，他不但恢复了焊接技术，仅靠右手练就一身电焊绝活，还攻克了一个个焊接难题，赢得"独手焊侠"的美誉。

卢仁峰一直践行工匠精神，牵头完成152项技术难题攻关，提出改进工艺建议200余项，一批关键技术瓶颈的突破为实现强军目标贡献了智慧和力量，他参与制造的坦克装备先后5次参加中国人民解放军大阅兵。

作为青年的我们要听党话、跟党走，以榜样为力量，埋头苦干、奋勇前进，为全面建设社会主义现代化国家、全面推进中华民族伟大复兴而团结奋斗！

课后作业

一、填空题

1. 发动机工作时，故障自诊断系统会时刻监视发动机电控系统（　　）、（　　）和（　　）的工作情况。
2. 故障自诊断系统将故障码存入（　　），同时点亮（　　）。
3. OBD 的含义是（　　）。
4. 故障码的清除方法有两种，一种是（　　），另一种是（　　）。
5. 正常情况下，发动机故障警告灯在点火开关打开时（　　），起动后（　　），运行中（　　）。若运行中常（　　），则说明发动机电控系统有故障。

二、判断题

（　　）1. 电控系统有故障一定会有故障码输出。
（　　）2. 有故障码输出一定是电控系统的故障。
（　　）3. 后备功能起作用时，能够保证发动机正常运行。
（　　）4. 利用解码器的"元件控制测试"功能可以检查各传感器电路的工作状况。
（　　）5. 利用解码器可准确判断具体的故障部位。
（　　）6. 解码器只有读取和清除电控发动机故障码的功能。
（　　）7. 故障排除后，不能清除故障码，不影响正常行车。
（　　）8. 关闭点火开关即可清除故障码。
（　　）9. 通常情况下，可利用拆除蓄电池负极连接线的方法清除故障码。
（　　）10. 汽车行驶记录仪一般能实现对车辆的跟踪、监控及防盗报警等功能。

三、单选题

1. 故障码存储在（　　）。
   A. ECU 的 ROM 内　　　B. ECU 的 RAM 内　　　C. 解码器内
2. OBD-Ⅱ有统一的故障码含义，第一位字母代表测试系统，P 代表（　　）。
   A. 发动机和变速系统　　B. 车身系统　　　　　　C. 底盘系统
3. 随车诊断系统连接插座的英文名称缩写为（　　）。
   A. ALED　　　　　　　B. AUTO　　　　　　　C. DATE　　　　　　D. ALDL
4. 利用 OBD-Ⅱ诊断插座读取故障信息时，解码器的电源支持方式是（　　）。
   A. 通过点烟器插座提供　B. 通过电缆由蓄电池直接提供
   C. 无须再添加电源连接线
5. SAE 规定 OBD-Ⅱ故障码由（　　）位组成。
   A. 5　　　　　　　　　B. 2　　　　　　　　　C. 16
6. OBD-Ⅱ诊断座是（　　）孔的。
   A. 16　　　　　　　　B. 14　　　　　　　　　C. 10
7. 若电控单元接收到的传感器信号电压在正常范围内，那么该传感器及所在的电路( )。

  A. 一定没故障   B. 可能有故障   C. 可能无故障

8. 发动机空气滤清器堵塞，故障指示灯( )。

  A. 可能亮起   B. 不可能亮起   C. 无法判定

9. 下列情况中，ECU 可能不产生故障码的是( )。

  A. 燃油泵损坏   B. 空气流量传感器损坏   C. 节气门位置传感器损坏

10. 下列关于警告灯的说法正确的是( )。

  A. 当点火开关接通、安全带未系时，安全带指示灯点亮

  B. 一般当发动机冷却液温度超过 80℃时，冷却液温度警告灯亮

  C. 当驻车制动器松开时，驻车制动指示灯点亮

11. OBD-Ⅱ统一的故障码含义，第一位字母代表测试系统，P 代表( )。

  A. 发动机和变速器系统   B. 车身系统

  C. 底盘系统   D. 转向系统

四、多选题

1. 在进行钥匙匹配的过程中，故障检测仪显示的是"功能不清楚"或"此功能不能执行"，则一般原因为( )。

  A. 发动机有机械故障   B. 汽车钥匙中没有脉冲转发器

  C. 汽车钥匙中脉冲转发器损坏   D. 变速器有故障

2. 接通点火开关后，汽车行驶记录仪进入自检状态。如果指示灯不闪烁，则应( )。

  A. 检查汽车行驶记录仪的工作电路是否短路

  B. 检查汽车行驶记录仪与线束间的连接是否良好

  C. 检查汽车点火开关有无输出电压

  D. 检查 U 盘的格式

3. 光耦合器的作用是( )。

  A. 在信号传输中起到隔离作用   B. 防止信号损失

  C. 在光电网络中进行信号转换   D. 抗电磁干扰

4. 下面情况会导致汽车电控单元内无故障码存储，却有故障现象的是( )。

  A. 车辆在运行中曾经发生过轻微、瞬时的偶发性故障，很快又恢复正常

  B. 偶发性一两次断火故障

  C. 空气流量传感器信号极差

  D. 瞬时外界电磁波干扰故障

五、简答题

1. 故障自诊断系统有何功能？
2. OBD-Ⅱ型发动机自诊断系统有何特点？
3. 汽车解码器有哪些功能？
4. 什么是数据流？在进行电控发动机故障诊断时，数据流有何作用？

参 考 文 献

[1] 吴喜骊. 汽车发动机电控技术 [M]. 上海：同济大学出版社，2010.
[2] 付百学. 汽车发动机电子控制技术 [M]. 北京：北京理工大学出版社，2010.
[3] 吕彩琴. 汽车发动机电控技术 [M]. 北京：国防工业出版社，2008.
[4] 赖瑞海. 汽车电控发动机构造与维修 [M]. 北京：人民交通出版社，2011.
[5] 李百华. 汽车发动机电控技术 [M]. 北京：人民邮电出版社，2009.
[6] 曹云刚. 汽车发动机电控系统检测与维修 [M]. 重庆：重庆大学出版社，2011.
[7] 付百学，马彪，潘旭峰. 现代汽车电子技术 [M]. 北京：北京理工大学出版社，2008.
[8] 明光星，李晗. 汽车发动机电控系统原理与检修一体化教程 [M]. 北京：机械工业出版社，2013.
[9] 黄艳玲，张西振. 汽车发动机电控技术 [M]. 北京：机械工业出版社，2019.
[10] 刘冬生，郭奇峰，韩松畴. 汽车发动机电控系统检修 [M]. 北京：机械工业出版社，2022.